Gustav Mahler
The Conductors' Interviews
edited by Wolfgang Schaufler

マーラーを語る

名指揮者29人へのインタビュー

ヴォルフガング・シャウフラー 編／天崎浩二 訳

音楽之友社

Gustav Mahler ──The Conductors' Interviews / UE 26311

Japanese translation by Ongaku No Tomo Sha Corporation

マーラーを語る

名指揮者29人へのインタビュー

写真：Moritz Nähr

目次

はじめに 4
1 クラウディオ・アバド　マーラーは、近代への架け橋です 9
2 ダニエル・バレンボイム　マーラーの指揮は、当てつけで始めたんです 16
3 ヘルベルト・ブロムシュテット　マーラーは絶対に大物だった 30
4 ピエール・ブーレーズ　音楽を説明するのに、伝記は役に立たない 40
5 リッカルド・シャイー　マーラーの一番は、我が青春の感動です 54
6 クリストフ・フォン・ドホナーニ　マーラーは心で作曲しました 65
7 グスターボ・ドゥダメル　わぁ、マーラーだ！ 76
8 クリストフ・エッシェンバッハ　マーラーは間違いなく、古今最高の交響曲作家です 84
9 ダニエーレ・ガッティ　マーラーは簡潔に、つつましく演奏しなくては 94
10 ヴァレリー・ゲルギエフ　七番のおかげで、眠れなくなりました 102
11 ミヒャエル・ギーレン　バーンスタインは、マーラーを俗悪にしたのです 112
12 アラン・ギルバート　マーラーは、ニューヨークで投げやりに 123
13 ベルナルト・ハイティンク　マーラーを聴くと、いつも不安になりました 133
14 マンフレート・ホーネック　ルバートこそ、マーラー指揮の根幹です 143

15 マリス・ヤンソンス　マーラーのためなら全てを捧げます　153
16 ロリン・マゼール　マーラーには、何も聞かなかったでしょう　164
17 ズビン・メータ　マーラーに質問したいことは、山ほどあります　174
18 インゴ・メッツマッハー　マーラーは私の評価基準です　189
19 ケント・ナガノ　マーラーは、急進主義者にして先駆者です　199
20 アンドリス・ネルソンス　「俺は苦しんでいるんだ！」マーラーは世界に訴えたかった　208
21 ジョナサン・ノット　「永却の死」を冷凍保存　217
22 サカリ・オラモ　マーラーは混沌を支配する　225
23 アントニオ・パッパーノ　マーラーは生きたかった、それが本質です！　235
24 ホセプ・ポンス　マーラーは現在、一九一〇年当時よりずっと現代的です　243
25 サイモン・ラトル　私が今指揮者なのは、マーラーがあったからです　253
26 エサ＝ペッカ・サロネン　マーラーは、在るもの全てを受け入れます　266
27 マイケル・ティルソン・トーマス　ジャンプ、カット、ジャーン！　275
28 フランツ・ヴェルザー＝メスト　マーラーはまるで地震でした　283
29 デイヴィッド・ジンマン　マーラーそれ自体が宇宙です　290
グスタフ・マーラーとＵＥ　299
訳者あとがき　305

はじめに

一九六〇年、マーラー生誕百年への大衆の興味は、せいぜい「モデラート」でした。演奏こそされていましたが、レパートリーとしては相変わらずの「傍流」だったのです。サイモン・ラトルは「当時、マーラーがはぐれ者だったことを、皆忘れている」と回想しています。音楽家はマーラーを楽しむというより、マーラーと格闘していました。アルフレート・アインシュタイン（一八八〇〜一九五二）の言葉が、この状況を裏付けています。「……感情を表現するコンサートがどんどん増え、世紀末にはチャイコフスキーやマーラーといった強力な作品が演奏されるようになった……」。マーラーは短期衰退型と目され、大戦後の前衛演奏家でさえ、長らくアプローチしませんでした。ピエール・ブーレーズは、最初マーラーを「過去のロマン派を引きずる脂肪太り。感情過多で卒中寸前」の範疇に入れていました。ウィーンで修行した若きズビン・メータは、「マーラーは他人の作品を丸写ししただけ」「要するに模倣芸術なので、話す価値もない」という話を、マーラーの指揮で演奏した奏者の弟子から何度も聞いています。

しかしそれから五十年、状況は根本から変わります。マーラーは二〇世紀の地震計と評価され、一種の信仰に進化を遂げたのです。大衆に受け入れられ、演奏頻度はベートーヴェンと争うほど。人間の条件、個人と社会との関係を常に革新的に考えたベートーヴェンを、マーラーから守ろうという動きさえあります。

そしてマーラーは今？　本書では現代を代表するマーラー指揮者へのインタビューを元に、答えを出そうと思います。当初、全ての指揮者に同じ五つの質問をするつもりでした。しかし何といってもマーラー。すぐに心のこもった話題になり、記録すべき経験談で溢れてしまいました。読者が比較できるよう、質問内容は意図的に繰り返しています。

- 初めてマーラーを聴いたのはいつ？
- マーラーの世界にすぐ入り込めたか？
- 初めてマーラーを指揮したのはいつ？

主観的な感情表現VS客観的な構成、そしてロマン派の伝統と、他の作曲家には見られない、ユートピアを描くマーラーの巨大な表現については、

- マーラーの曲をどうやってリハーサルするか？
- 演奏の焦点をどこに置くか、その理由は？
- 最も有効なオーケストラの楽器配置は？
- 実際の演奏という点で、マーラーの特殊性は？

● それぞれの国で、マーラー・ルネサンスはどう進んだか？

第一次世界大戦勃発前夜の不安、熱っぽさ、人々の内面の葛藤については、

● マーラーの陳腐《クリシエ》は、空虚な場所に向けられたのか。それともバーンスタインが思っていたごとく、マーラーは本当に二〇世紀の破滅的な大惨事《カタストロフ》を予知していたのか？

このカタストロフについての質問は、正反対の応えを導き出しました。そして、

● 反ユダヤ主義は何をなしたか？
● 現代人の心に訴えかけるのは、マーラーの根無し草的な孤独か、あるいは失って久しい楽園とその意味を希求するマーラーか？
● マーラーの音楽は辛い浮き世から、あるいは人生の挫折から我々を解放してくれるのか？
● マーラー自身がそれを望んだのか？
● だから今日、彼の音楽は成功を収めているのか？
● そして彼の皮肉をどう見ればよいのか？

マーラーのスコアは、アゴーギクや演奏用の指示で埋めつくされています。

●マーラーはこれによって、二〇世紀の音楽への扉を、勢いよく開いたのか？
●シェーンベルクとその一派への影響はどれほど？
●反対にワーグナー、ブルックナーからの影響は？
●そもそも、この「親愛なる異邦人」、本当は誰なのか？
●マーラーの音楽は耳で聴く伝記なのか？
●指揮者がマーラーに尋ねたいことは？

このような質問に、余すところなく応えられるものではありません。中には驚くほど対立的な強い回答もあり、それが読者のさらなる理解につながることを期待しています。指揮者との想像力溢れる会話の中で、はっきりしたことがあります。マーラーは二一世紀になっても、我々の心の中に生き続けるのです。

最後に、貴重な時間を割き、純粋な意見を述べてくれた指揮者の皆さんに、深く感謝する次第です。

ヴォルフガング・シャウフラー

［凡例］

・（ ）は原注、［ ］は訳注。

・このインタビューの一部はUniversal Editionのホームページ上に動画で公開されている。動画と本書とでは編集が違うが、お互いが補填し合う関係でもあり、本書の設問と回答との間にズレがある場合は動画を参考にしている。また、回答が何らかの事情で設問から離れたり話の内容が異なる場合は、訳者が仮想設問を差し挟んでいる。インタビューは、原書通りのアルファベット順としている。

1. Claudio Abbado

クラウディオ・アバド

マーラーは、近代への架け橋です

1. October 2011, Vienna

1933年、ミラノ生まれ。1965年ザルツブルク音楽祭にデビュー。1977-86年ミラノ・スカラ座芸術監督、1983-86年ロンドン交響楽団音楽監督、1986-91年ウィーン国立歌劇場音楽監督。1988年WIEN MODERN設立。1990-2002年ベルリン・フィルハーモニー管弦楽団芸術監督、2003年よりルツェルン祝祭管弦楽団音楽監督。2014年1月20日逝去。

――初めて聴いたマーラーを覚えていますか？

アバド（以下CA）：ええ、はっきりと。ブルーノ・ワルター指揮する交響曲第四番、ソロはキャスリン・フェリアーでした〔以上、原書記述通り。インタビューでは曲名や独唱者名は語られていない〕。レナード・バーンスタイン、ディミトリ・ミトロプーロスが指揮したマーラーのコンサートも記憶にあります。彼らの解釈はそれぞれに全く異なり、強烈な個性がありました。

――ワルターと、マーラーについて話す機会はありましたか？

CA：いえ、彼の指揮する合唱団で歌っただけです。マーラーではなく、モーツァルトのレクイエムでした――ズビン・メータも一緒に。当時ワルターは高齢で、少しでも話ができないかと、休憩を狙っていましたが、にっこり静かに座っていたので、邪魔しちゃいけないと思いました。

――イタリアで勉強された時、マーラーと関わりましたか？

CA：イタリアは、全てに遅れていました。なにしろブルックナーの交響曲は、私が何曲も初演したのですから。マーラーもメンデルスゾーンも、ファシズム政府に禁止されて。そんな時代でも、無論彼らの音楽を聴いたり勉強したりしましたよ。

――トスカニーニは、マーラーを一切振っていません。

CA：実に残念。彼はマーラー指揮に興味津々だったはず。ニューヨークで、《トリスタン》の指揮のことでマーラーと対立したのが不幸でした。

――アバドさんは、イタリア人指揮者として初めてマーラーを取り上げました。

CA：カルロ・マリア・ジュリーニがいます。彼は素晴らしかった。

――一九六五年、カラヤンがアバドさんを初めてザルツブルク音楽祭に招待した際、アバドさんは即座にマーラーの二番を振りたいとおっしゃいました。当時三二才になられたばかり。覚えておられますか？

CA：カラヤンは、ベルリンにも招待してくれ、ベルリン放送交響楽団との演奏会の後、ザルツブルク用にケルビーニのレクイエムを希望してきました。そこで「ケルビーニも良い曲ですが、マーラーの交響曲はどうでしょう?」と話したところ、一瞬黙り、「良いアイデア!」と。その時は知らなかったのですが、当時カラヤンは、ザルツブルクでマーラーを全く指揮しないので批判されていたんです。とりあえず若造に振らせるのが、都合が良かったのでしょう。カラヤンは晩年になるまでマーラーを振ろうとしなかった。本当に遅かったです。最初に指揮したのは五番でしたか。

――カラヤンはコンサートに来ましたか?

CA:ゲネプロに来てくれました。

――コンサートで危ない橋を渡りましたね。ザルツブルクのデビューをマーラーの二番で飾ろうという度胸の人は、そうはいません。

CA:まったくね。でもニューヨークでバーンスタインの助手をしていた時、この曲を勉強して、レニーのため下振りもしました。舞台裏のオケを暗譜で。なぜ暗譜でとレニーが聞いてきたので、「ニューヨーク・フィルに準備しないで来ると、本気で思っているんですか」と応えました。暗譜できていないイコール、よく知らない曲を指揮するということです。

――ザルツブルクでは何回リハーサルしましたか? その頃マーラーは、ウィーン・フィルのレパートリー中、影も形もなかったでしょう。

CA：最初カラヤンには、三回以上は必要と言いましたが、計五回やったはずです。

――バーンスタインはマーラーのことを、どのように話していましたか？

CA：「ボクはマーラー、その生まれ変わり」と。よく分かりますよ。

――マーラーに関して、ハンス・スワロフスキー教授の影響は？

CA：スワロフスキー教授は真の大教師で、両手を独立させ連動させる方法を学びました。音の建造物を分析して表現する高度な技も伝授され、動作は控えめにと強く言われました。彼がオペラ座で振るのをズビンと一緒に見たのですが、その動きはものすごく、傑作でした。細かい部分を忘れず、大きな弧を描くことを学んだのも有意義。マーラーに限らず、どんな音楽でも必要なことですから。

――ウィーンの街で見かけた葬列が、マーラー理解に重要だったというお話は？

CA：あれは大変な経験でした。墓地へ続くレンヴェック通り。葬列が通り過ぎて行く。楽隊と黒ずくめの人々、そして棺《ひつぎ》。全てがゆっくり。まるでマーラー――彼の葬送行進曲のよう。一九五〇年代のことです。ああいった風習は、六〇年代で終わったでしょうね。

――マーラーはレンヴェック通りに、十年以上住んでいました。そんな葬送行進を知っていたはずです。

CA：間違いなく。彼は通りのてっぺんに住んでいました。学生用の安レストランがすぐ近くにあって、我々もそこに行きました。量は少ないし美味しくないし。でもたまり場で。

――二〇世紀の破滅的な大惨事《カタストロフ》がなければ、マーラーが真に理解されることはなかった。バーンスタインはそう言いましたが、納得ですか？

CA：そう思います。マーラーは感性が鋭く、何かが起こると感じていました。でもアルバン・ベルクもそうでしょう。彼の《オーケストラのための三つの小品》、最後の楽章はまさしくカタストロフ。マーラーの六番よりも劇的です。

――マーラーの人となりについて、どう考えますか。

CA：愛と死を知り尽くした人物。とてつもなく大きな心を持ち、相手の身になれる素晴らしい人物です。

――マーラーは、弟《オットー》を自殺でなくしています。

CA：決定的な事件だと思います。運命の最初の一撃。でもマーラーがどんなに悲痛な思いをしたか、理解できる人は多くないでしょう。

――若いマーラー指揮者に、強く言いたいことは？

CA：学んで学び続けること。没頭すること。自分の経験、持ち味を音楽に注ぎ込むこと。人生では、誰でも愛と死に直面し、スコアには、常に新たな発見がある。つまり、マーラーが本当は何を望んだか、正確に知るのは無理なんです。

――アバドさんは、九番を他の曲より多く演奏していますが。

CA：それは知りませんでした。演奏旅行でよく取り上げるからかな。分かりやすいし、もちろん記念碑的作品です。

――九番の最後でマーラーは、新たな美の世界に向け、扉を開いたでしょうか？

CA：そう思います、でも九番だけじゃない。「マーラーは近代への架け橋」とシェーンベルクは書いています。マーラーは、近代音楽への扉を開く。九番の最後のページは、マーラーの死でしょう。彼は消え去る。

――ルツェルンで、四番のスケルツォを指揮棒なしで演奏されるのを初めて拝見しました。長年の間にいくつかの楽章に関して、新たなアプローチ法を見つけたのですか？

CA：そうでしたか。意識して決めたことではないですね。年と共に新たな発見をする、当然そうありたいです。マーラーの作品にしばしば見られる室内楽形式、そこを見逃してはいけないと思っています。思い出すのは、ミトロプーロスの「目を見ろ」という言葉。彼は手で指揮をせず、時たまきっかけの合図を手で出すだけで、それ以外を目でする。一番大切なのは奏者のための雰囲気作り、それを目で。

――マーラーに聞いておきたかったことは？

CA：（しばらく考えて）マーラーが語ること、それなら是が非でも聞きたかった。

――マーラーのスコアに関して、答えて欲しい疑問点はありますか？

CA：もちろんです。彼は毎回、全てをやり直すが、できなかった曲もある。今でもやり直したい曲はあるでしょう。まず耳で聞き、それから改訂するのが彼のやり方。でも九番では、それが無理だったのです。

――アバドさんはマーラーと同じ、ウィーン国立歌劇場の指揮者でしたが、ウィーンでは歴史が繰り返すと感じましたか？

CA：ウィーンは素晴らしい街です。大コンサート・ホールに最高のオーケストラ。まさしく理想的。しかし保守的なところもある。マーラーだって、自分の音楽がウィーンですぐに受け入れられないと分かっていましたから。

2. Daniel Barenboim
ダニエル・バレンボイム

マーラーの指揮は、当てつけで始めたんです

27 April 2009, Vienna

1942年、ブエノスアイレス生まれ。1975年パリ管弦楽団音楽監督、1991-2006年シカゴ交響楽団音楽監督、1992年よりベルリン国立歌劇場芸術監督。1999年エドワード・サイードと共にウェスト＝イースタン・ディヴァン管弦楽団を設立。2011-14年ミラノ・スカラ座音楽総監督。

——初めて聴いたマーラーを覚えていますか？

バレンボイム（以下DB）：はっきりとは。一九七〇年代の初めに、ディートリヒ・フィッシャー＝ディースカウと歌曲を演奏したのは覚えています。《子供の不思議な角笛》《さすらう若人の歌》《リュッケルト歌曲集》。《亡き子をしのぶ歌》は、もとがピアノ伴奏ではないので省きました。最初にマーラーを振ったのは一九七三年、交響曲の五番を。マーラーにたどり着くまで、すごく時間がかかりました。

——マーラーの世界を開眼させた演奏会はありましたか？

DB：むしろ逆で、マーラーがますます嫌いになるコンサートばかり覚えています。マーラーのコンサー

トでは、両極端の演奏が行われました。一方は情緒過多。音楽が、指揮者の自己表現の口実に使われる

——それがたまに高度なレベルで行われる。そしてもう一方は、感情を抜き去った無味乾燥な演奏。

そのころ、マーラーの音楽がわざとらしく見え、「アレルギー」になっていました——今はわざと、否定的なことを言わせてもらいますよ。マーラーは、音楽以外の事柄で語られる唯一人の作曲家——今でもそう。それが嫌でした。「マーラー大嫌い」あるいは「大好き」。どちらも彼の音楽の、精神分析的な見解です。フロイト等々、ゾッとします。だって、ベートーヴェンのことをそのように考えたり語ったり、絶対にしない。彼の難聴やショパンの結核など。言い替えるなら、作曲家の人生と音楽日記は関係がない——大作曲家の作品は、［実生活ではなく］音楽の日記です。ベートーヴェンは苦悩のまっただ中にいた時、いちばん明るい曲を書いています。

——その考えが、どう変わったのですか？

DB：マーラーの音楽が好きでなかった時も、彼のオーケストレーションの細部、強弱への強いこだわりに、少しずつ興味を持っていました。マーラーは、全ての楽器に一貫して細かい強弱を書いた、最初の作曲家かもしれません。

——マーラーは、同じ音楽・同じ音符を、別の楽器グループに、反対の強弱で書くことが多々ありますね。

DB：そうなんです、同じパッセージで。例えばクラリネットが***ff***で始まって*dim.*する。その時ユニゾンの中にいるヴィオラは***pp***で始め、***ff***に向けて*cresc.*をかける。すると音量は、多少の差はあれ一定を

保つが、色合いががらりと変わる。それを最初、わざとらしいと感じたのですが、その後マーラーの複雑さの表れと分かりました。それからマーラーにどんどん惹かれて。

［――マーラーの歴史的立場をどう考えますか？］

DB：私はワーグナーにも入れ込んでいます。ワーグナーのマーラーへの影響は無視されがちで、「マーラー＝ユダヤ」ばかり語られる。クレズマー音楽だの精神分析だの。しかし基本的に、ワーグナーなくしてマーラーなし。マーラーの片足は過去、もう片足は未来に立っています。ワーグナーの世界とシェーンベルクの世界。まさしく大転換点の様相、それが最高に興味深いです。

マーラーは、いわば歴史的近代主義で書いています。近代主義と非常に古い形式が結びつくのは、他にほとんど見られない。マーラーの交響曲は、ハイドン、モーツァルトという古風なところから出発し、ベートーヴェン、シューベルト、ブラームス、ブルックナーを通じて進化を遂げる。拡大された一八世紀の音楽構造と、一九世紀の音楽語法、二〇世紀の音楽内容が不思議な形で結びついたものを見る。三百年に渡る音楽的思考の頂点がマーラーの複雑さであり、それが強く訴えかけてきます。

――マーラー・ルネサンスの幕は、一九六〇年代後半にようやく上がりました。

DB：アメリカのバーンスタイン、ヨーロッパのバルビローリによって……。マーラー指揮者としてのバルビローリの重みを、過小評価できません。バーンスタインよりも知名度は低く、大衆へのアピールも少ない。しかし彼は、その当時無名で全く演奏されなかったマーラーを、ベルリン・フィルに持ち込んだ。バルビローリの九番の録音が旋風を巻き起こして、カラヤンもやっとマーラー演奏に関心を持ったのですから。フルトヴェングラーも、皆が思う以上にマーラーを振っています。一九二〇年代、三〇年代前半に三番などを。

ただしマーラーは相手を感化する作曲家、いわば特殊分野です――今でもそうですね。だからマーラーの専門家でない人、別の専門分野の人は触れようとしなかった。ところが二〇年代には、すでに二通りのマーラー・アプローチがありました――ワルターとクレンペラー。私はロンドンで、マーラーのほとんどの交響曲を、クレンペラーの指揮で聴いています――一番と八番は聴かなかったかな。ワルターとは全く違う世界。そしてバーンスタイン登場。元気いっぱい没頭している姿はユニークで、対照的でした。

――バーンスタインは、「二〇世紀の破滅的な大惨事《カタストロフ》が終わり、やっとマーラーが理解できるようになった」と言いました。

DB：そんな言い回しで音楽を語るのは、どうなのでしょうか。世界がやっと理解するとか、まだだとかの問題ではないのです。過去の作曲家の場合、今とは違う時代精神が作品の演奏につながったし、作品が早く取り上げられるよう働きかける作曲家も、そうでない作曲家もいました。例えばベートーヴェン。ピアノ界には、彼に対して異なる考えの楽派がありました。シュナーベル、バックハウス、エドヴィン・フィッシャー、ケンプ。古い時代の話で、そこに四つもの異なる世界が。いわば「異なるスタイルによる解釈」――解釈という言葉も、好きじゃないのですが――。一方、ベートーヴェンのわずか一年後に亡くなったシューベルトへの興味は、考えの違う楽派を生んでいない。新しい時代のドビュッシーは言うに及ばず。［当時］ピアノ界にはミケランジェリ、ギーゼキング、クラウディオ・アラウがいたのに、受け継がれていないのです。バーンスタインのことは大いに尊敬し、共演もして、素晴らしいコンサートもたくさん聴いています。でも、あのような言葉で音楽を語るのが好きじゃないのです。

――だから、マーラーの伝記と音楽は関係しない？

DB：マーラーの伝記に、何か芸術の源になるものがあるとは思えない。でも、ずば抜けて雄弁な人はいるものです。優れた演出家・作家・芸術家として、さまざまな仕事をこなしたクリストフ・シュリンゲンジーフは、生涯最後の数年間、悪性の肺がんに苦しみ、それに関して本を一冊書いています。書く必要を感じたのです。がんや他の病に苦しむ多くの人々がこの本を読んで、病気のことを自身で語るべきだと気付く。けれどもその本が、芸術家シュリンゲンジーフの理解につながるか？　それは全く別なんです。マーラーは、自身のノイローゼ等を語り、ベートーヴェンは語らない。でもベートーヴェンも我々同様、いろいろあったと思いますよ。

――クレンペラーとワルターは、マーラーを個人的に知っていました。二人とマーラーについて話しましたか？

DB：ワルターとは会っていません。クレンペラーとは親しく、随分一緒に演奏しました。六〇年代、ベートーヴェンの協奏曲全曲を録音したり。クレンペラーは、テレビ・インタビューでの話を繰り返していました。「クレンペラー先生はマーラーを知る大指揮者ですが、ワルターも同じくマーラーの知人です。

お二人はどう違うのですか？」と聞かれ、「ワルターは聖人君子で、こっちは不良」と。

――他の指揮者のマーラー演奏をどう思いましたか？

DB：素晴らしいマーラー指揮者は他にもいたが、本流になっていません。ロンドンで聴いた、ラファエル・クーベリックとバイエルン放送響の一番は見事で、聴きながら突然、マーラーとドヴォルザークの関係を理解しました――クーベリックがチェコ人だからではなく、曲の中に自然を感じたのです。ヤッシャ・ホーレンシュタイン、パウル・クレツキも素晴らしいマーラー指揮者でした。昔の演奏が現在あまり話題にならないのは、マーラーは当時演奏されてはいたが、いわゆる「大物」が取り上げなかったという事情があります。バーンスタインやバルビローリがマーラーに興味を持つ前、一九五〇年代の話。でもマーラーの音楽の評価が進むのと、人気の高まりは別の話です。

――バレンボイムさんは一九七三年、五番から始めましたが。

DB：やんちゃ坊主転じて、頑固な若造だったからです。ロンドンでクレンペラーが指揮する七番のコンサートに行った時のこと、曲が嫌で、クレンペラーに「耐えられない」と訴えました。その日はたまたまユダヤ教の贖罪日にあたり、クレンペラーは「ユダヤ教会より七番を優先するとは、とんでもない男だな」と。それから講釈の始まりです。「君はすごく偏っている。フルトヴェングラーの影響だよ」。クレンペラーはあることないこと、大げさにあげつらいながら「フルトヴェングラーは、マーラーがユダヤだから好きじゃなかったんだ」。そして「そもそもマーラーの交響曲で、駄作は五番だけだ」……。

当然その曲から振るでしょう。当てつけですから（笑い）。

――次はどの曲を？

DB：それ以外の交響曲は、二十年以上振っていません。マーラーの音楽にある神経質で不安な雰囲気については、フィッシャー＝ディースカウから教わりました。マーラーの背後には、本人の求める音も含めて、いつでも不安を煽る何かがあります。七〇年代、フィッシャー＝ディースカウとオール・マーラー・リサイタルを行った時「尋常じゃない」と思ったものです。それからオーケストラ歌曲をいくつも指揮しました。《大地の歌》も。その他の交響曲、七番と九番を振ったのは、日時は定かでないですが、一九九〇年代中頃。それからやっと一番です。そして二ヶ月前、初めて一〇番の〈アダージョ〉を。マーラーのスペシャリストなど、とんでもない。

――バレンボイムさんは、九番を演奏しています。マーラーが聴くことも改訂もできなかった唯一の交響曲。どこか改訂したかった箇所があると思いますか。それともバランスは完璧ですか？

DB：マーラーの改訂は、複雑極まりないテーマです。五番の改訂版では、こうやりたいというはっきりした意図で、初稿を変更した場所が見られます。その一方で、当時のオーケストラの不十分な技術の結果のようなところもある。五番［の初稿］には、セカンド・ヴァイオリンとヴィオラがダブる箇所が。しかしそうすると、ヴィオラに弾けないパッセージが出てくる。マーラーはそう考え、［改訂稿で］ヴィオラを外した。こんな例は方々にあります。そんな理由から、これまで五番を演奏する時、改訂版をいくつか混ぜて使っています。繰り返し演奏していますが、世界中の評論家も愛好家も、誰一人これに気付いていません。ですから改訂は、耳より理屈の問題なのでしょう。

マーラーが、九番で技術的な変更をしようと思ったかは分かりませんが、二、三のパッセージを除けば、五番、六番、七番ほど難しくありません。でも技術的な問題よりも難しいことは、他にたくさんあります。

[――バレンボイムさんは、ピエール・ブーレーズ氏と二人で、マーラー全曲演奏会を催されました。]

DB：マーラーの交響曲が素晴らしいのは、彼がそれぞれの曲で異なる語法を探求し、見つけたことです。ベートーヴェン以外に、そんな作曲家はほとんどいません。音楽に詳しくない人がベートーヴェンの五番を聴いて、その後《田園》を聴く、すると、それぞれ別の作曲家の曲に聞こえるでしょう。ブラームス、シューマン、ブルックナーではあり得ないが、マーラーには確かにそれがある。だからブーレーズと、マーラー全曲演奏会を一気にやったのです。一番から四番の初期交響曲、それから五、六、七番、さらに八番から最後に至る。しかしそれぞれの交響曲、例えば二番と三番、さらに三番と四番でさえ、別の人物、別の作曲家のものと感じる。これが最高に魅力的です。二年前、初めて連続演奏会を行った時、ブーレーズも私も指揮者として、お互いのコンサートに出席し、全曲を年代順に味わうという、実に魅力的な体験をしました。

――特に身近なマーラー作品はありますか。他の全ての曲より意義深い一曲は？

DB：いや、今演奏している交響曲がいちばん好きと思って指揮するだけ。マーラーだけでなく、どの作曲家でも同じです。どんな曲も仕事と割り切っては振りません。現代音楽も同じです。ブーレーズの《ノタシオン》や、エリオット・カーター、ハリソン・バートウィスルが作った数え切れないほどの作品。彼らの音楽が好きだから、徹底的に掘り下げたい。《ノタシオン》を三十年前——一九八〇年に世界初演して以来、演奏する度に新しいものを発見します。同様に《エロイカ》にも毎回新しいものを、そしてマーラーの交響曲にも、振るたびに同じく強い気持ちを感じます。

——マーラーを振る際、指揮者が避けるべき点は？　マーラーは、感情過多に指揮されかねない？

DB：音楽は感情的・理性的のどちらか、ではないでしょう。申し上げたように、こういった言い回しは、音楽に対する［言葉による］応《レスポンス》えに過ぎません。音楽は物事の組み合わせであって、個々を合わせたものより、はるかに巨大です。だから感情だけで音楽を作り上げることはできない。そして音楽には、音でしか表現できない強いメッセージがあるから、語ることはできない。無理に言葉で表現しても、内容が間引かれるだけ。泣きながら笑う、数学的であると同時に肉感的。つまり両極端が同居する、これこそが音楽の凄さです。この意味で、音楽とは完全なる創造物、全てが音で表現される世界の創造物。だから何を話しても、音楽そのものではなく、その瞬間に感じたことを語ることになる。「《復活》は感情込めて指揮できるんですよ」と言ったところで、マーラーを語ることにならない。一番の音楽を語っていないのです。マーラーの音楽は、全ての音楽と同じく——かけ離れたスタイルのモーツァルト同様——あらゆるものの組み合わせ。全く違うスタイルを持つブーレーズの作品でも、同じことです。

音楽は時間の中で起こるので、構造が必要になる。構造を情感で満たし、情感に構造を与える。何小節も演奏し、次のエリアに行くと時間が経過している――演奏するから時間が経過する。すると絶対に構造が必要になる。音楽を情緒的なもの、もしくは理性的なものとして語る時は、それらを別個に取り上げており、両者の流動的な行き来を見失っています。

――マーラーのユダヤ背景に戻りましょう。マーラーは生涯、反ユダヤ主義の矢面に立たされたが、それは彼の音楽に影響していないとバレンボイムさんはおっしゃいました。

DB：そうは言いません。バーンスタインが The Little Drummer Boy という大変美しく詩的なエッセイの中で、反ユダヤ主義問題を取り上げ、マーラーの罪の意識にはユダヤ背景があると述べた。それをお話ししたのです。たしかに The Little Drummer Boy は美しく詩的です。しかしそれを読んだからといって、マーラーの理解には繋がらない。ジュリーニが指揮した九番の名演を覚えています。しかし周囲は、「ジュリーニは熱心なカトリック信者だから、演奏に懺悔と、神と共にある感覚があるんだ」などなど。さらに思い出すのは《エロイカ》について質問されたトスカニーニ。「マエストロ、ベートーヴェンはナポレオンに対抗して《エロイカ》を書いたと言われますが、どうお考えですか?」。彼は「ふん、反ナポレオンの曲だってね。反ムッソリーニとも反ヒトラーとも言われているよ。でもトスカニーニの《エロイカ》は、アレグロ・コン・ブリオさ」。

つまり、音楽を言葉にするのは非常に危険なんです。結局音楽［そのもの］ではなく、音楽に対する［言葉による］反応になってしまう。はっきり言わせて頂くと、音楽を語るバーンスタイン、さらに彼の、音楽を語る言葉には興味がありません。興味があるのは彼がどうやって指揮するか、そのために言葉は不要。極端かもしれないが、決して見逃せない点です。

クレンペラーの次のエピソードで、私の言いたいことがお分かりになるでしょう。クレンペラーに会ったのは一九六四～六五年、私が将来の妻、ジャクリーヌ・デュ・プレと出会う少し前です。ジャクリーヌは混じりっけなしのイギリス人で、地方の出。そして類い希なる音楽的才能の持ち主でした。いつだったか、こんなことを言いました。たぶん無邪気に。「ハイフェッツ達ユダヤ人弦楽器奏者の音は皆本当に美しいわね」。彼らの鮮烈な音色。それで彼女は「結婚したら改宗したいわ」と――決して話を盛ったりしていませんよ。それから彼女は、クレンペラーとも知り合います。クレンペラーに改宗の話をすると「そうか、では皆でユダヤ教会に行くか」となって、ロンドンのシナゴーグに行ったんです。その時ジャクリーヌは未改宗。クレンペラーはユダヤ教からキリスト教に改宗したが、ユダヤ教に戻っており、私は生粋のユダヤ人。シナゴーグの礼拝を終え、クレンペラーに質問してみました。「どうして［キリスト教に］改宗したのですか。反ユダヤ主義が怖かったからですか？」。彼の答えは「そうじゃない。二三歳の時、バッハの《マタイ受難曲》を指揮したかった。その時、間抜けな私は《マタイ》を理解して指揮するなら、クリスチャンでなければと考えたのさ。それでキリスト教徒に」。「どうしてまた、元に戻られたのですか」――ユダヤ教に戻った時、彼は大変な高齢でした。クレンペラーは「そんなこと必要ないと分かったからさ」。

ユダヤ故《ゆえ》の罪の意識・意識の欠如など、マーラーの感覚は私にもよく分からないのです。ただ彼が、当時身辺に迫った反ユダヤ主義に苦しんだのは間違いなく、疑問の余地はない。そのことから、曲の一部をユダヤ的に書く必要を感じたかというなら、たぶんイエスです。

――マーラーは、オーケストラの持つ力の、新たな面を発見したでしょうか？

DB：マーラーが新たに見つけたのは情感面ではなく、ハーモニー、作曲技術、強弱技法、オーケストレーション、それら全てが複雑に絡み合う世界です。音楽の情感部分、人間と人間性に関わる部分は、すでにバッハの中にある。音楽は、何度も形を変え、複雑さを増し、新たな技法や新しい楽器を加えてきました。しかし、現代人が直面する問題は、個人的、人間的な感覚で言うならば、数千年間変わらないと思うのです。

昔は馬に乗っていた人間が飛行機移動して、調理は電子レンジでするなど、生活のテンポが変わり忙しくなる。技術も進歩して、多くの分野で知的発展も進み、受け入れられている。一九五七年、私が一五歳の時、マイアミのゴルフ・クラブには「ユダヤ人、黒人、犬お断り」という張り紙がありました。それから六十二年、アメリカでは黒人の大統領が誕生。過去の過ちを反省した人間の進歩です。しかし、人間であるための条件、実存的な人類の問題点が変わったとは思えない。人は何でも心に描けます。《第九》、フィナーレのとてつもない大音量、"Und der Cherub steht vor Gott"（すると天使ケルビム、神前に立ち……）ゾッとするような転調――聴き手は世界の終わりを思います。アウシュヴィッツの予告と考える人も。人は何でも思い描けるし、それが多くの人の音楽理解に役立つこともある。しかし音楽は常に、それより巨大なのです。

――アウシュヴィッツのことを話されました。マーラーが指揮した《ローエングリン》、ウィーン国立歌劇場の公演に、ヒトラーが出席したというのですが。

DB：本当ですか。

――背後に何か意味があったのでしょうか？

DB：多分ない、いや、ありません。これが説明できますか。ヒトラーは《ローエングリン》に何度も足を運んでいるでしょう。一九三六年のバイロイト、フルトヴェングラー指揮の《ローエングリン》にも行ったらしい。間違いなく素晴らしい演奏で、ヒトラーは涙したはず。音楽に感動し、その後に何百万という人間を殺す。この事実に折り合いが付くのか。スターリンもそう、モーツァルトのピアノ協奏曲ニ短調に涙しながら二千万人を殺している。これらを関係付けることはできません。

［――音楽とは完結した世界のようなもの？］

DB：我々は、世界を語ります。自然を、湖を、山を、街を、砂漠を語る。しかし世界全体は、さらに多くのものを含んでいます。我々はマーラーのノイローゼと反ユダヤ主義その他について、世界を語るがごとくに語ります。［でもそれらは］世界のひとつの要素に過ぎません。マーラーの内側には全てがあります。マーラーが私たちに与えてくれるものは、他の大音楽家達と同じく、対位法課題、旋律、リズムだけでなく、彼が人間として心の奥底で感じたものなのです。

――マーラーは語っています。神秘はずっと神秘。

DB：その通りですね。

3. Herbert Blomstedt
ヘルベルト・ブロムシュテット

マーラーは絶対に大物だった

17 February 2011, Vienna

1927年、スプリングフィールド（米）生まれ。1975-85年ドレスデン国立歌劇場管弦楽団首席指揮者、1985-95年サンフランシスコ交響楽団音楽監督、1998-2005年ライプツィヒ・ゲヴァントハウス管弦楽団首席指揮者。ベルリン・フィルハーモニー、ロイヤル・コンセルトヘボウ、バイエルン放送交響楽団その他に定期的に出演。

――初めて聴いたマーラーを覚えていますか？

ブロムシュテット（以下HB）：たぶん交響曲の一番、でも特に好きではなかったです。当時一四～一五歳でしたが、悪趣味だと感じて。エーテボリでのコンサート。イサイ・ドブロウェンの指揮は見事でした。その時まさに勉強がバッハ～ベートーヴェンの後期カルテットという段階で、そこから外れたものには、見向きもしなかったのです（笑い）。マーラーがすごいと分かるまで、かなり時間がかかりました。

――学生の頃、マーラーと関わりましたか？

HB：それほどでは。マーラーは三〇～四〇歳からの独学で、若い頃には興味がなく、モーツァルト、ハイドン、ベートーヴェン、ブラームスをモノにすべく苦労していましたから——ブルックナーには最初から親しみました。マーラーに惹かれ始めたのはドレスデンにいた時で、もう五〇歳になっていました。最初指揮したのは二番。ドレスデンのシュターツ・カペレと。私は好きでしたが、オーケストラが曲を気に入ってくれず、がっかりしたものです。一九七五年だったか七八年だったか。オーケストラは見事で合唱も素晴らしく、名演だと思ったのに、オケは「まあ悪くはないが凄くもない」と感じているようで。

——「異国趣味的」な素材が問題だったのですか？　嫌いな理由は他に？

HB：いえ、それが主な理由です。スコアを詳しく勉強してゆくうちに、交響曲は素晴らしく、マーラーは音楽家として作曲家として、大変聡明だと分かりました。「下品」と呼ばれるような引用フレーズが、マーラー・ワールドの中心にあって、彼はその世界全体を、告白のような形で音楽に持ち込もうとしたのですね。

それにしてもマーラーは、同時代に書かれた大交響曲、例えばシベリウスとどれほど違っていることか。シベリウスはそんな風に書こうとは露程も思わず、格調高く交響曲を作っています。民謡を引用しないなど、マーラーに似たところもあります。もちろん地元フィンランドの強い影響はあるが、曲は非常に私的。それは客観的事実です。マーラーに劣らず私的だが、私的のレベルが違う。個人的な感傷が溢れ出たものではないのです。ご存じのように、シベリウスとマーラーは一九〇七年に会っています。二人には共通基盤はあっても、見解が全く違う。大音楽家同士、尊敬し合ったでしょう。シベリウスの創造した「我が理想郷」は、ヘルシンキやウィーンの街角から、遠く離れています。マーラーの音楽からは、街やパブの音、楽友協会や教会の音楽が聞こえて来る。全てが作品に入り込み、大変に情感豊か。だから、今日の聴衆に訴えかけるのでしょう。

——マーラーを感情過多に演奏する危険性は？　バーンスタインはそれで非難されました。

HB：そうですね。私はそれを判定する立場ではないですが、演奏家の情感が度を超すと、マーラーはすぐに誤って扱われるでしょう。バーンスタインが極めて情感豊かな芸術家だったことは間違いなかったし、彼にはそうする権利がありました。それでこそミスター・バーンスタイン！　彼とは個人的にも大変親しかったです。ショーマンとは違う、生まれながらの劇場型人間。効果を演出するようなことはしない。どこから見ても天才なのです。その点で、理想的なマーラー演奏家でした。

マーラー本人の指揮は、バーンスタインとは違ったでしょう。円熟期のマーラーは、もちろん青年マーラーとは別人で、自らをコントロールできる指揮者でした。舞台上では派手な動きも芝居がかったところもなく、静かで原則に忠実。マーラーはオーケストラに、音楽に全てを委ね、指揮者の要求に従うよう求めました。演奏家としても人間としても大物であったマーラーが、望んだ全てを求めたのは当然のことです。マーラーは、間違いなく大物だった。

マーラーの作品は、全てを理解し、没入し情感をもって演奏すべきです。しかし大作の様々な部分と部分との関係をコントロールし続けるためには、熱い心と同時に、冷めた頭も保持する必要があります。

——他の指揮者と、マーラーを論じたことはありますか？

HB：いや、マーラーのことは全て、スコアから学びました。先生に就かなかったので。

――マーラーのルーツは、歌曲にあるでしょうか？

HB：そう思います。初期の歌曲は、すでに最高傑作の域。素晴らしいですよ。《亡き子をしのぶ歌》《さすらう若人の歌》。知られざる彼の一面、抑制され内省的なマーラーが訴えかけてきます。マーラーと声楽は一体でした。室内楽はほとんど残していません。彼はオーケストラ人間で、オペラ人でもありました。常に優れた歌手と仕事をして、声の持つ表現力についてアイデアを得たはずです。

――ブロムシュテットさんは、マーラーの勉強を始めた時、すでに優れたブルックナー指揮者でした。マーラーはブルックナーに就きたかった。それを踏まえ、ブルックナーはマーラーに影響を与えたと言えるでしょうか？［そして二人の違いは？］

HB：マーラーがブルックナーに、ごく短期間就いたことは知られています。ブルックナーなくしてマーラーの交響曲はないでしょう。［ブルックナーの］雄大な思考・視野は、確実にマーラーに影響しています。そしてマーラーは、自分流に変更したりカットしたりする当時のやり方で、ブルックナーを演奏しました。今なら非難されるところですが、それは当時の基準で判断すべきです。あげくに彼は、ブルックナーの六番を初演することに。全ての楽章はやらず、大幅なカットをしてですが。

二人を比べると、ブルックナーがどれほど近代的か、驚かされます。一八六八年にブルックナーが書いた音楽は、一八九〇年にマーラーが書いたものより、和声的にみて数段大胆です。ブルックナーはその曲を、ベートーヴェンが指揮したようなオーケストラで演奏する。彼の交響曲第一番、その和声的語法は信じられないほど大胆、マーラーの一番が平凡に聞こえます。マーラーにはもちろん、ブルックナーが絶対に書かなかった斬新な表現があり、新たな世界が開けている。しかしあくまで和声的に見ると、ブルックナーはマーラーよりも数段進んでいる。マーラーは一〇番に手を付ける前の一九〇八年、〇九年、一〇年、一一年ごろ、ブルックナーの和声と取り組んでいたようです。マーラーの九番には、ブルックナー並の大胆な和声進行があります。でも一八九〇年代のマーラーは、その方向に進んでいない。彼はそれ以外の音楽語法で進化を遂げ、真のマーラーとなりました。より近代的にではなく、さらなるマーラーになる必要があったのです。だから彼がブルックナーほど先進的でない、ということではない。あくまでも和声的に見て、ブルックナーは革新的で大胆だった。ブルックナーの九番での音のぶつかり合いは想像を絶しています！　でも、両方あるから良いのです。二人が全く違うので、我々は両方大好き。片方というわけにはゆきません。

――マーラーとブルックナー、リハーサルでは演奏という視点からどんな違いがありますか？

HB：大いに違います。ブルックナーを指揮するといつでも真実、それも客観的な真実を感じます。情感に溢れた個性的な音楽です。ただしブルックナー個人の情感ではない。ブルックナーは我々全員に語る――まるでベートーヴェン。ベートーヴェンは自分自身の不安や耳の疾患、苦悩は語らず、人類としての相手に向かって語る。ブルックナーにもそれを感じます。一方マーラーが語るのは自分そのもの。そして君たちだって同じだろうと。マーラーは我々に訴え、こちらはマーラーに同情を寄せる――「俺も似たようなものだ」「マーラーも俺のように苦しんでいる」――だから、私たちはマーラーが好きなのです。
しかしブルックナーの音楽は、違う次元にある。個人的だが主観的ではない。だからそこに「ありのまま」の真実を感じる。要するに現実的なのです。マーラーに理想の世界、理想の幸福、天国を語る最高のパッセージがあります。《子供の不思議な角笛》の〈天国に住みたい〉。聴き手は、そここそ我が住まいと感じ、幸せな気持ちになります。一方ブルックナーの音楽では、聴き手はその場に――現実の音楽なんです。三小節後に忘れてしまうような幻想じゃない。マーラーは理想への希望を語る。でもそれは現実じゃない。理想など実際には存在しない。でも夢を忘れず、理想に向かって進むべしと言うのがマーラー。ブルックナーが創るのは、目の前にある世界、そこに存在するもの！この二人は本当に別物。我々の心の別の場所に訴えかけてきます。

――ブルックナーのリハーサルでは、長いラインを求めますか。そしてマーラーではモザイク［状態］を？それとも技術的な面は、二人ともほとんど同じですか？

HB：そうですね。二人とも細部を描く前に、全体をしっかり見渡しておく必要があります。これはブルックナー同様マーラーにも当てはまります。マーラーの音楽は――万華鏡のように、あるいは連続スナップ写真のように映る。だから現代の聴き手に受けるのかも。現代人はこらえ性がなく、常に刺激を求めています。まるでテレビを見ているよう。三秒、つぎに二秒で画面が変わり、十秒変わらないと退屈――（笑い）。マーラーの音楽は常に変化し、だからこそ、小さな存在の我々を惹きつける。一方、ブルックナーの音楽が語るのは永遠への道、展望、希望です。マーラーの永遠は夢に過ぎないが、ブルックナーでは現実です。

——マーラーの人間性をどう思いますか?

HB：彼は絶対に大いなる人物だった。芸術に向かうと気難しくなり、自分の意図にひたすら忠実であることを求め、妥協など思いもしない。彼だって、全てが思い通りにゆかないのは人生から学んでいます。子供を亡くし、妻には見捨てられるなど、悲惨な生活にあえいで。そんな状況で偉大な曲が作れる、まさしく奇跡の人。そしてブルックナー、全てにおいて平凡な人物が、あんな偉大な音楽を作る。これも同じく奇跡ですね。

——ワーグナーの影響はマーラーにもあるでしょうか?

HB：もちろんです。ワーグナーなくしてマーラーはありません。マーラーは素晴らしいワーグナー指揮者で、作品を知り尽くしていたはず。常に比べられるブルックナーとマーラーですが、面白いことに二人ともオペラ作家でない。ワーグナーは二人に多大な影響を与えたが、マーラーは変わったオペラ編曲を試みただけ。彼の世界はあくまで交響曲です。ブルックナーしかり。彼は修道院に住まうオルガン奏者だが、その世界も交響曲。ブルックナーの教会音楽は素晴らしいが、交響曲と比べると脇役的存在です。オルガンの名手だったのに、オルガン曲は［ほとんど］書いていない。即興したのです。

——ブルックナーのオルガンはオーケストラ……

HB：彼の世界はオーケストラ！　自分のオケを持っていないのに、あれほどのヴィジョンがあった。一方、マーラーには自由になるオーケストラがあり、日常業務としてオケに何ができるのかを学んだ。なにしろ素晴らしい指揮者でした。しかしブルックナーが［偉大な］交響曲人間に進化を遂げるなど、誰が予想したでしょう。彼は教会に住まう敬虔な信者で、世が世なら「彼のようになりたい」と尊敬を集めた存在なのです。ブルックナーを評価する際、これも頭に入れておくべきでしょう。

［――マーラーの試みは？］

HB：彼は極端なロマン主義者で、指揮者としての限界を試したかった。誰もやらないことをオーケストラにやらせた。オーケストラをやりたい放題に大きくする。伝統的でない楽器を使うことに、何のためらいもない。つまり実験。この点、彼は時代の子です。生徒には「私の曲にバランスが悪いところがあったら、変更すること」、「オーボエが弱いと思ったらクラリネットに変える。それで弱ければダブらせる。あるいは三本一緒に、それでもダメならピッコロを頭に据えるんだ」と。それを自由にやらせただけでなく、必ずやれと。現代の我々からはかけ離れた話です。現在ではマーラーの書いた全ての音符は神聖であり、一音符、一楽器たりとも変更しない。［現代の］指揮者の仕事は、全てがはっきり聞こえるようにバランスを整えることであって、色合いを変えるなど犯罪行為です！

――マーラーに聞いておきたかったことは？

HB：ブルックナーほどにはないですね。ブルックナーは、マーラー以上に謎めいています。マーラーのスコアの書き方は、細部に至るまでずっと具体的で、メッセージが非常に分かりやすい。でも、いつも分かるとは言いません。明日は違うでしょう。偉大な音楽とはそんなもので、完全に理解するのは土台無理なのです。もちろん二人には会ってみたい。でも接見の光栄に浴したところで、呆けたように見とれて「あの〜、ご本人でいらっしゃいますか」となりますよ。

——マーラーは何を望んだのでしょう？

HB：聴き手の感情を混ぜっ返し、己の強烈な世界に引きずり込み、孤独を分かち合う、そう望んだのは間違いない。彼には信奉者が大勢いたから、根無し草というわけではない。でも、決してホッとすることはなかったでしょう。演奏だけが自己表現、そこで彼の世界はやっと完結する。リハーサル・コンサートが終了するや、孤独を感じてしまう。——「俺と、その他数人だけが分かってくれる」。数人とは千人、三千人、五千人——。でも真の理解者は多くなかった。人々と気持ちを通わせたかったでしょう。

どんな音楽家も、孤独から逃れることはできません。自分の世界を、ほんのわずかな人々としか共有できない、我々は本当に特殊です。千人、二千人、三千人がコンサートを聴き、一万人がCDを買ってくれるのは嬉しい、でもそれで孤独が癒やされるわけではない。コンサートの後にあるのは、この空虚さです。壮大な感情的体験、それに加え知的体験の後には、高揚感と充足がある。しかし十分から十五分後、独りぼっちになってしまう。音楽家なら誰でもそれを感じます。「この世界は砂漠のよう」——ゲーテはうまいことを言った。しかし大切なことについて、考えや気持ちを分かち合える人が見つかれば、砂漠には花が咲き、オアシスになります。でも分かり合える人がいなくなると、世界は砂漠に逆戻り。音楽家の基本的気質は、憂鬱《メランコリー》です。

――マーラーは［長生きしていたら］どこに行ったでしょう？

HB：面白い質問です。一〇番から察するに、彼の向かう先は、拡大された和声語法の領域です。マーラーがシベリウスと同じ袋小路に行き着くとは思えない。シベリウスはこれ以上進めないと感じて、作曲をやめてしまった。強い自己批判に陥り、交響曲八番を破棄したのです。マーラーの自尊心はシベリウスよりも強く、自分の才能を確信していた。その先どうなったか読めませんが、我が道を歩み続けたでしょう。［マーラーが亡くなった時］、シェーンベルクは自分の道を見いだそうとしていた。ストラヴィンスキー然り。だから面白い質問と申し上げたのです。

4. Pierre Boulez

ピエール・ブーレーズ

音楽を説明するのに、伝記は役に立たない

28 April 2009, Vienna

1925年、モンブリゾン（フランス）生まれ。1971-75年BBC交響楽団首席指揮者、1971-77年ニューヨーク・フィルハーモニック音楽監督、1976年アンサンブル・アンテルコンタンポラン設立、監督。1976-80年バイロイト音楽祭《ニーベルングの指環》（パトリス・シェロー演出）他を指揮。ウィーン・フィルハーモニー、ベルリン・フィルハーモニー、シカゴ交響楽団、クリーヴランド管弦楽団他に定期的に出演。2016年1月5日逝去。

——初めて聴いたマーラーを覚えていますか？

ブーレーズ（以下PB）：私の若い頃、マーラーはフランスで全く演奏されませんでした。でも交響曲の四番をパウル・クレツキの指揮で聴いて、橇《そり》の鈴に驚いた憶えがあります。そんなものが、しかも交響曲の頭で聴こえるなど、尋常じゃないですから。別の時には《大地の歌》も聴いています。一九五二年のこと。フランス初演かどうかは定かでないですが、私には初めてでした。演奏は誰だったか……。でも印象は強く、最終楽章の長いオーボエ・ソロにがっかりしたことも覚えています。反復がくどく、趣味じゃなかった。当時、私は勉強のさなかで、伝統と名の付くものを一切拒否していましたから。

マーラーが分かるようになったのは、その後です。ドイツのバーデン＝バーデンにいた時、指揮者のハンス・ロスバウトからマーラーの話を聞きました。「この交響曲を聴きなさい」と。彼の録音した九番、それが大変印象深く、それまで知識不足だったマーラーについて、自分なりの見解を持つようになったというわけです。

――ブーレーズさんは、レナード・バーンスタインの後任として、ニューヨーク・フィルの首席指揮者になられました。バーンスタインと、マーラーの話をしましたか？

PB：彼とは、親しくしませんでした。顔はよく合わせるが、音楽に関しては話さずです。趣味が全く違ったので、話してもかみ合わなかったでしょう。その件には触れないという互いの了解があったと思います。

マーラーをアメリカでポピュラーにする、それはいわばバーンスタインの義務でした。知り合いの楽員によれば、一九五〇年代にマーラーの五番、六番、七番などやろうものなら、会場はガラガラだったと。長く退屈な曲と思われていたからです。

――バーンスタインは、マーラーを大変感情的に演奏しました。ブーレーズさんがニューヨーク・フィルを引き継いだ時、それが負担になりましたか？

PB：彼の影響とは格闘もせず変えることもなく、自分流にやっただけです。当時オーケストラに、バーンスタインの特徴が残っていたのは当然のこと。でも、彼だけじゃなく、ミトロプーロスも感情的でしたよ。一番そうでなかったのは、恐らくワルター。ここでの「感情的」は「誇張」の意味ですが。

音楽には感情があるのだから、それが演奏に出なくてはおかしい。バレンボイムと話したのですが、音楽を説明するのに、伝記を引き合いに出してはいけないのです。伝記は音楽の説明などしていません。マーラーは、網《メッシュ》の目のようなモチーフや主題を用い、それらを注意深く組み立て作曲しますが、それと場当たり的な感情とは別物です。感情が構成と深く関わる、これを重視したいですね。

――アメリカの聴衆にマーラーをもっと根付かせることが、ブーレーズさんの目標だったのでは？

PB：目標などありません。自分のために、マーラーの音楽を理解し、解き明かすことで精一杯でしたから。［私が親しんだ］フランスのオーケストラ作品は、伝統的に短い。そしてウィーン楽派の作品も長くない。しかしマーラーでは、まとめるべき一つの楽章が、三十分あるいはそれ以上。［フランス人として］「今は、この感情が来ている。次のヤツを待とう」などと言いながら、核のないまま、気まぐれに演奏できません。

――［マーラーでは］テンポが最重要だと思います。マーラーは手紙で、テンポが柔軟でない指揮者を糾弾していますが。

PB：マーラーは事あるごとに nicht eilen; nicht schleppen（急ぐな、引きずるな）と書いています。全て否定形。マーラーは演奏家が感情的になって、自分の音楽を大げさにすることを恐れていました――そこがポイントです。理由もないのに興奮して、テンポを限界まで上げてしまうとか。

マーラーの拍から拍への移動は、誰にも気付かれず行う必要があります。それが最重要になるのが六番のフィナーレ。数回ありますが特に最後、マーラーはテンポを何度か急降下させる。四拍を二拍に、二拍を一拍に。それをできるだけスムーズに、ぶつ切りにならず、流れるように運ぶことが求められます。様々なテンポ関係も非常に重要です。例えば八番の二楽章では、テンポ間の繋がりを見つける必要があります。

――現在、マーラーへの視点は広がっていますか?［そしてバーンスタインが、マーラーを過剰に演奏したといわれることについては?］

PB：間違いなく広がっています。当時、［マーラー演奏家が］バーンスタインだけだったわけではない。例えばサー・ゲオルグ・ショルティ、彼など当時を代表する力強い演奏家です。ズビン・メータもそう。だからバーンスタインだけが過剰だとは思わない。でもその当時から、度を超してロマンティックな演奏に反旗を翻す人はいました。全員一致の意見など、なかったのです。

――作曲家ブーレーズは、マーラーのスコアから何を学びましたか?

PB：大変多くを。まずは距離、長い距離感です。つまり、長大な曲をどう組み立てるか。最近演奏した［自作の］《シュル・アンシーズ》(*Sur Incises*)は、四十五分間休みなし。長い作品では、新たな楽想を聴き手に分かりやすく届けるため、時間の概念をそれぞれに組み立てる必要があります。簡単ではないですが、それをマーラーとマーラーの指揮、さらにワーグナーから学びました。私がフランス人だからという問題もあります。我々の音楽は短い、洗練されているが短いので、［マーラーを演奏すると］しばしば息切れします。どこまでも続く音楽。それを学び、多くを得ました。それが第一歩です。

次に学んだのはオーケストラの使い方です。ただし、マーラーの手法を今、同じように使えるということではありません。マーラーでは、楽器の重み《ウェイト》と強弱の比率が計算し尽されており、いくつかの楽器に*ff*、その他に*pp*という場合、マーラーは確実に楽器の音量、音域のバランス、音色のバランスをわきまえています。スコアには大体において——二〇世紀の作品でも——オーケストラ全体への、大まかな強弱が書かれるものです。原始的な強弱法。この点マーラーは、ずっと進んでいる。経験が違うのです。例えばアルバン・ベルクの作品六［オーケストラのための三つの作品］、その三曲目はバランスが難しく、書かれている強弱では良い音がしないので、調整しなくてはならない。必要な音が聞こえず、聞きたくない音が聞こえてくるからです。

——マーラーは、九番の改訂をしようと思ったでしょうか？

PB：それはないでしょう。九番は、とてもよくまとまっています。一〇番のスケッチ、特に〈アダージョ〉には、変更したかっただろう部分が数箇所あります。でもマーラーは、オーケストラの能力をよく知っていた。それも彼の才能です。

——けれども彼は、改訂作業で格闘しています。五番を書きながら、自分は全くの初心者だと語っていますが。

PB：そう言ってますね。信用できるものですか（笑い）。彼は、再考せざるを得なかったのです。五番では、四番から見ても、対位法をさらに多用する三番から見ても、音楽が格段に進化していて、マーラーは壁にぶつかったに違いない。でも彼は、自分のやっていることをわきまえていた。音楽の実質的な内容が変化し、非常に複雑になったために難しくなる。ただし楽器の扱いを勉強し直す必要などなかった。間違いありません。初心者など戯言です。

――最初に指揮されたマーラー作品は？

PB：まず五番を。一九六五〜六六年でしたか、当時ほとんど演奏されなかったので。BBC響の助けを借り、方法を探りました。演奏は覚えていません。なにしろ初めてだったので、過去最高の名演だったわけもなく。五番を振った時、葬送行進曲でショパンを思い出しました。子供のころ、ピアノで《葬送行進曲》を弾いてパターン的《クリシェ》だなと思い、今度はこちらのクリシェに関わって苦労したわけです。

――でもマーラーを振り続けておられる。マーラーに何か……があったのですね。

PB：投げ出したくはなかった。でもマーラーばかり追いかけていたわけでもありません。それからおっしゃる通り、テオドール・アドルノの「マーラーはウィーン楽派の原点」という考えを知って、考え直してみました。シェーンベルク、ウェーベルン、ベルクを考え、それからマーラーに戻ったのです。すると、ベルクの《ヴォツェック》が理解できました。軍隊行進曲やら何やらの下品な音楽、下品な大尉に軍楽隊長など、よく練られています。そこにマーラーの懐古趣味を見ると、《ヴォツェック》がどこから来たのかが分かります。

――シェーンベルクが受けたマーラーの影響に関して。あのシェーンベルクでさえ、最初の頃大変苦労しています。

PB：初期には。そうですね。

――説明願えますか？

PB：シェーンベルクは理想主義者だったので、曲に下品さが入り込むのを嫌いました。マーラーは、形式化したようなコラージュを作ったが、シェーンベルクは純粋形式を求め、それを本能的に拒否した。純粋形式を模索したのです。ただし、十二音技法でさえ純粋とは言いがたい。あれは禁欲主義でしょう。だからシェーンベルクの、マーラーに対する最初の態度が理解できます。しかし例えば《モーゼとアロン》の中の下品な音楽とマーラーを較べれば、シェーンベルクの分離された断片にも、彼の影響を見ることになります。

――マーラーは「長生きしていたら」、どの方向に進んだのでしょう？

PB：一〇番の〈アダージョ〉、さらには九番などを見ると、調性の拡大に邁進したと推測できます。マーラーは、いわば調性の文法、和声をそのままにはしておかず、和声間の関係を拡大したでしょう、それは間違いないと思います。

――昨日、バレンボイム氏が語っていました。彼は新しい曲に手を付ける時、まずゆっくり演奏してみて、心地よいと感じたところでテンポを速めるが、ブーレーズさんは反対だと。

PB：そうですね。

――遅くしてゆくのですか？

PB：ある意味そうです。私の場合、退屈するのが怖いので煽《あお》ろうとします。そして曲を習得した段階で落ち着かせる。

――［反ユダヤ主義に苦しんだ］マーラーの人生と、音楽は関係があるのでしょうか？

PB：それはあるでしょう。ただし、文字通りではありません。マーラー以上に反ユダヤ主義に苦しんだ人は大勢いるが、九番を書いた人はいない。善悪《モラル》の問題と芸術は混同できません。聖人君子が取るに足らない曲を書き、体制側の非人道的な輩が見事な曲を書く。ドビュッシーは反ドレフュス派で、ラヴェルは支持派。でも彼らの音楽に［政治観に由来する］特徴など、何もないのです。

――二〇世紀の破滅的な大惨事《カタストロフ》の後、マーラーの理解は深まったでしょうか。

PB：それは違うでしょう。この質問は、ユダヤ人作曲家全員を、カタストロフの代表とみなしています。申し上げたように善悪《モラル》の問題と才能は――幸か不幸かは別として無関係、異なる二つのものなんです。例えばハンス・アイスラー、彼は亡命して苦しんだ。ドイツに残っていたら、間違いなく殺害された。それは事実、同情すべき事実です。しかし客観的に見て、アイスラーがベルクよりも優れた作曲家か。それは絶対にないでしょう。

――しかし［三番で］独唱者が“O Mensch! Gib acht!”（人類よ、心せよ）と歌います。マーラーは破滅的な大惨事《カタストロフ》を予感したのでしょうか？

PB：ホロコーストのずっと前に、ニーチェが書いていますよ。

――つまり一般的な話？

PB：そう、誰でも口にする話題です。ヒトラー体制によってホロコーストが初めて現実となった。ワーグナーは反ユダヤ主義者として、アウシュヴィッツに責任ありとされているが、それは反対サイドの誇張です。ワーグナーは、多くの反ユダヤ主義者と変わりません。ムソルグスキーの手紙など、反ユダヤの話ばかり。ストラヴィンスキーも［この件に］慎重でなかった。ロシアは反ユダヤ主義だらけ。ドレフュス事件さなかのフランスでも同じでした。申し上げたように、ドビュッシーは反ドレフュス派ですし。

――分けて考えるべきですね。だから［反ユダヤ主義のマーラーへの］影響はないと？

PB：そう思います。あの状況では誰でも苦しむ。マーラーも。でも彼は、オペラ劇場の監督に就任する時、キリスト教に改宗したのを忘れてはいけない。当時、劇場のトップであるためにはクリスチャンになる必要があった。皆改宗していますよ、シェーンベルクだって。音楽界へのパスポートだったのです。

――マーラーがあと三十年生きていたら、シェーンベルクの［方々への］影響は違ったでしょうか？

PB：マーラーが、十二音技法の理論とシステムを受け入れたとは思えません。

――シェーンベルクは？　傍らのマーラーを凄いと感じ、作曲のやり方を変えようとしたでしょうか？

PB：シェーンベルクは、真の一匹狼でした。ベルクは、［マーラーがいたら］シェーンベルクにさほど影響されなかったでしょう。

――二つの世界が、共存したかもしれない。

PB：そうなんです。

――ドビュッシーは、マーラーの二番のフランス初演に出席したが、途中で抜け出したと言われています。

PB：それはいわゆる伝聞というヤツで、本当のところは誰も知らない。たばこが吸いたくなり、抜け出した。すると外が気持ちよいので戻らなかった。あくまでも噂です。

――マーラーが、フランスの音楽教育に一切組み込まれていなかったからかもしれませんね。

PB：でもそれはドビュッシーだけでなく、音楽教育全体の態度です。なにしろ学校はワーグナーにも無関心でした。ただしR・シュトラウスは既に第一次大戦前に、フランスに定期的に指揮に招かれ、ドビュッシーは彼の指揮法について長文の記事を書いています。ドビュッシーは一八六二年、シュトラウスは六四年生まれと同世代ですからね。

――現在ではフランスも、マーラーを全面的に受け入れていますか？

PB：まあ他の国並に。でもブルックナーはだめですね。

――ブルックナーなくして、マーラーはあったでしょうか？

PB：あったかもしれませんが、どうでしょう。でもブルックナーの八番、九番など、後期の交響曲には、間違いなく影響力があります。

――密集エネルギーという点で？

PB：そうです。ただしマーラーのスケルツォなど、A－B－A－B－A、A－B－Aという単純なブルックナーよりも、遥かに込み入っています。

――ショスタコーヴィチ然り？

PB：その名前は、私には禁句です。あの音楽、あのつまらない音楽がなぜ受けるのか、皆目見当がつかない。マンネリ・パターンの寄せ集めで、イライラします。

――マーラーはオペラ指揮者だったのに、なぜオペラを書かなかったのでしょう？

PB：オペラ劇場を知りすぎたから――冗談ですよ。時間がなかったのでしょう。限られた夏の間、どれだけ集中しても、たった三ヶ月で《マイスタージンガー》並の作品が書けるわけがない。

――マーラーの独唱合唱付き交響曲は、音楽劇といえますか？

PB：八番など一種の代用品ですね。でもファウストの場面が、マーラー最高の劇的音楽ではないのが不思議です。八番の二楽章よりも、六番のフィナーレの方が遙かにドラマティックです。

――六番では、三回目のハンマーが削られています。

PB：それは理解できるのです。三回目は音楽に全く合っていない。脈絡が違うので。最初二つのハンマーは、トランペットが吹く主旋律と共に。［削られた］三回目の場所では序奏が戻る。ハンマーはこの主題の反復、冒頭の再現とは無関係、だからハンマーがない。

――音楽以外の理由は考えられませんか？

PB：それしかないでしょう。マーラーは三つ目を欲したかもしれないが、最終的に流れから見て、非論理的と察した。後日アルマが筋書きを書いていますが、一言たりとも信じられない。彼女はでっち上げの名人です。

――あのような伝聞から、マーラーを守らなくては？

PB：アルマから、全くね。遅かりしですが（笑い）。バレンボイムがシャウフラーさん［あなた］に語ったように、マーラーに関して、深層心理やら［人生の］難儀やら精神分析その他諸々、語られすぎです。

——一番、二番を聴くと、アドルノの言うDurchbrüche（感情の爆発）で、［当時の］聴き手にショックを与えたことが分かります。知られざる領域でした。

PB：いや、R・シュトラウスのエネルギーもすごいです。時代精神ですから。

——聴衆はマーラーの何に驚いたのでしょう？

PB：曲の長さ、それに尽きます。長さと複雑さ。聴き手は次々と起こることについてゆけない。初めて一般受けした曲が五番の〈アダージェット〉だったのは、よく分かります。

——それから、葬送行進曲に兵士の歌といった、曲の素材の使い方は？

PB：マーラーの素材は限られています。葬送行進曲、軍隊行進曲、レントラー舞曲、それだけ。

——そして鳥の歌。

PB：鳥は散発的でしょう。オリヴィエ・メシアンじゃないから。一番、《さすらう若人の歌》に出て来るが、それ以外に何羽もいないでしょう。そう、素材は最初からずっと変わらず三つだけ。その他は彼自身です。

——それらをまとめる方法が、斬新だった？

PB：そういうことです。

――コラージュの技法が、エドガー・ヴァレーズに似ているようですが。

PB：マーラーの方がずっと上手、ヴァレーズは初歩的ですよ。

――技法という点では同じですが。

PB：でもマーラーより幼稚です。素材といえばアメリカのチャールズ・アイヴズ。葬送行進曲はないが、行進曲、軍隊行進曲、ファンファーレ、そしてはやり歌も使う。しかしアイヴズのやり方は、マーラーと比べて子供じみているし、比較にならない！　大事なのは素材だけではない、それで何をするかです。

――マーラーの最大の功績は何でしょう？

PB：平凡でつまらない素材を使って、それを完全に変身させたこと。

5. Riccardo Chailly

リッカルド・シャイー

マーラーの一番は、我が青春の感動です

5 August 2010, Salzburg

1953年、ミラノ生まれ。1982-89年ベルリン放送交響楽団首席指揮者、1988-2004年ロイヤル・コンセルトヘボウ管弦楽団首席指揮者、2005-08年ライプツィヒ歌劇場音楽総監督。2005年よりライプツィヒ・ゲヴァントハウス管弦楽団カペルマイスター、2015年よりミラノ・スカラ座フィルハーモニー管弦楽団首席客演指揮者。2015年よりミラノ・スカラ座音楽監督。

——初めて聴いたマーラーを覚えていますか？

シャイー（以下RC）：ええ、はっきりと。六〇年代初頭にローマのフォロ劇場で、一番のリハーサルを見物しました。指揮は当時売り出し中のズビン・メータ、オーケストラはＲＡＩローマ響。父がＲＡＩでクラシック音楽の企画をしていた関係で、入れたのです。父は打ち合わせで席を外すことになり、「一時間ここにいなさい。動かないでおしゃべりもなし、何もするんじゃないよ！」と。それから私は、音楽の力に身動きができなくなり……どうしてよいか、気持ちも言い表せない。あれこそ我が青春の感動でした。

――マーラーのスコアを勉強し始めたのはいつですか？

RC：ずっと後……およそ十年後、指揮者になろうと決めた頃です。でもその当時、マーラーは難しくて理解できず、七〇年後半まで勉強するのをわざと先延ばしにしました。

――それからマーラーの音楽には、すぐに入り込めましたか？

RC：交響曲十曲の宇宙を学ぼうと決めた時、変則ですが最初九番と一〇番に手を付けました。すると垣根のない宇宙が目の前に開け、マーラーの言葉が広がりました。最晩年様式から始めたのが良かった。随分後になって《大地の歌》に親しんだ話は後ほどします。鍵となったのはあくまで一〇番、九番、八番、その後、それ以前の作品全てです。ミラノで修行していた時、たまたまスカラ座で、マエストロ小澤の指揮する八番のリハーサルに立ち会いました。それまで八番は、生演奏を聴いたことがなかった。子供の頃、一番の生演奏を聴いた感動が戻ってきました。不思議なことがあるものです。

――シャイーさんは以前アムステルダムで、とてつもないマーラー伝統を受け継ぐオーケストラの首席指揮者でした。そこでマーラーの指揮を始める時、伝統を感じましたか？

RC：強烈に。オーケストラの休止、つまりマーラーが書いた音符間の無音、その芸術性と伝統は信じがたいほど。マーラーは言うならばテンポの引き延し、実際のフェルマータとは違うフェルマータ、ひとつの音符の拡張を望んでいる。それがハッキリと分かり、他には絶対にないと感じました。

マーラー作品のリハーサル〔原書ではコンサート〕が始まると、楽員は所定の椅子に腰掛け、残りの一時間か一時間半そのまま。他には見られない集団行動です。一つのパートが演奏しているのを、全員で待つこともあります。全身全霊で音楽に尽くすという見本です。大事なことを言い忘れましたが、首席指揮者の伝統も考えなくては。ウィレム・メンゲルベルクは半世紀に渡って、マーラーを常時プログラムに加えました。しかも連日のように。マエストロ・ファン・ベイヌムもマエストロ・ハイティンクも、この最高の伝統を受け継ぎました。

――メンゲルベルクの録音は聴きましたか？

RC：僅かです。五番の〈アダージェット〉、四番の全曲、《さすらう若人の歌》、残念ながらこれだけ。でも、彼の指揮には魅了されます。極端、でもなんと柔軟。当時のルバートという言葉は、今の厳密な定義とは意味が違います。その当時作曲家と共に生き、語り合った〔音楽家による〕マーラー演奏の自由さ、その姿勢、そして当時のコンセルトヘボウの質の高さ、柔軟さはどうでしょう、自信に満ち溢れて。五番の〈アダージェット〉を聴けば、当時メンゲルベルクが築き上げたクオリティに驚かされます。

――その数曲の録音と、ブルーノ・ワルターの録音を比べると、マーラー演奏の伝統では、アプローチが最初の段階からずいぶん違っていたのが分かります。

RC：厳格主義、新古典主義、そしてウィーン楽派の申し子であるメンゲルベルクとワルターの演奏は、古典派からロマン派まで対極でしょう。マーラー演奏は、形、質共に拡大する必要がありました。このこと［二種類の異質な演奏］を通して、マーラーの音楽に、はっきりとした展望が加わったと思います。厳格でも硬直さえしなければ、自在でリベラルな演奏解釈によって、音楽が迷子になることはなかったのです。

ワルターは今でも（マーラーの）中核指揮者です。クレンペラーもそう。それから、オスカー・フリート唯一の録音、二番も極めて重要。フリートがベルリンで二番を指揮した時、マーラー自身の解釈やテンポの設定に関して本人から詳しく聞いているからです。この録音は、フリートとマーラーの熱く真剣な討議の成果なのです。

――最初から極端だったマーラー演奏ですが、現在の適切なアプローチは？［そしてシャイーさんの方向は？］

RC：マーラーのような天才を語ると、きりがないですね。マーラー指揮者のうち、バーンスタインは極端に走りましたが、それは彼流のマーラー解釈の精神といつも釣り合っていました。メンゲルベルクとバーンスタインを隔てる半世紀を考えれば、そんな極端さも頷けます。

マーラーの音楽には、羽目を外したり過激に走らせたりする衝動的な性質があります。だから私は、マーラー演奏で声高に叫ばないことにしています。将来は、そちら側の極端にいくかもしれません。とはいえバーンスタインは、古今最高のマーラー演奏家でしょう。彼とウィーン・フィルの九番の演奏を今でも覚えています。会場はミラノ・スカラ座。フィナーレで、情感が表現不可能な領域に達していました。スカラ座の音響は幾分ドライですが、バーンスタインは勇気を奮って、最後の二、三ページでどんどん引き延ばし、極限まで遅くしました。そのパワーと緊張感は鮮烈でした。

――マーラーを力ずくで演奏する危険性はありますか？

RC：マーラーのような天才だけが、それに打ち勝ちます。音楽の内なるパワーが強く語りかけるので、マーラーには余計な力を加える必要がない。少なくともそれは、私のアプローチではありません。ロッシーニなど、変な箇所や間違った語法を感じることがたまにあります。聴くのが辛いほど。でも結局「なんてひどい曲」じゃなく「なんてひどい演奏」となって、音楽は生き残った。そう、ロッシーニは最終的に、演奏との闘いに勝ったのです。マーラーのような天才作曲家は、いつでも演奏者に打ち勝ちます。

――ライプツィヒ、アムステルダム、ベルリンでマーラーを演奏される時、それぞれ固有のマーラー・サウンドを創ろうとしますか？

RC：それはオーケストラの音質によります。でもマーラーで肝心なのは、ロマンティックな音です。深みのある音、自然なヴィブラート、洗練されたポルタメント――このようなロマンティシズムは、世界中のオーケストラからどんどん失われつつある。これがマーラー演奏で、大変微妙な問題となるのです。マーラー演奏で、味気のない純粋主義者になることは造作もない。ポルタメントを止めることは簡単ですが、それも間違いでしょう。ライプツィヒ・ゲヴァントハウス、最高にロマンティックなサウンドを持つドイツの大オーケストラが演奏すれば、マーラーは強力な表現力を持ちますよ。

――マーラーの心の葛藤は、どこから来たと思いますか？　またマーラーと当時の音楽との関係は？

RC：アルマはユニークかつ音楽的な女性です。けれども様々な理由で、彼女が結局マーラーを幸せにしたとはとても思えない。マーラーの葛藤は、彼を取り巻く世界、ヨーロッパ文化の音楽理解からも発しているでしょう。彼は、作曲家仲間の重要な作品、重要なオペラをつねに研究・指揮し、周囲の動向を知ろうとしました。シェーンベルクとの関係も興味津々です。マーラーは意識的に我が道を進み、人生を歩むことにした。それがよかったのです！　有名なウィーンの夕食会が目に浮かびます。シェーンベルクは、Klangfarbenmelodie（音色旋律）のコンセプトをマーラーに語ったが、アルマの日記によれば、マーラーは「我関せず」だったとか。

ところが《大地の歌》最終ページに、すでに音色旋律が見られます。彼は常に音楽語法を増やし、作曲の新たな方法を探求しながら、最後まで自身のやり方に忠実でした。《嘆きの歌》作品一を見た後《大地の歌》にジャンプすると、語法が見事に一致している。他では見られないことです。この点を、プッチーニと比べたくなります。プッチーニの《妖精ヴィッリ》から《トゥーランドット》に至る語法の進歩は、予測不能ですから。

《大地の歌》の近代性と天才性は、最初の《嘆きの歌》からは無論予測できない。しかしそこには、驚くべき一致点があります。プッチーニの音楽にある演劇性と、マーラーの中にある演劇的場面を比べると、共通点がいっぱいで楽しいですよ。例えばトスカ第三幕の頭で、ローマの鐘が鳴る。音楽も響きも状況も違うが、六番のカウベルと明らかに関係がある。作曲家同士の影響を感じることは多いです。

——二人は一九〇六年、グラーツでの《サロメ》の初演の時に会っています。その時マーラーはシュトラウスとも会っている。オペラハウスから出たところでの集合写真が知られています。

RC：見たことがあります。

——シュトラウスは細身の長身で……

RC：マーラーとシュトラウスが会ったのは、グラーツが最後。それにしても、ふたりの性格は何から何まで違っていた。マーラーがオペラを書かなかったのは残念でなりません。ウェーバーの《三人のピントー》〔編集・補作〕で、オペラ劇場にアプローチした程度です。一生オペラ劇場で過ごした男がオペラを書こうとしなかった。驚くしかありません。

——マーラーが長生きをしたら、どこに行ったでしょう？

RC：答えは一〇番の〈アダージョ〉にあります。九音からなる縦の和音、十二音から三つ足りない〔28～〕。マーラーは和音を超越した世界、和声構造という重荷から解き放たれた世界に行くつもりだった。だから自力で、十二音の世界に行き着いたでしょう。一方、プッチーニも《トゥーランドット》で同じことをしている。ルチアーノ・ベリオが見せてくれたフィナーレのスケッチには、何ページにも渡る十二音の連続がありました。ベリオがこれを最終的に、オーケストレーションに組み込まなかったのが残念です［シャイーはベリオに《トゥーランドット》第三幕のオーケストレーション補筆を頼み、二〇〇二年に初演されている」。マーラーとプッチーニ、彼らは新しいことに関心を持ち、それぞれの方法で、常に前進して音楽の語法を拡大しました。

――シャイーさんはなぜ《大地の歌》を後回しに？

RC：スコアがいちばん難しかったから――でしょうね。マーラーに、あれほどややこしい曲があるでしょうか。《大地の歌》には、どの指揮者にも解決できない場面がいっぱいある。請け合いますよ。音楽がしばしば縦割りに動いて、違うテンポにいき、予想外に羽目が外れるという複雑さ。つまり未解決部分が残っているのです。解決策がないのは、マーラー自身が作品を聴いていないから。自分で曲を聴き、読譜・指揮が難しいとわかれば、もう少し簡単にしたでしょうに。

《嘆きの歌》作品一の初稿に戻りましょう。曲中で舞台裏のオーケストラが全く違う拍子で演奏する。ステージのオケが四拍子なのに対して、舞台裏のオケは三拍子。独立した二つの異なるテンポが重なり合い、演奏が極めてややこしい。これが《大地の歌》に何度も出てくるのです。特に《別れ》の最後のところ。やろうとするマーラーの本能的なアイデアは素晴らしい、でも実際問題、指揮者にはややこし過ぎます。

――マーラーは九番も聴いていません。彼は何箇所か、直したかったでしょうか？

RC：それは全くないと思いたい。《大地の歌》に疑問はあっても、九番には一小節たりともない。九番は完璧な美です。マーラーの語法はある意味、シェーンベルクの《室内交響曲》に向かっているようです。

――シェーンベルクは［現代音楽の］基礎を作り上げました。しかし彼の情感や作品の世界観から見ると、マーラーはベルクにより近いと思います。

RC：その通り。ベルクの《ヴォツェック》には、マーラーの影響がはっきり見えます。ベルクがマーラーの交響曲をみっちり勉強して、ピアノ・スコアを制作したことは知られています。

――《ヴォツェック》の、どの部分ですか？

RC：三幕の有名な間奏曲〈跳べ、跳べ！〉の前の場面。あれはベルクじゃなく、明らかにマーラーの作。他にもたくさんあるが、ここが一番はっきりしています。

――行進曲も……

RC：確かに、行進曲は両方の作曲家の基本です。二人は行進曲に取り憑かれていました。例えばマーラーの二番では、序奏の後にもうマーチが聞こえます。三番もマーチから。ホルンで始まり、続きます。それから五番もマーチ、六番もマーチで始まり、七番は葬送行進曲から――どうなってるの！　マーラーの音楽的な強迫観念はリズム的な形を取ると、よく解説されます。

――彼の皮肉を、どう受け取ればよいのでしょう？

RC：写真で分かるように、マーラーは「笑いの人」ではなく「微笑みの人」でした。笑いと微笑みは大きく違います。彼の皮肉はつねにその挑発的な微笑みに現れる。彼のウィットは、《さすらう若人の歌》のような歌曲で発揮され、折に触れ伝わってきます。《子供の不思議な角笛》では、さらにはっきりと。機知と静けさに溢れ、敢えて喜びを探す必要もない。イタリア語では sorriso ――微笑み。Non la risata, ma il sorriso ――笑いではなく微笑み。

――彼の人間性をどう思いますか？

RC：Gastón Fournier-Facio の著書［Gustav Mahler. Il mio tempo verrà, 2010］に、マーラーの知られざる面が書かれています。友人知人から逸話がたくさん紹介されており、読者は、彼の大変ユーモラスな一面を知ることに。マーラーはいつも冗談を飛ばしていた。これまで知り得なかったマーラーの一面です。また彼が若い時期、均整が取れて筋肉質だったことなど、知られざる身体的なことにも触れています。マーラーを新たに見直し、長年にわたって語られてきたのと違う彼を認識する。たいへん興味深いことです。

――スポーツ選手ではないが、鍛錬された肉体の持ち主……本当に興味深いですね。

RC：でしょう。

――虚弱で、常に心臓疾患に悩んでいたわけではない。

RC：そう。読んで学ぶべき、新たな一冊です。

——マーラーは何を望んだのでしょう？

RC：「良い音楽」とはひと味違う傑作、誰も書いていないユニークな音楽を残そうと強く思った。マーラーはとてつもなく大きなことを成し遂げた。彼は、新たな音楽語法の世界を開いたのです。それこそ彼が望んだもの、成し遂げたもの。これが答えになるのでは。

6. Christoph von Dohnányi

クリストフ・フォン・ドホナーニ

マーラーは心で作曲しました

16 August 2012, Hamburg

1929年、ベルリン生まれ。1957-63年リューベック歌劇場音楽監督。1964-69年ケルン放送交響楽団首席指揮者、1972年よりフランクフルト歌劇場音楽監督、1977-84年ハンブルク国立歌劇場音楽総監督、1984-2002年クリーヴランド管弦楽団音楽監督、1998-2000年パリ管弦楽団首席指揮者、2004-11年北ドイツ放送交響楽団首席指揮者。

——初めて聴いたマーラーを覚えていますか？

ドホナーニ（以下CD）：はい、はっきりと。ナチス時代、父が私たち子供に「いいもの聴かせるから、こっちにおいで」と、《大地の歌》のレコードをかけました。昔のSP盤、どこか外国から調達してきたのでしょう。

——おいくつの時ですか？

CD：一〇～一一才の頃です。

――その時の感想は？

CD：子供の感想ですが、強烈でした。音楽そのものを感じた、私の音楽性で感じたというより、父の大切なものを聴かせてもらったからでしょう。

――お父様［ハンス・フォン・ドホナーニ］は当時、地下活動家でした。マーラーはもちろん禁止されていて。

CD：その通り、禁止音楽でした。父はレコードをかける前、窓を閉めていましたよ。

――マーラーを指揮するようになったのは、いつですか？

CD：リューベック時代、いやマーラーがしばらく指揮者をしていたカッセル時代です。

――レパートリーの隅にいたマーラーが、輝かしく中央に躍り出た。音楽史の中でも類を見ない現象です。サイモン・ラトル氏によれば、マーラーはイギリスで「冗談扱い」だったそうです。ブーレーズ氏は、マーラーはフランスの音楽教育で相手にされなかったと。ドホナーニさんは、マーラー・ルネサンスをどのように経験しましたか？

CD：アメリカで勉強していた時、まずタングルウッドでバーンスタインのコースを取りました。もちろんマーラーだらけ。

マーラーはヨーロッパで長年、ファシズムの遺物と誤解されてきました。ドイツだけではない。反ユダヤ主義は、［ナチの］犯罪行為が、ドイツ・オーストリアで名状しがたい恐怖を引き起こす以前にも、蔓延していました。マーラーはカトリックに改宗して、オペラ劇場の指揮者に。混乱を極めた時代です。

――マーラーの、当時の新しい音楽との関係・影響をどう見ますか？

CD：マーラーの音楽それ自体は、他とさほど変りません。例えばR・シュトラウスはもう仕事をしており、マーラーとは友人・競争相手でした。バーンスタインは日頃「マーラーは始まりではなく終わり」と言っていましたが、色々な意味で真実でしょう。シェーンベルクなど新しい音楽への影響は、マーラーよりもブラームスの方が大きいと思います。マーラーは未来を向くべき作曲家としては、あまりに主観的。人生への期待など持たずに曲を書きました。

シェーンベルク派は、音楽素材は疲弊したと考え、新たな形式を模索しました。シェーンベルクの「誰かがやるしかない」という有名な言葉は、皆それぞれのやり方で、先を目指し新たな道を探したという意味です。ブゾーニからヒンデミットまで、当時の主な作曲家のほとんど全員が、新しい形を模索しています。

――マーラーは後期ロマン派の、最後の子孫ということですか？

CD：まさしく。マーラー達は、政治の分野も知性の分野も哲学の分野も絶え間なく変化する、極めて面白い時代に生きていました。マーラーの政治への関心は、過小評価されています。アルマともめた時には、フロイトとも面会して。彼は、二〇世紀を形作った時代に組み込まれた。でも二〇世紀のではなく、その時代の曲を作ったのです。

――マーラーは街の音楽や民謡素材を使います。マゼール氏はそれに馴染めず、マーラーが純粋音楽の観点から何を求めているのか、四〇才になるまで理解できなかったそうです。ドホナーニさんはいかがですか？

CD：天才の音楽を、いつになったら理解できるのか？　近づくために、勉強し続けるしかないのでは。私なら、理解している曲を演奏するのではなく、理解するために演奏したい。答えが出せないでいる曲と関わる方が面白い。ベートーヴェンを理解しているなど、とんでもない、口が裂けても言えません。マーラーを楽しんで振るのも命取り、と言いたい。

――マーラーは、今や大衆向きの音楽になりました。

CD：……それを良い方に考えられないのです。ワーグナー以降、マーラーは民主主義国家の人々に広くアピールした最初の作曲家でしょう。音楽を全く理解しない人々、音楽に縁のない人々、洗練され知性ある人々、また音楽教育を受けた人々にも受け入れられる。これが名伏しがたい危険となります。

――どんな危険が？

CD：内声部を全く理解せず、旋律線と効果ばかりを追い求め、吠え立ててしまう。すると音楽が誤解されてしまう。マーラーはワーグナーと同じく、簡単に誤解されるのです。マーラーは心の内側で作曲しました。外向きな指揮者にして内向きな作曲家。周囲が彼の優しさを感じることは、ほとんどなかったでしょう。

——そして、ほとんど全ての交響曲で爆発があり、感情があふれ出る？

CD：それは、マーラー時代の音楽には付きものです。「subito（突然）」の効果はずっと昔、ベートーヴェンにも見られます——急激な強弱、突然の *pp*、突然の *ff* は大受けでした。《第九》フィナーレ冒頭……第三楽章で音が減衰した後の大爆発、当時の人々がどう反応したのか、今となっては想像もつきません。聴き手が違ったら別のやり方で書いたのか、神のみぞ知るといったところ。つまりマーラーは、ブルックナーやワーグナー同様、古典の伝統に根ざしている。ブルックナーの交響曲だって、急激な強弱が売りですよ。

——マーラーは、二〇世紀の破滅的な大惨事《カタストロフ》を予感していたとバーンスタインは言いました。そう思いますか？

CD：そういった分析は感心しません。後にも先にも、アウシュヴィッツに関する「作曲」などできないのです。マーラーは、世界がまもなく混乱に陥ると感じた。バーンスタインはそれを言いたかったのです。

——バーンスタインは、マーラーをポピュラーにしました。でも感情過多にしたというのが大方の意見です。正しいアプローチとはどのような？

CD：芸術に正しい・間違いはないので、その点ですごく答えにくい質問ですが、あえて言うなら、〝間違ったアプローチ〟は存在します。でも〝正しいアプローチ〟ばかりでも、作品はそのうち疲れるでしょう。皆が〝正しいアプローチ〟を探し求め、運が良ければ、たまにそこに近づける。自分のマーラー解釈が正しい、という人には疑問を持ちますね。

バーンスタインは、造り上げる音楽に心血を注いだ、それが彼の演奏の魅力です――作曲もする演奏家には取りわけ。ただし彼の後、新たな方向性を持った――例えばブーレーズのような解釈が出てくることが大切です。間違いではなく、でも正しいと主張することもない、別のアプローチができるはずなんです。

――その線で、間違った演奏を定義するならば？

CD：マーラーを指揮しながら大泣きする、自分を語るような演奏。いつもベートーヴェンを思うのです。彼は、ハイリゲンシュタットの遺書を綴った人生の悲惨な時期に、最も肯定的で明るい二番を書いています。同じ時期なのです。［ヴァイオリニストの］ルドルフ・コーリッシュはインタビューで、指揮者達が［ベートーヴェンの］交響曲の遅い楽章を、いつも悲しげに演奏するのが嘆かわしいと語っていますよ。

――マーラーは「心の内側で」作曲したと言われましたが、裾野の広い彼の作品は、室内楽的に理解できるということですか？

CD：そういうことではなく、心で作曲するというのは、響き自体に情感が込められ、作り手の美的感性が、音楽の形式・表現と共に深まることです。マーラーは当時の哲学に嵌《はま》り、ショーペンハウアーの熱烈なファンでした。現在では、未来を予測したり把握することは、ほとんどできないとされています。マーラーの音楽が未来を語るというなら、その芸術は誤解されている。彼は、バッハと同じく、自らの生きた時代と気持ちを通わせたのです。

――ドホナーニさんの、最重要マーラー作品は？

CD：第一番は何度も演《や》りました……それから四番も。八番は振りません。でも九番は大好きです。

――なぜ一番が、それほどお好きなんですか？

CD：語法が圧倒的に正直です。

――二番と三番は、めったにおやりにならない。

CD：三番は演奏したことがないが、二番はあります。この曲は「きっちり」演《や》る時だけ、うまくいくようです。「お涙ちょうだい」に演奏されることが多いですが、あれはいただけません。

――三番はなぜダメなんですか。難しい問題でも？

CD：うまく説明できませんが、三番は――八番と同じく――時代に結びつき過ぎているからでは。未来の音楽もよく分からないですが。提示部に費やす比率が正しくないように思えるのです。

——仰々しい？

CD：仰々しいとは違うようです。二曲は、時折スコアを見たり聴いたりしますが、まだ身に付きません。

——間違っているかもしれませんが、ドホナーニさんは、マーラーのある種の表現が苦手と推測します。

CD：それは全くないですね。自己評価ができなくては。この歳になれば、「自分を」ではなく、どこに作品理解に役立つ接点があるのか、知らなくてはならない。それが三番ではうまくいかないということ。でもそう思い込んでいるだけで、決めつけているわけではないのです。

——馴染めないのは芸術的観点、ではない？

CD：自分が曲の解釈に少しでも役立っていると感じれば嬉しい。聴き手にも曲が分かりやすくなり、こっちも曲が好きになるというわけです。

——ドホナーニさんは、ブラームスの指揮で定評があります。マーラーはブラームス流の、モチーフ・主題を組み上げる伝統には与《くみ》しません。ブラームスは基本的に、マーラーを理解しなかった。ブラームスから見てマーラーは、形式的に奔放でしたから。

CD：二人は正反対だと大げさに語られますが、本当のところは、ほとんど関係がなかったのです。ブラームスに対するワーグナーの態度だって、世間で言われるほどひどくない。ブラームスも、弟子［R・

ホイベルガー」と一緒に《タンホイザー》序曲を分析しています。二人は世間で言われるほど、敵愾心を持っていなかった。ワーグナーは、我々が考えるよりずっと、ブラームスを評価していました。ブラームス対ブルックナー然り。両者の人間性はとんでもなく違いましたが、言ってみれば、当時のファン同士の「ツイッター・バトル」だったのでは。

――ブルックナーのマーラーへの影響を、どう見ますか？

CD：これはあくまでも伝聞ですが、ブルックナーの三番の惨憺たる初演の後で、マーラーが楽譜の整理をしたそうです。聴き手も楽員も大笑い。音楽家には最悪の出来事です――笑い飛ばされるなんて。しかしマーラーは舞台裏に陣取ってブルックナーを助けた。マーラーはブルックナーのことを真剣に考えていたのでしょう。マーラーはワーグナーにも大きな影響を受けたがベルリオーズにも強い興味を持ち、《幻想交響曲》を何度も演奏しています。

――指揮台での、マーラーのパワーは伝説的です。

CD：マーラーの出自を思い出してみましょう。三部屋のアパート、子供七人、母親は八人目を身籠っている。家族は父親のユダヤ伝統に則り、堅実に生活していた。マーラーは家庭でも、自分の力を見せる必要がありました。マーラーの自己主張はすさまじく、それがために多くの敵を作った。ウィーンだけじゃない。ニューヨークではトスカニーニのライバルだった。「マーラーはトスカニーニの千倍すごい」とクレンペラーは述べたそうです。もちろんマーラーが、異常なほど力強い音楽家だと感じたからです。

そんな比較、あまり意味はありませんが。
［ドイツの作曲家］クラウス・シュルツによれば、ニューヨークでマーラーが《トリスタン》など代表的オペラの指揮を終えると、スコアを閉じて毎回一言「……」。当時オーケストラには移民が大勢おり、「あいつはいつも何と言ってるんだ？　毎回同じ言葉じゃないか」と顔を見合わせる。移民の一人が「Schmarr'n（シュマルン）〝下らん〟だよ」。

——皮肉屋になったのでしょう。

CD：そう言って、のめり込んだ曲を頭から追い払ったのでしょう。《トリスタン》を指揮してご覧なさい。心も身体も心底疲れます。脱水状態。そこで「シュマルン」と。マーラーだって、言葉遊《パロディ》びくらいできたでしょう？

——マーラーに聞いておきたかったことはありますか？

CD：自分を全く理解してくれない社会の中で、どう耐えていたのか、尋ねてみたかったですね。耐えがたかったはずです——アルマとのいざこざという、私的な問題もあったし。自分の音楽がなかったら、マーラーの人生は荒涼たるものだったでしょう。

——ブルックナーのエキスパートというお墨付きを持つギュンター・ヴァント、カラヤン、クリスティアン・ティーレマン——誰一人としてマーラー指揮者ではありません。ただの偶然か、そこに深い意味があるのか？

CD：ヴァントは、マーラーがドイツで無名だった時代の申し子で、決してアンチ・マーラーじゃありません。勉強する機会がなかっただけです。マーラーは当時禁制で、多くの音楽家が途方に暮れました。マーラーは「ブルックナー同様の低俗」に分類されてしまったのです。バーンスタインも、次世代の若い音楽家達とマーラーを演奏できるようになるまでは、そのことで悩んでいます。それについては、ティーレマンとお話しになったら？　彼のマーラー［観］は、面白いですよ。カラヤンの順応性はすごい。知らない曲にすぐに馴染める。それこそ才能、プロの音楽家の必須条件でもあります。彼がマーラーを振るようになったのは、随分時間が経ってからです。私はカラヤンをよく知っており、彼が真剣にマーラーと向き合い始め、魅せられていった過程を見ています。

――カラヤンとマーラーの話をしましたか？

CD：話しました。マーラー［の時代］が「やっと到来した」ので、彼は深く関わるようになったのですね。彼の若い頃とは、状況が全然違います。すでにマーラーを演奏していたベルリン・フィルは、年齢を重ねたカラヤンの指揮を待っていたのです。

――ブルックナーの世界とマーラーの世界は、先験的に、互いに相容れなくはない？

CD：現在、私たちはプルーストもトーマス・マンも読むことができますよね。二つの文学的世界は、しぶとく生き残っている。偉大な芸術が、外野の影響を受けずに突き進む、そんな宇宙があるのです。

7. Gustavo Dudamel

グスターボ・ドゥダメル

わぁ、マーラーだ！

8 September 2010, Vienna

1981年、バルキシメト（ベネズエラ）生まれ。「エル・システマ」と呼ばれる国立の音楽教育プログラムから生まれた象徴的存在。最初の指揮経験はシモン・ボリバル・ユース・オーケストラ。2007-12年エーテボリ交響楽団首席指揮者。2009年よりロサンゼルス・フィルハーモニック音楽監督。

——初めて聴いたマーラーを覚えていますか？

ドゥダメル（以下GD）：何年も前のこと、楽しい話です。父がサルサ・バンドとオーケストラでトロンボーンを吹いており、家にマーラー交響曲第一番の、第三トロンボーンのパート譜がありました。父のトロンボーンを手にとって、吹こうとした覚えがあります（吹く真似）。その時私は一一〜一二才で、ヴァイオリンを弾いていました。そして叔父がくれた一番のCD。それがマーラーを聴いた最初、あれは特別な経験でした。最初、分かりにくいと思ったのに、その後指揮を始めて最初に振った大曲になったのです。それが一六才の時。レコードを聴いた三〜四年後なので驚きです。生まれた街でオーケストラがマーラーを演奏するのを聞き、叔父にもらったレコードでマーラーにのめり込んだというわけです。

――マーラーがすぐに、訴えかけてきた？

GD：マーラーの音楽は、独特の雰囲気を醸し出します。自然の色合い、動物、宇宙の感覚など、尋常じゃない。聴くだけでなく、感じて包み込まれる――まるで3D音楽。まずベートーヴェン、モーツァルトなど古典を聴いた後で、マーラーに行き着きますね。だから最初の印象は味わったことのない、クレイジーなものでした。

［――ドゥダメルさんは五番を何度も振っています。］

GD：二〇〇一年に、一楽章とフィナーレを初めて指揮しました。二〇〇〇年だったかな。当時、国立青少年オーケストラ――後のシモン・ボリバル・ユース・オーケストラの練習指揮者でした。それから二〇〇三年の一〇～一一月に〔全曲を〕振っています。それから、バンベルクで行われたマーラー・コンクールで優勝しました。課題曲が五番。マーラーの伝統、伝統の響き持つドイツのオーケストラと演奏できて最高でした。

――ドゥダメルさんはカラカスで、クラウディオ・アバド氏と一緒に五番を指揮されました。そのお話を。

GD：二〇〇五年の一月、クラウディオがカラカスに来て、シモン・ボリバルと五番を演奏した時、天からの贈り物と感じました。スコアを知っていると思っていたのは大きな間違い。それから道が開けました。ある要素が、次の交響曲と関係を持つことに気付かされたのです。一番からはるばる九番まで、マーラーの音楽は一つの線上にある。マーラーの音楽全体で、一つのまとまった交響曲です。クラウディオがスコアを勉強するのをまじまじと見た時、そして彼が勉強すべき細かい点を教えてくれた時、思いました。「ああ、これがマーラーの世界なんだ！」。それは、とてつもない体験でした。

マーラーの指揮には、難しいところとそうでないところがあります。細部全てを見極めるのは本当に大変ですが、曲の本質は明快なので、理解するのは難しくありません。相手の人となりが瞬時に分かるのと似ています。

それからイスラエルに行って五番を振り、この曲が人生の一部になりました。この時はシモン・ボリバルとの大きなツアーで、二十～二十五回演奏しました。その後ニューヨークでニューヨーク・フィルと、ロンドンではフィルハーモニア管弦楽団とも演奏しています。

——アバド氏は、五番の難しい部分にどう対処するか、指揮のテクニックを話してくれましたか？

GD：メンゲルベルクのことなどを。クラウディオは、メンゲルベルクが使ったスコアのコピーを持っていたようです。全ての小節に書き込みがある、クレイジーなもの。書き込みすぎて判読できない部分もある代物です。例えば二楽章の頭（歌う）、*ritenuto* がありますね（もう一度歌う）。クラウディオは、ベストの方法を教えてくれました。メンゲルベルクのスコアにあったやり方らしいです。「ここを *ritenuto* するのはすごく難しいので（同じフレーズを歌う）〝*misurato*（規則的）に！〟。（少し違う風に歌い）二つ振りでなく三つ振りで（フレーズをまた歌う）」……といった具合です——あの技はすごかった。クラウディオの指揮、例えば控えめな動きから学べることはたくさんあります。アバドに親しくしてもらったことは、人生最大の出来事でした。

――ドゥダメルさんは、マーラーを情感たっぷりに演奏されます。マーラーを大げさに指揮する危険性はありますか？

GD：これ面白いですね。サー・ジョン・バルビローリが、ジャクリーヌ・デュ・プレの話をしていますよ。「若い頃大げさにやらないで、年喰ったらどうするのかね？」――マーラーの話ではないですが。

マーラーは大変情熱的でした。彼は音楽、パッション、人生から切り離された指揮者じゃありません。マーラーがオペラや他の作曲家の曲を振りながら、しかめっ面をしたり、飛び跳ねたり動き回ったり、うねうねと手を振るスケッチがあります。彼の音楽が如何なるものかの見本です。よそよそしく深刻に見えたとしても、音楽の中には、こぼれんばかりの情熱があります。マーラーの中にはいつでも子供がいる。皆それを見ずに、死を思うマーラーや悲劇的なマーラーばかりを見る。でも人生への悲劇的な視線の中にも、生まれ育った故郷など、思い出のつまった彼の子供らしい部分があるのです。

――いま九番を演奏されています。曲との関わりをお話しいただけませんか。

GD：特別な曲なんです。ああ！　息を飲んで心奪われるような。この交響曲には「時」を感じます。「お前にあと五分だけ生きる時間をやろう、その間何をしてもよい」と言われているような。例えばスコア最後のページにある *Adagissimo* ――何かができる人生最後の二分間。これまで終楽章で、その何かを探し求めてきた。永遠に捉えられぬ希望を手にしようと。死後、永遠の時はあるのか、それはわからない。

でも希望を胸に抱いて進むしかない。

これは完全無欠の音楽で、何もする必要がありません。音符があって「速く」「遅く」や ***pp, sostenuto marcato*** と指定も全てある。付け足せるのはエネルギーと展望《ヴィジョン》のみ。バーンスタインがそれぞれの楽章に付けたタイトルが、またいいですね。終楽章のタイトル *Let It Go* が好き。「もういい、やるだけやった。だからもう少し、苦しませてもらおう」――マーラーの肉体だけでなく、魂の死でもあるのです。

アルマとの壊れた関係を、自分のせいだと思い込んだのが、マーラーの悲劇です。よくある関係。あれこれ失敗して、あとで自分のせいだと気づく、マーラーがそうだった。この交響曲には、それを感じます。マーラーは訴える――「許して、頼むよ。お前に全て捧げたじゃないか」。でも言葉じゃないから、誰も聞いてくれない。狭い部屋で九番を書きながら、一人で愛を語る、いや叫ぶ。作曲中の小さな家を訪ねれば、「ぼくだよ、お願い許して、愛している!」という叫びを感じたかも。でも語る相手は音楽と自分自身。生と死、愛と憎しみ、希望と絶望――これが、マーラーの二面性です。

この交響曲を振るため、やれることを全てやり、ずっと待機して、今年になってやっと「よし、できる」と感じ始めました。決して(自嘲的な調子で)「どうだ、ぼくはマーラー指揮者、何でも知ってるぞ」じゃなく、九番で何かを語ろう、マーラーのことを何か語ってみようと思うのです。

――マーラーに聞いておきたかったことは?

GD:どうでしょう。あまり言葉を交わす必要のない人柄ですから。彼が指揮したり、歩いたりしゃべったりするのを見たい。そして「わぁ、マーラーだ!」と素直に喜びたい。「マエストロ、ここは四つ振りですか、三つ振りですか」などと聞くのは最悪ですよ。何が聞けるかなあ？　あれもこれも聞くか、何も聞かないか。でも、仲良くなるチャンスは欲しいですね。

——マーラーは何を望んだでしょう？

GD：マーラーは［チリの］有名な詩人、パブロ・ネルーダに似ています。ネルーダは現在、著作だけでなく手紙も知られています。そしてマーラーの作品も私的な手紙、ラブレター。作曲は周囲と関る唯一の方法です。彼はまず、子供の頃の思い出を表現し、それから《復活》を作曲します。早産ですが、立派なものです。それから他の交響曲が生まれる。彼は、我が魂——その世界観を見せたかったのでしょう。マーラーの世界観は政治的と言われますが、そうじゃない。愛です。マーラーは語っていますよ。「俺はここだ！　恥ずかしがり屋で取っつきは悪いかもしれない。だから俺なんだ！　それこそ我が人生、我が心！」

——最高にパワフルな指揮者でありながら、一方であの感受性。そんな両極の個性なら、いつか爆発してしまう……

GD：彼は強烈な個性の持ち主だったでしょう。ウィーンだけでなく、指揮芸術に変革をもたらしました。当時、指揮者という職業は現在の形では存在せず、ほとんどの場合、作曲家が自作を振っていました。マーラーは、その数少ない指揮者の中で、皇帝のような存在だった。僕たちの職業はその後に出現、マーラーがマエストロ指揮者を生み出したのです。権力を持ったなら、それを行使すべし。マーラーはそのように行動し、あげくに苦しんだ。あらゆる問題と緊張がうねりのように押し寄せ、鬱積する。でも彼は強靱だった。

――二〇〇七年、ルツェルン音楽祭でのウィーン・フィルとの初コンサートで、一番を演奏されました。自分で選んだのですか？

GD：はい！　何を演奏するか随分考えました。ウィーン・フィルとマーラー！　大変だがやりがいのある仕事です。「爺さんがマーラーの指揮で弾いていたんだよ」と話す楽員もいました。凄いですね。ウィーン・サウンドから多くを学びました。百五十年以上続く伝統、それが保たれているのは、楽員が同じだからじゃない。そんなことあり得ない。奏者から奏者へと、伝統が受け継がれるからなんです。奏者の多くは前の世代の奏者の弟子――などなど。とてつもない体験でした！

その時、バレンボイム氏がバルトークのピアノ協奏曲第一番のソリストで、彼はマーラーに詳しく、いろいろ教わりました。それまで一番は何度も演奏しています。この曲は私が手がけた最初のマーラーで、ウィーン・フィルと演奏する七年前から、解釈を組み立てて。「ウィーン・フィルとの演奏は」言葉にならないほど楽しかった。夢が叶ったようです。

――自信に満ちたドゥダメルさんが、とても印象的でした。リハーサルで、第一ヴァイオリンにG線上での弓使いを求めていましたね。さぞ勇気がいったでしょう？

GD：それはもう！　オーケストラには、それぞれ流儀と「指揮者への」注文があります。しかし「指揮者は」、時には自分の頭にある音を作らなくては——もちろん彼らの伝統と音に敬意を払いつつ。ストラディヴァリには固有の音色があるので、押さえつけて弾いてはいけないように。でもなだめすかして自分の望む音を作る。それが指揮者の人生ですから（笑い）。

8. Christoph Eschenbach

クリストフ・エッシェンバッハ

マーラーは間違いなく、古今最高の交響曲作家です

26 June 2009, Schwarzenberg

1940年、ブレスラウ（ポーランド）生まれ。1988-99年ヒューストン交響楽団音楽監督、1995-2003年ラヴィニア音楽祭音楽監督、1998-2004年北ドイツ放送交響楽団音楽監督、1999-2002年シュレースヴィヒ＝ホルシュタイン音楽祭芸術監督、2003-08年フィラデルフィア管弦楽団音楽監督、2000-10年パリ管弦楽団首席指揮者。2010年よりワシントン・ナショナル交響楽団音楽監督。

──初めて聴いたマーラーを覚えていますか？

エッシェンバッハ（以下CE）：私が子供の頃、マーラーはドイツで非常にポピュラーというわけにはいきませんでした。明白な理由、ヒトラー時代禁止されていたのです。マーラーの交響曲は、ゆっくりとコンサート・プログラムに戻ってきました。私はシュレースヴィヒ＝ホルシュタインの田舎に住んでいたので、いずれにせよコンサートに行く機会は多くありませんでした。でもマーラーのレコードを聴いた覚えはあります。当時の名俳優、グスタフ・グリュンドゲンスと知り合いで、その彼が、交響曲の二番を教えてくれたのです。一九六一年のこと。二番の紹介者が彼というのが面白いです。

――グリュンドゲンスは、二番のどんな話をしましたか？

CE：まず、偉大な音楽であること。それから、この曲は旅だと。一楽章から全部の楽章に航海して、圧倒的な終結に至る――《第九》と同じだが、マーラーでは曲の規模、形式の幅ともに、桁違いに拡大されている。グリュンドゲンスは形式について力説しました。そしてレントラー舞曲が好きで、楽しく語っていました。私はオーストリア舞曲には明るくないですが、シューベルトをピアノで弾くのが好きだったので、自然に二人の繋がりを感じました。

――最初からマーラーを理解したと感じましたか？

CE：道はすぐに開けました。何年も理解できずに苦闘して、突然目を開かれた作曲家もいます。ショスタコーヴィチとか。でもマーラーはあっと言う間でしたね。

――マーラーを指揮するいちばんの難しさは？

CE：全てを理解しなくてはならないこと。ただし、マーラーの全てを頭で理解するなど易々とはできないし、そうすべきではありません。彼の音楽がフロイトの時代、精神分析が出現した頃に書かれたことを忘れてはいけない。ブラームスやベートーヴェンのごとく情感豊かではあるが、心の一点を見抜く音楽でもある。それを頭で理解することもできるが、心と魂で直にアプローチして、自分自身の答えをみつけることです。「このフレーズは、なぜこのように進むのか、どうして突然中断するのか、なぜ突然全く違う雰囲気になるのか?」。それは彼の心の中で様々な事件が起きているから。マーラーは大きく歩みを進め、形式の約束事を破棄し、例えばブラームスよりも先に行きます。

——エッシェンバッハさんは、最近プラハで三番を演奏され、その時「響きを何とかしなくては」とおっしゃっていました。マーラーでは、特別なサウンドが求められますか?

CE:そうではなく、マーラーの場合、音の振幅が広大で、*ff*から突如親密なる*pp*に変化します。その猛烈な振幅に取り組まなくてはならない。*pp*を求められる場所で*mp*は許されない。どんな音楽でもそうですが、マーラーでは非常識な行為となります。

——マーラーを大げさに演奏する危険性は?

CE:大げさより、下品すれすれにすることが危ない。マーラーには、〝下らない〟と言われるが実際にはそうではないフレーズがあるが、それを理解せず、〝〟を取り去って本当に下らなくしてしまう。それが危険です。マーラーは皮肉でいっぱい。アリストテレス流の皮肉が、二方向同時に見えるのです。

——その皮肉を、どう演奏に変換させるのですか?

CE:把握すること。しかるべく理解したら探査し、常に「なぜ? なぜ?」と問うこと。

——エッシェンバッハさんのマーラー理解に、影響のあった指揮者は?

CE：私は変人で、滅多にレコードを聴きません。特に演奏している時は影響されるのが嫌で、他人の演奏は決して聴きません。バーンスタインには間違いなく影響を受け、マーラーにぐっと近づきましたが、もう昔のことです。今必要なのは私自身、マーラーに耳を傾ける私の考え。他人の考えは必要ない。偉そうに聞こえるでしょうが、そうではない。そういうものなんです。

――バーンスタインと、マーラーの話をしましたか？

CE：みっちりと。彼は実に真剣でした。バーンスタインは先程の、「下らなく見えるが、実はそうでないフレーズ」の話もしていました。例えばマーチ、それから一番の二楽章にある、これ見よがしのレントラーやボヘミア舞曲。これらを大げさにやる危険性です――彼はやっていませんよ。バーンスタインはマーラーから「搾り取った」、つまり利用したとよく言われますが、そうではない。彼は見事にクラシックな、「古典的マーラー指揮者」でした。

でもメンゲルベルク／ワルターの後、最初に登場したマーラー伝道者はストコフスキーなのです。アメリカにマーラーを持ち込んだのがストコフスキー。ワルターの後、バーンスタインが最初ではない。一九一六年、ストコフスキーはなんとフィラデルフィアで、八番の［アメリカ］初演を行いました。そして確か八年後に再演し、それから他の曲全てを取り上げた。彼は、真の大指揮者です。

――マーラーの指揮について、バーンスタインの助言は、主にどんなものでしたか？

CE：ことマーラーに関しては、バーンスタインの助言は慎重でした。彼自身マーラーを振った後、いつも参っていました。タングルウッドで九番を演奏した後など、打ちのめされ、何を聞いても応えてくれない。すごく分かりました。また二番の後では、彼は助言云々よりも音楽に生きていました。どうすればそこまで音楽に熱くなれるのか、一体になれるのか。演奏後疲労困憊して汗をかく、それが最高のレッスン。でも身体ではなく、魂で汗をかく。それこそが彼のアドバイスでした。

――バーンスタインはマーラーの人間性に関して、何か話をしましたか？

CE：人間性それ自体の話はしていません。「ボクはマーラー」が口癖でしたから。そう、バーンスタインはマーラーと一体化していた。［ヴェルター湖畔の］マイアーニヒにあるマーラーのアトリエに行った時、「俺はマーラー」という幻影を見たそうです。もちろん多少誇張されていますよ。バーンスタインはうぬぼれ屋ではなく、常に本物。正直だからこそ、そんな話が真実味を持って自然にあふれ出るのです。自分がマーラーになった幻影を見る。だからマーラー［の人間性］を語らない。だって「私は彼」なのですから（笑い）。

――マーラーの人生の葛藤は、音楽に影響していると思いますか？

CE：イエスでもありノーでもあります。例えばベートーヴェン。幸せの極みのような交響曲第八番は、健康状態が最悪の時に書かれています。作曲家の明暗差にはいつも驚かされます。シューマンの交響曲第二番も同じ。薬を飲むような、苦しみを克服しようという前向きの姿勢です。でも苦しみは間違いなくそこにある。それら全てを理解、把握するためには、演奏者にとてつもない努力が課せられます。

——しかしバーンスタインが述べるように、九番の最初の楽章はマーラーの心臓の状態を表しているでしょうか？

CE：それは明らかです。冒頭と、とてつもない絶望のクライマックス*ff*にはっきりと見られる不整脈は、ショスタコーヴィチのチェロ協奏曲の二番と似たところがあります。最後に心肺装置がカチカチと鳴って。

——マーラーは、自分の交響曲の組み立て方、特に柔軟なテンポの体系化ついて書いていますが、それに影響されましたか？

CE：柔軟なテンポには大賛成です。テンポのことでは非難されたものです。でも柔軟なテンポというのは、息をする、話をするのと同じです。我々はメトロノームのように話をしないし、機械のように息もしないし考えない。ブレスなしで歌うこともない。フレーズの周りに余白《スペース》があるから、テンポが自在になる。特にマーラーの場合、様々な考え、豊かな情感、謎めいた心理を表現するので余白《スペース》と時間が必要になる。これは演奏者として必ず知っておくべきことで、決して忘れてはならないと思います。

——ブルックナーとマーラーの関係を、どのように考えますか？

CE：マーラーは、ブルックナーが大好きでした。ブルックナーの六番を最初に演奏したのがマーラー。あの曲はシューベルトから来ているでしょう。シューベルトは、ブルックナーとマーラーに多大な影響を及ぼした。シューベルトは、オーストリアの民謡を初めて古典音楽に持ち込みました。それが見られる初期作品は大変重要です。［ピアノの］行進曲《マーチ》など、中間部《トリオ》は自然そのもの。レントラー、舞曲、さらには交響曲にも。交響曲ハ長調《グレート》のスケルツォはどうでしょう。ブルックナーは、自分のスタイルに田舎の音楽をうまく取り入れ、マーラーがそれを受け継いだ。そういう関係だと思います。

――大オーケストラを伴う［ブルックナーの］ミサに、マーラーは影響されたでしょうか？

CE：そう思います。ただし、ブルックナーのブロックの積み上げ方はかなり変わっており、マーラーはその技法をさほど使っていません。マーラーが影響されたのは、［ヨーロッパの橋の形状のような］長い円弧を描く交響的手法です。彼はそれを受け継ぎ、更に引き延ばしています。マーラーの交響曲は最大かつ最長。歌手に合唱、使えるものは何でも使う。使わないのは語り手だけ。マーラーは、疑いなく史上最大のシンフォニストです。

――マーラーのウィーン楽派への影響はどうでしょう？

CE：影響を示すヒントが、九番にあります。一楽章終わりのフルートの大ソロ。それが正確な十一音列。すると十二音列に欠ける構成要素「ファ#」をヴァイオリン・ソロが奏する［I/423～］。マーラーが亡くなって二年後、シェーンベルクは有名なプラハでのスピーチで、「マーラーは聖人」と語っています。マーラーには先見の明があり、彼自身やアルバン・ベルクに影響を及ぼしたことを、はっきり分かっていたのです。

――マーラーがあと三十年生きていたら、どの方向に進んだでしょう？　あくまで推論ということで。

CE：ベルクの方向だと推察します。一九三六年以降、ベルクがどこに進んだか、誰も知らない。しかしベルクの《オーケストラのための三つの小品》とマーラーの六番は、同一人物の作と思うほどです。

――パリで行われた八番の演奏会で、エッシェンバッハさんはマーラーが一九一〇年にミュンヘンで演奏した時と同じ規模の合唱団を集めようとしました。

CE：あれはコンサート会場とも関係がありました。席数一万二千、楕円形のグラン・パレ。その形状に目をつけ、楕円の一方に通常の一・五倍規模のオーケストラを置きました。内訳はパリ管弦楽団と音楽院の学生たち。それからウィーン合唱協会、ロンドン響合唱団、パリ管合唱団という三つの合唱団。そしてパリ郊外《バンリュー》から三百人の子供達。恵まれない子供達にマーラーを歌ってもらう。関係者の皆さんの努力と統率力は素晴らしいものでした。

リハーサルに三ヶ月。私はその一か月前から子供達のリハーサルを。お話ししていると、今でも震えが来ます。子供達が音楽にのめり込み、ベストを尽くそうとしている姿は本当に感動的で、圧倒されました。そして最高の演奏。総勢八百名。千人には及ばないが、かなりの線まで行った。大きな空間に聴衆九千人と演奏者、その間のスペースがほとんどないのです。

――マーラーの巨大さと近代的構造が、聴き手に同時に届くよう指揮することは可能なのですか?

CE：もちろんです。マーラーの交響曲は最大の構築物。円熟の技による完全無欠の記念碑です。マーラーにあっては、全てが明快で疑問などなく「ここはあまり上手くない」などと言わせない。まさしく完全無欠、完璧なんです。

――マーラーが生きている間、作品がなぜ受け入れられなかったのでしょう？

CE：「俺の時代はいずれ来る」と本人が語っています。彼の交響曲は、当時の聴衆には化け物だった。誰もそんなもの、聴いたことがない。八番は最大の成功作で、他は半分成功といったところ。マーラーは自作の交響曲を、音楽の街とはいえないエッセンやクレフェルトで振り、ウィーンは敢えて避けた。敵が多すぎたからです。

――マーラーが、二〇世紀の破滅的な大惨事《カタストロフ》を予感していたという話には、同意しますか？

CE：そうですね！　断定的には言えませんが、六番のフィナーレなど破滅の楽章です。ベルクの《オーケストラのための三つの小品》と繋がります。第一次大戦勃発直前に書かれた作品。二曲には、まさしく破滅の影があります。戦争はいくつもあったが、それまでとは全く違う――ただの戦争ではない第一次大戦という影。第一次大戦は、恐怖を伴う初めての近代戦争。マーラーは六番で、まさしくその感覚を捉えています。二〇世紀初頭、人々の目が開かれ、ものの考え方が大きく変わる風潮があり、そこに壊滅的な大惨事の可能性も含まれていたからです。抽象芸術や精神分析が登場し、近代的劇場が開設される。一方で邪悪な権力が、破滅的な力を持つに至る。こういったことから学べばよいのだが、人間が学習するのか、控えめに言っても疑わしいですね。

――マーラーはシュトラウスに会った時、「私は変わった材料でできているのだろうか？」と自問しています。彼の性格をどう見ますか？

CE：マーラーは全てにおいて勇猛果敢でした。ウィーンでは反ユダヤ主義と戦い、新たな創造のため、単身新大陸アメリカに乗り込み、自分が一匹狼的芸術家だと潔《いさぎよ》く認めた。一方シュトラウスは保守的、というか作品が受け入れられず、保守に転じた。《エレクトラ》《サロメ》から《バラの騎士》に。残念なことです。マーラーは短い生涯で、ずっと先まで行ってしまった。亡くなったのは一九一一年。二〇世紀全体、さらには二一世紀にも感動を与えています。マーラーは今でもすごく近代的。ブーレーズのような人がマーラーをしょっちゅう振るのも納得できます。

――未来の現代音楽ですね。

CE：おっしゃる通り。

――マーラーは何を望んだのでしょう？

CE：我々に「意識的であって欲しい、包容力を持って欲しい、いつでも人生を楽しんで欲しい」と。彼の人生は本当に短かかった。だからこそ音楽の中で人生を楽しみ、表現している。そして彼は、人間、自然、超越的・形而上学的な問題から個人の下世話な問題まで、人生のどんな瞬間にも意識的であることを、私たちに望んでいるのです。

9. Daniele Gatti

ダニエーレ・ガッティ

マーラーは簡潔に、つつましく演奏しなくては

13 May 2009, Vienna

1961年、ミラノ生まれ。1992-97年サンタ・チェチーリア国立アカデミー管弦楽団音楽監督、1994-97年英国ロイヤル・オペラ客演指揮者、1996-2009年ロイヤル・フィルハーモニー管弦楽団首席指揮者、1997-2007年ボローニャ市立劇場音楽監督。2009-12年チューリッヒ歌劇場管弦楽団首席指揮者。2008年よりフランス国立管弦楽団音楽監督。2016年ロイヤル・コンセルトヘボウ管弦楽団首席指揮者に就任。

——初めて聴いたマーラーを覚えていますか？

ガッティ（以下DG）：音楽の勉強を始めたのが、九～一〇才頃。ベートーヴェン、モーツァルト、ショパン、ロッシーニ、ヴェルディ……といった名前は当然知っていましたが、マーラーは全然でした。ある時、父が「マーラーだ、ラジオでマーラーの交響曲をやってるぞ」と。でも、何も感じませんでした。それから一二～一三才になると、父はモーツァルトからストラヴィンスキーまで、私をオーケストラ・サウンドの世界に誘《いざな》おうと、毎晩のように新しいレコードを持ち帰りました。ブルーノ・ワルター指揮の一番が記憶にあります。居間で父と一緒に——およそ二十分、それが初めて聴いたマーラーでした。その時は、特別な感動もなく聴きましたが、意識の下でマーラーのスタイルを吸収していました。

次の出会いは、ずっと強烈です。ミラノ音楽院で勉強していた時、ヨーロッパ青少年オーケストラが演奏する六番を聴きました。指揮はアバド。七〇年代後半、一四〜一五才の時。素晴らしいコンサート、人生最高の経験でした！　次の日早速、音楽院の図書館でスコアを借りたのを覚えています。レコードを買って、何週間もスコアを読みながらヘッドフォンで聴いて。初めて味わうマーラーへの深い感動でした。

――マーラーを最初に指揮したのは？

DG：一九八九年、二七才の時、ヴェネツィアのフェニーチェ劇場で四番を振ったのが最初です。リハーサルの最初三十分、曲が理解できず――そこら中からノイズが聞こえるようで、その場をまとめるのは無理と感じました。休憩時間、楽屋で一人になって「曲を変えなくちゃ。ボクはマーラーをまとめることができると思われていた。四番を日夜勉強して、血肉になった――でもまとめられないじゃないか！」十五分間の休憩中、「いや、まとめ上げるしかない」と自分に言い聞かせ、戻って、ほとんど一小節ずつリハーサルし直しました。それまでチャイコフスキー、モーツァルト、それからベートーヴェンの交響曲も数曲振りましたが、マーラーの複雑な対位法は経験がありません。ショックでした。でもその衝撃が役立ち、曲をまとめる術を身に付けたというわけです。

――それからどう進みましたか？

DG：次に一番、四番、五番、六番、九番、さらに一〇番の〈アダージョ〉、そして《大地の歌》《さすらう若人の歌》以外の歌曲全部を指揮しました。それ以来、マーラーがスコアに書いた音符で何を語るのか、理解しようと努めています。

［――最近のマーラー演奏をどう思いますか？］

DG：この間、五番のコンサートに行きました。演奏は良いのだが、誰一人スコアの音符に敬意を払っていないように感じました。最初の三連符には flühtig――気まぐれに――と［スコア欄外に］書かれている。ゆったり柔軟にといった意味ですが、その時はオーケストラをやたらに急かすテンポ。それから vorwärts（前に）あるいは schwungvoll（勢いよく）と書かれているのに、聞こえたのはリタルダンド。どうして指揮者は、マーラーが書いたことを曲げて、無理矢理自分のパーソナリティを主張するのか、それが理解できず、いらいらしました。特にマーラーの場合、我々演奏家は音楽が生み出す緊張感の原点に立ち返って、自制する必要があるでしょう。

――マーラーに適切にアプローチするため、指揮者はどうすべき？

DG：現代の指揮者から見て、マーラーは最高に個性的な作曲家。あまり批判したくありませんが、気まま過ぎる演奏があるのです。ベートーヴェンやモーツァルトの交響曲では、楽譜に注意を払って慎重にやるのに、なぜマーラーになると羽目を外すのか。彼は指揮者に方向性を示すため、スコアにあらゆる指示、つまり Anmerkungen を書き込んでいるのです。

音楽を「利用」して新たな作品を作ろうとする演奏家主体の、ある種ロマン派的考えは、マーラー時代に行われたように、極端になり得ます。ワーグナーは指揮様式に、自由さと多くの斬新なアイデアを持ち込み、その一方でマーラー時代になると、トスカニーニが音楽の純粋性を取り戻すことを始めています。あまり芝居がからず、個人的感性に偏り過ぎず、音符の後ろに何があるのか見つけようと。

――影響を受けたマーラー指揮者は？

DG：クーベリック、クレンペラーには、前より惹かれます。率直で穏やか、ただしスコアに全面的に敬意を払った深い読みです。ブーレーズが振った三番の録音にも憧れます。ピエールは、音楽に新たなものを見出した。まさしく現代的です。

マーラーの音楽では、ノスタルジックな面が話題になりますが、ノスタルジーは蜜のような粘りを生むこともある。マーラーが、〈アダージェット〉を七分、あるいは七分半で指揮して欲しかったのは、はっきりしている。でもそれはさすがに無理なので、なんとか九分ないし十分以内で演《や》るようにしています。でも〈アダージェット〉はなぜ、あれほど遅く演奏されるのか。もう「重々しいアダージョ」ですから。しかしスコアの内容を考えれば、曲は「アルマへの歌」――ラブレターに見えます。もし曲を二つに分けるならば、〈アダージェット〉は後半に置かれる。前半二つの楽章は、劇的で自暴自棄の世界。そしてスケルツォの始まりは、朝窓を開け、御者の角笛を聴くような。別の作曲家による、全く新しい交響曲のようです。

――マーラーが、二〇世紀の破滅的な大惨事《カタストロフ》を予感していたと言われますが、そうだと思いますか？

DG：とても難しい質問です。彼の音楽からは、ある種の絶望を感じます——圧倒的な勝利の中にも絶望感が。マーラーをベートーヴェンと比べてみましょう。交響曲のフィナーレで勝ち名乗りを上げるベートーヴェンが真の勝利者であることは、誰でも分かる。一方マーラーは「どうだ、勝ったぞ。こっちはまだ生きてるぞ」と言う必要がある。五番、七番、一番のような大々的なフィナーレでは、己の幸せを殊更見せつけているようです。ところが、輝かしい*ff*の背後にも「悲しみの憂鬱」があります。

我々は、インターネットが生活のリズムを刻む時代に生きています。時間を止め、一瞬振り返って人生を考えることもできない。進歩するためにすり減り、その進歩を楽しむことも敵《かな》わない。何かを成し遂げても、一歩進むとやることがある。時間との競争。我々の中にも憂鬱があるのです。私は二一世紀の人間なので、マーラー時代がどうだったのかは分かりません。マーラーの曲を聴くと、ある種の居心地の悪さを感じることがあります。こってりしたケーキを食べ、口をすすぐため、水を飲むような。しかし九番の最終ページは、まるでウェーベルン。

——どの交響曲がいちばん好きですか？

DG：九番でしょうか。時期を待っていました。三七才で——それでも若すぎますよね。現在四七才、少しずつ年を重ねていますが——でも、あの年齢で演奏できて良かった。人生を捧げるスコアですから。演奏が進歩するのを見るのも楽しいし。でも三七才は、相当危なかったですね。

——マーラーを大げさに演奏する危険性は？

DG：マーラーは、演奏者の格好良さを見せつけるために利用されることが、ままあります。それには用心しなくては。マーラーは苦しみ抜いた人なのだから、演奏者の素晴らしさを見せつけるために利用してはならない。そんなわけで、七番と三番は振る機会を待っていました。今こそ、その時と思います。二十年以上指揮してきて、やっとです。

［――マーラーの作品にある声楽的側面に関しては？］

DG：マーラーがオペラを作曲しなかったのを、残念に思うことがあります。でも彼は間違いなく史上最高のオペラ指揮者なので、その交響曲の舞台芸術的な面に着目したい。登場人物の間には、常に緊張感が――主題が二つ、三つ、四つあるのです。

　マーラーでは、弦楽器にポルタメント指定がたくさんあります。オーケストラ奏者が理解できない場合、こう言います。「ポルタメントは［弦楽器の］テクニックと考えないで、歌い手になったつもりで演《や》りましょう」。歌手のようなポルタメントで演奏できるなら、多分マーラーの希望通りでしょう。彼は声のことも、そのレパートリーも知り尽くしていました。マーラーの書いた音楽と、人間の声との関係はそこにあります。

――ブーレーズ氏は、アルバン・ベルクを通じてマーラーに行き着いたそうですが、マーラーはどのようにウィーン楽派への扉を開いたと思いますか？

DG：最初の答えは、一〇番〈アダージョ〉の、十二音和音という技術的なもの。マーラーはこの和声をここで初めて使っています。この和声解決法を探すなら、ベートーヴェン晩年の弦楽四重奏にたどり着きます。ウィーン楽派三人のうちベルクは、ノスタルジックな感覚という点でマーラーに最も近い。ベルクはウィーンっ子でマーラーはゲスト、つまりよそ者だがとても近しい。両者共、音楽に叙情性があり、和声は不鮮明だが、カデンツのような切れ目が必ずあります。

ウィーン楽派の背景には明らかに、バッハのフーガ・カノンから学んだ対位法がある。変奏曲、パッサカリア、ソナタといった古い形式を用い、それらを操るという意味で、ベルクとブラームスはもっと関係が深い。彼らは古い形式に生気を与え、そこに新たな素材を見出した。一方マーラーは、交響曲で変奏曲形式を用いていません。

《ヴォツェック》、そして《ルル》の第一幕でモノ・リズムを用いるベルクは、後期ロマン派よりもウィーン楽派、ウィーン古典派に近いのでは。ブラームスとベルクを、作曲技法の点から離れて聴くと、音符の一つ一つが数学的に組み立てられるのに、音楽は流れていきます。私見ですが、これが二人の繋がりです。まるでペン先から迸《ほとばし》るよう、つまりベートーヴェンのような究極の作品なのです。作曲の技術面で見れば、それとマーラーのウィーン楽派への影響は異なっていたでしょう。ソナタ形式が主体だが、舞曲やリート、ロンド形式に向かう。対位法的な楽章は、ロンド＝ブルレスケだけ。

――ベルクのマーラーからの影響は、どこに？

DG：ベルクはスコアを指示記号で埋め尽くします。例えば Ausbruch（爆発）, *esp.*, *cresc.*, *dim.* など……小節ごとに「大きく・小さく」の強弱記号。マーラーそっくり。二人のオーケストラ・サウンドは、性格的に見て非常に近しい。しかしベルクには、亡くなる前にヴァイオリン協奏曲や《ルル組曲》、オペラ《ルル》全曲といった晩年作を改訂する機会がなかった。まさしく奇跡のオーケストレーションです。そしてマーラーは《大地の歌》と九番を聴けなかった。悲しむべきことです。

──マーラーは、聴くことのなかった唯一の交響曲、九番を改訂したかったでしょうか？［またガッティさんは、オーケストレーションに手を加えることはありますか？］

DG：そうしたかったでしょう。九番で、声部を分かりやすく演奏する、そのためだけでも超一流のオケが必要になります。私は、オーケストレーションに手は加えません。例えば一番のフィナーレ、最後の小節の二つ目に大太鼓を加える指揮者がいますが、これには全面的に反対です。ここはエコーでなく、中の抜けた響き。打楽器なしに、弦楽器と管楽器が二番目のレを弾くのです。

10. Valery Gergiev
ヴァレリー・ゲルギエフ

七番のおかげで、眠れなくなりました

29 May 2010, Vienna

1953年、モスクワ生まれ。1981-85年アルメニア・フィルハーモニー管弦楽団音楽監督、1988年キーロフ劇場芸術監督、1995-2008年ロッテルダム・フィルハーモニー管弦楽団首席指揮者、1996年よりマリインスキー劇場総裁。2007-15年ロンドン交響楽団首席指揮者。2015年よりミュンヘン・フィルハーモニー管弦楽団音楽監督。

——初めて聴いたマーラーを覚えていますか？

ゲルギエフ（以下VG）：交響曲の一番をなんとなく……。すごく若い頃の話で、フィナーレでホルンが突然立ち上がり、吹き続けたのが記憶にあります。曲の決意表明が印象的でした。マーラーを勉強し始めるずっと前のことです。でも若い指揮者のためのカラヤン・コンクールの課題曲にも、この曲がありました。私も参加する準備をしていましたが、これを選んだ場合、全曲ではなく二楽章、フィナーレの一部分、そして一楽章の一部あるいは楽章最後でテンポが変わる二、三の箇所から指定されました。

——ゲルギエフさんの青年時代、マーラーはサンクト・ペテルブルク［以下ペテルブルク］で定期的に演奏されていましたか？

VG：大指揮者がたまにですね。コンドラシンは振ったが、ムラヴィンスキーは振っていない。外来の指揮者はもちろん演奏しています。覚えているのはエーリッヒ・ラインスドルフとズビン・メータ、二人ともニューヨーク・フィルと。ズビンは九番を振りました。当時［ロシアで］、マーラーの交響曲は無名の範疇、ただし二番は演奏され、大規模な成功作と思われていました。大合唱と声楽のおかげでしょう。

——レコードはお持ちでしたか？

VG：ほとんど。マーラーの交響曲については、その評価が定まっていなかったので。バーンスタイン、テンシュテット、ショルティ、クーベリックなど大物はいましたが、［ロシアに限らず］全ての交響曲が、大オーケストラや世界の愛好家の中心的レパートリーとなるまでには、何十年もかかっています。あのウィーンでも同じ、マーラーだってウィーンには手こずっていました。

——マーラーはペテルブルクを訪れています。そしてマーラーの作品は、生前アムステルダムでも演奏されています。ペテルブルクのマーラー伝統は、アムステルダムと比べられますか？

VG：マーラーはペテルブルクに二度足を運び、ベートーヴェンなど他人の作品に加えて、自作の五番も指揮しています。マーラーは、オーケストラにいたく感銘を受け、聴衆の反応も良く、評判は上々。彼の人生が不幸でなかった頃の話です。

そしてアムステルダムにはメンゲルベルクが。誠実で天才的、加えて膨大な数の支持者を抱える実力者。面白いこと、重要と思えることを行使できる立場にありました。その頃、ペテルブルクは壊滅に向かっていました。一九〇五年には、すでに危ない兆候が。歴史に残る流血事件が起こり、さらに小規模だが危険な事件が続き、体制はすでに揺れていたのです。

私が二十二年間監督を務めているマリインスキー劇場〔当時のキーロフ〕は、最高ではないにしても、世界屈指の劇場でした。シェーンベルク、ドビュッシー、シュトラウス、マーラー、バルトーク、ヒンデミット——作曲家総出演です。もちろんロシアの大作曲家も全員。少年ストラヴィンスキーは、父親がコントラバスの首席だったので、劇場に居着いていました。リハーサルで上質の演奏を聴いていたのです。プロコフィエフは、〔リムスキー＝コルサコフの〕《見えざる町キーテジと聖女フェヴローニャの物語》やワーグナーを演奏。彼らは伝統の申し子と言えるでしょう。その頃帝政ロシアは、一九～二〇世紀でもっとも危険な時期にさしかかっており、最後の数年は、ロマノフ王朝の困難な時期でした。

〔——マーラーが、ロシアで演奏されるようになった経緯は?〕

VG：当時、帝国の劇場はますます世に知られ、チャイコフスキーが亡くなり、リムスキー＝コルサコフが存命の頃、ペテルブルグは高名な音楽家の名前で溢れていました。ニキシュ、ビューロー、ハンス・リヒター、誰も彼もがやって来て。彼らは単独のコンサートだけでなく、音楽祭のあいだ中指揮したのです。ハンス・リヒターは、当時「ワーグナー・オペラ・フェスティバル」と呼ばれたシリーズを二度指揮しています。カール・ムック、フェリックス・モットル、ワインガルトナーはもちろんのこと、名前だけで長いリストになります。ペテルブルク、革命前のペトログラードは、最高の時代を経験しました。ボリシェヴィキが台頭した一九二〇年代後半、三〇年代初頭にも、良い時代の名残がありました。クレンペラー、ワルター、ツェムリンスキーの来訪。マーラーは残念ながら、かなり前に亡くなっていますが、ツェムリンスキーは引き続き来ています。エーリッヒ・クライバーも度々訪れ、多くの曲を演奏しています。そして彼らのなかに、マーラーの交響曲を演奏しようという指揮者がいたのです。［ロシアには］立派な学者もいました。ショスタコーヴィチにマーラーの素晴らしさを最初に伝えたのが、ソレルチンスキーです。

――現在マーラーは、ロシアで全面的に理解され、受け入れられていますか？

VG：尊敬されているでしょう。そして私のオーケストラもこの私も、ロシアの誰よりも、どのオーケストラよりも、マーラーに貢献しているはずです。これまでに、およそ十都市で演奏してきました。八番はカザン市で。我々の合唱団に加えて、地元の合唱団も参加する大々的な催し物になりました。大勢の若い音楽家がシャンデリアにぶら下がっているようで、壮観でした。ホールは人で溢れ、若人が立ったり座ったり。エカテリンブルクでも私の生まれ故郷ヴラジカフカスでも、同じことの繰り返しです。ヴラジカフカスでは五番を演奏、格別でした。大規模な演奏会をニジニ・ノヴゴロド、モスクワ、ペテルブルクその他の街で――新たな伝統、新たな潮流が生まれたようでした。

――ロシアの聴衆はショスタコーヴィチに親しんでいるので、マーラーが分かるのでしょうか？

VG：私も、他の人も同じでしょう。ショスタコーヴィチの経験があるので、マーラーのスコアに接すると安心します。マーラーには、他人にはすぐに理解できない部分があります。特定の音程とか音使いではなく、音楽の強さに関係する部分――つまり音楽が心の中を表現する方法。二人がよく似ているのは、ここです。ショスタコーヴィチは、師匠とは別の偉大なる先人マーラーを追いかけ、その作品に耳を傾けた人物です。

ショスタコーヴィチの四番は、マーラーに最も近いかもしれません。音楽の素材は一切借りていない。材料は全く違い、不協和音もずっと多い素晴らしい交響曲です。ショスタコーヴィチは極めてロシア的な作曲家ですが、マーラーとその交響曲の根底にある強烈な情感のパワーから、目を逸らすことができなかった。いや、逸らそうとしなかった。絶対にそうだと思います。

――孤島に一枚のレコードを持って行くなら《大地の歌》――これはショスタコーヴィチの言葉です。

VG：二〇世紀後半［のロシアで］、マーラー分析に多くの時間を費やしたのは明らかです。客演指揮者を通じてスコアを見ることもあったでしょう。クレンペラーだけでなく、ドイツ、チェコ、オーストリアからも大勢の指揮者がやって来て、マーラーを語っているのです。

――以前、七番のアプローチが難しいとおっしゃっていましたが。

VG：フィナーレの数箇所の指揮が、毎回難儀なのです。この曲は、ロッテルダム・フィルと方々の都市で演奏しました。思い出すのは［チェコ・フィルの本拠地］プラハのルドルフィヌムでのコンサートです。音響も良く、文句のつけようがなかったのに――演奏後、この難物交響曲を完全に理解する手掛かりを、未だ掴んでいないように感じたのです。

正直な話、ロンドンでの録音の前、眠れなくなり、かなり過激な決断をしました。曲を大々的に見せるのをよそうと。フィナーレをとにかくシンプルに、ロンド＝フィナーレとでも呼べるように鳴らす――よく知られたハイドンのフィナーレより数倍力強いオーケストレーションですが、結局はロンド＝フィナーレ。深く沈み込まず、大げさでもなく、強さと空気のような軽やかさが曲から伝わるように――。フィナーレでは、劇的な人生から、何かを期待して普通の生活に戻るように、重々しい声明が引っ込められることがあるでしょう。こんなふうに読んだのです。

――七番のフィナーレは、五番のフィナーレと比較できますね。

VG：ええ、色々な意味で。ただし五番は完璧なので、加えることも減らすこともない。七番は時間がかかるし、厳しい批判精神も必要になる――私の話ですよ。最終的にロンドンで録音する時、やっと［七番を］始める実感がわきました。一年半、いや二年近く前のこと。七番との熱愛物語です

――マーラーの指示は、指揮者ゲルギエフに、どれほど重要ですか？

VG：マーラーは大指揮者だったので、他の指揮者が自分の人間性を押しつけたり、スコアを未完成稿と

みなして場当たり的に扱えないように作られています。さらに音楽が計算し尽くされて明快なので、そこから離れることもできない。でも若干の余地はある。ホールの音響は演奏を左右するので、演奏会場が常に重要になります。マーラーの〈アダージョ〉を聴くのは素晴らしいですが、それを上手に響かせて演奏できたら、もっともっと素晴らしいですよ！

――どの交響曲にいちばん親しみを覚えますか？

VG：今それを言うのは大変難しい。先日一〇番を振りました。数月後に迫る死に向かって、粛々と歩みを進める――そんな人物の曲にふさわしい響きにすべく、たっぷりと時間をかけて。ところが演奏しながら、作曲家の――笑いとは違う――微笑《ほほえ》みを表すべく、頑張っていたのです。真の希望はないにしても、曲には楽天的なところが残っている。絶望とわずかな希望は別物です。ショスタコーヴィチを演奏する時も同じ努力をします。彼がプロパガンダ組織や、スターリン、ヒトラーといった独裁者のために何かをしたとは一切思わない。そのために交響曲を書いたわけじゃない。ショスタコーヴィチは、作曲するために交響曲を作ったのです。

［そして一〇番］。マーラーがもう十～十五年長生きして自伝を著し、不思議で一杯の〈アダージョ〉を解説してくれたなら、我々だってもう少し理解できたでしょう。分からないのは、その後のベルク、ウェーベルン、シェーンベルクを見ると、マーラー［の〈アダージョ〉］が新ウィーン楽派の産声に聞こえること。これは新ウィーン楽派、無調音楽の作曲法などについて、シェーンベルクが初めて理論を発表したという説と相反します。この件は、まだ明らかになっていません。この〈アダージョ〉は、人生について、

自然について、ちっぽけな私たちも歩み続ける巨大な音楽世界を語る、もう一つのメッセージのように響くべきなのでしょう。

——マーラーに頼みたいことはありますか？

VG：一曲でいいから、自分の交響曲を指揮して聴かせて欲しい。絶対に聴き逃しませんよ。

——彼のスコアについて聞いてみたいことは？

VG：マーラーの交響曲のスコアを眺めると、なぜこう書かれているのか、どうしても自問してしまいます。例えば kräftig。力強さを望んでいるので、これは分かる。しかしそのあとに nicht schleppen（急《せ》くな、引きずるな）と警告が。聴き手が、睡眠剤を飲んだ気分にならないように。マーラーのスコアは、こんな溢れかえる指示で名を馳せています

——マーラーはなぜオペラを書かなかったのでしょう？

VG：彼が振っていたオペラの凄さ故《ゆえ》でしょう。八番はオペラのようなものですが。マーラーはモーツァルト、ベートーヴェン、ワーグナー、チャイコフスキー［のオペラ］を指揮しました。私は一九九二年に、ウィーン・デビューの一環で、チャイコフスキーの《イオランタ》を指揮したのですが、会場にいた［ウィーン国立歌劇場の支配人］マルセル・プラヴィが「君はウィーンで《イオランタ》を振った二人目の指揮者だよ。一人目は誰か知ってる？」、答える暇を与えず「グスタフ・マーラーさ」。

——マーラーは何を望んだでしょう？

VG：今度はこちらの番でしょう。シャウフラーさんは、マーラーと話す機会があったら何を聞きたいですか。やはり「マーラーは何を望んだか」でしょう。私は音楽のことをしゃべるのは苦手ですが、特にマーラーとその深遠なる思考についてはお手上げです。マーラーは間違いなく幸せな人間、幸せな音楽家でありたかった。彼は時に、日常を超越したところに行ったので、とりわけニューヨークの音楽家に理解されなかったのは有名です。

マーラーは、最高の技量で音楽を作り上げる、巨人のような作曲家です。世界のオーケストラに音楽を解き明かし、質の向上を求めることのできる人物、それがマーラー。彼は楽器、オーケストレーションなどについて、疑いなく全てを知っていた。ところが当時、ニューヨーク・フィルも経験豊富な音楽家も、彼を理解できなかったのです——無論今は違います。何でも演奏できる最高のオケですから——。当時マーラーは、自分を分かってもらうのに大変な苦労をしていました。それに対してアメリカの奏者は、不機嫌かつ無礼な態度で接した。指揮者が何を言わんとしているのか、見当もつかなかったからです。マーラーの交響曲はまだ演奏されていないので、彼が作曲家だろうがなかろうが、奏者達には関係がない。でも、これは指揮者が奏者のレベルよりも遙かに先んじたというケース。それこそがマーラーの悲劇だったのかもしれません。彼と全てを共有し、愛と心を交響曲につぎ込もうという百人の団員と共に仕事をする、そんなことは多くなかったでしょう。

——それが一番辛い経験？

VG：そう思います。ベートーヴェンの交響曲を指揮する時、舞台の仲間がこちらの意図を理解してくれないのはまずい。しかし自分が書いた曲でそんな事態になって、理解されず助けてもらえなかったら……相手の皮肉と取ることもできるが、悪くすると、自分と自分の作品に対する攻撃です。これが、マーラーが早死にした大きな原因とも言えるでしょう。

11. Michael Gielen

ミヒャエル・ギーレン

バーンスタインは、マーラーを俗悪にしたのです

24 September 2009, Vienna

1927年、ドレスデン生まれ。1960-65年ストックホルム王立歌劇場音楽監督。1977-87年フランクフルト歌劇場音楽監督、1978-81年BBC交響楽団首席指揮者、1980-86年シンシナティ交響楽団音楽監督、1986-99年南西ドイツ放送交響楽団（バーデン＝バーデン・フライブルクSWR交響楽団）首席指揮者。2014年に引退を宣言。

——初めて聴いたマーラーを覚えていますか？

ギーレン（以下MG）：よく覚えています。一九五六年頃ウィーンで、ミトロプーロスがウィーン・フィルと交響曲の六番を演奏しました——当時、私はミトロプーロスを尊敬して、オペラ劇場で助手をしていたので。六番には、事前に目を通していたのに全く理解できなかった。指揮者といってもまだ駆け出しで、準備不足だし曲はやたら込み入っているし、把握できたものではありません。三楽章［アンダンテ］は素晴らしいが、二楽章［スケルツォ］は拍子の変更やらシンコペーションで、厄介。そしてフィナーレは、騒音とも言えそうな。

――長年の間にギーレンさんのマーラー理解は、どのように進みましたか？　ブルーノ・ワルターと演奏したユリウス・パツァークとも仕事をされていますが。

MG：パツァークは驚くべき、素晴らしい音楽家でした。彼の声は、文字通り音楽を突き抜け、声が出なくなってからも十分やれました。一九五八年でしたか、パウル・クレツキの代役でパツァークと共演しました。曲は《大地の歌》、ウィーン楽友協会で。曲を二～三日しか勉強できず、恐ろしい状況でした

――録音まであるんです。演奏はさほど悪くないと思ったのに、コンサートの後でエルヴィン・ラッツが「ミヒャエル、イマイチだったね」と。でもそれが正解だったのです。ラッツは、私の家族やポーランドの作曲家エドアルト・シュトイアマンの古い友人で、当時マーラー協会の会長でした。

パツァークが教えてくれたのはポイント部分。例えば最初の曲、「猿」のところからテナーが入れるよう、ホルンは四本でなく二本で、とか。また$\boldsymbol{p}$を$\boldsymbol{f}$に替える場所も教わりました。スコア全体ではなく、テナーが覆う楽器だけを。彼は極めて経験豊富で、教えに感謝しています。パツァークの声が通るよう音を抑えようとしたのは当然ですが、どの音を抑えるべきかを知り、ぐっと良くなったのです。

［――先輩からマーラーについて、話を聞きましたか？］

MG：当時シュトイアマンの勧めで［音楽理論家］ヨーゼフ・ポルナウアに音楽分析を習っていました。戦時中、ポルナウアに食料を提供したのがラッツ。ポルナウアによれば［ウィーンの音楽］学生は、マーラーが指揮するのを見に、毎回ウィーン宮廷オペラ劇場の立ち見席に行ったそうです。当時、指揮者の名

前は、プログラムに載っていなかったのです。マーラーがピットに現れたら、全員居続けました。学生達は、マーラーの足取りからテンポを言い当て、オーケストラ奏者もそれが分かったそうです。マーラーには、そんなことまで察知させる恐るべきオーラがあった。とてつもないエネルギーを発散していたのです。ポルナウアによれば、マーラーの指揮は、自分の希望を楽員全員に伝えるべく、とても激しく、リハーサルの時間も全然足りなかったと。でも後年、彼の指揮はずっと大人しくなったそうです。

――当時ギーレンさんは、どの方向から音楽に進んだのですか？

MG：それはこれまで何度も訊かれました。自分たちの時代の音楽、シェーンベルク派からです。一九四九年、その頃私はまだピアノを弾いており、ブエノスアイレスでシェーンベルク七五才の誕生日を祝って、彼の全ピアノ作品を弾き、それから少しずつ管弦楽作品全てを勉強しました。普通はモーツァルト、ハイドン、ベートーヴェンから始め、ロマン派を通って近代に進みます――マーラーを近代に含めるのか――。私の場合、それとは全く逆に、最初はピアニスト、後に指揮者としてシェーンベルク派から始めたわけです。

音楽事務所は、私が近代音楽の演奏を希望しているし、やれそうだと察しました。ところが、それが仇となり、近代音楽ばかり頼まれることに。それは、名曲と取り組むべき指揮者の進歩の妨げになります。聴き手が理解できて、指揮者としての勉強にもなる調性音楽を演奏させてくれるよう、頼み込んだものです。結局ヘッセン放送響が、マーラーの五番を指揮させてくれることに――しかし当時五番を振るには、いかんせん経験不足。数年前にその時の録音を聞きましたが、最悪です。要するに、練習の仕方が全く分かっていなかった。テンポとリズムだけでなく、曲の全てが難しい。でも五番には、やたら込み入ったところがありますよ。

――マーラーの音楽は自伝的でしょうか？

MG：難しい質問ですね。六番のスケルツォで拍子が変わることについて、アルマ・マーラーは、子供が走り回る姿だと伝えています――そんなわけがない。でっち上げたんでしょう。彼女の話は一事が万事。六番は子供を語る音楽じゃありません。

マーラーの致命的な誤りは、アルマに作曲を止めさせたこと。アルマはそれを決して許さず、二人の関係は暗礁に乗り上げた。マーラーは、アルマが自分に何を望んでいるのか分からなかった――そこが理解できないのです。アルマは間違いなく、マーラーの晩年の健康害に関わっています。彼女の肩を持つ人もいるが、私は絶対に与《くみ》しない。マーラーの音楽は、文字通り自伝的ではないにせよ、どんな芸術表現も、意図的であろうとなかろうと自伝的です。

――バーンスタインは、九番の冒頭がマーラーの心臓疾患の反映と断言します。マーラーの芸術的観点から見ていかがでしょう？

MG：その件に関して、バーンスタインはおめでたいです。語るべきは音楽的事象であって、生物学的現象ではありません。マーラーには不整脈があった――実は私にも。しかし私が完全な健康体なら、拍打ちが変わってくるとでも？　そんなのナンセンスでしょう。

――バーンスタインのスタイルについて。彼はマーラーを大衆化しましたが、一方でマーラーを感情過多にしたと非難されます。

MG：マーラーを俗悪にしたんですよ。

――つまり、過剰に？

MG：そう、何もかも大げさに。己の喜怒哀楽を演奏に転嫁する――要は客観性の欠如。自分の感情がスコアよりも大事なのか、なんでも感傷的に大げさに。マーラーの大いなるルネサンスがバーンスタインから始まったというのは、大いなる誤解だと思います。バーンスタインのマーラーを聴くのは楽しいかもしれない。でも、その演奏のかなりの部分がスコア通りじゃない。彼はマーラーの、ポップス音楽的な面を押し出したのです。

マーラーの七番は、その逆行要素に主眼を置いたバーンスタインの演奏から感じるより、ずっと近代後期に向いています。つまりシェーンベルクやベルクなど同時代の作品に近い。バーンスタインとその一派はマーラー演奏で、人々の精神的不安や社会の混乱といった作品の二〇世紀的要素――音楽の構成要素を全て無視し、それが成功を生んだとも言える。でも他の曲の演奏については、彼を尊敬していますよ。

――バーンスタイン信奉者からマーラーを守るべき？

MG：聴き手に媚びない演奏、ゴージャスな響きに溺れない演奏をすることで、これまでのマーラー演奏、その成功を一部撤回する勇気を持つべきです。マーラーの音楽を対位法、つまり重なり合った音と連動させるべし。縦の線を、ありふれたロマン派的なオケ・サウンドに押し込めてはならない。やるべきは、声部それぞれを引き出す努力をすること。

――個人的にマーラーを知っていたワルターとクレンペラー。二人の録音から影響を受けましたか？

MG：全部は知らないのです。クレンペラーが指揮する二番をウィーンで聴きましたが、見事でした。七番の録音のことは知りません。クレンペラーは、七番の録音をわざと避けていたのでは。気の抜けない曲で、誰がやっても思うようにゆかない。ワルターの、いくつかある《大地の歌》と九番の録音はもちろん知っています。でもいつの録音を聴いたのか。九番には、一九三〇年代のライブ録音とアメリカのスタジオ録音、二つのバージョンがあるはずです。

ワルターの眼目は、マーラーを取り繕い、華々しく世に出すこと。ワルターは、マーラー本人のごとく反抗的に、荒々しく野暮ったく、スコア通りに指揮しなかったのでは。いやな音を避けた――いわばバーンスタインの先人です。

――バーンスタイン派は、マーラーの音楽に反する伝統を創始したのでしょうか？

MG：マーラーを志す指揮者は全員、その受けた教育、流派が問題になります。ベートーヴェンでも同じこと。そのスコア全体・多声部をはっきりさせるのか、まとめるのか和らげるのか、それはマーラーの百年も前から、指揮者の重要課題でした。ベートーヴェンを深刻に捉えてもよいが、度が過ぎると面白味のない作曲家になってしまう。遅く演奏されるベートーヴェンは穏やかに見えるが、彼は絶対にそんな人間じゃありません。ベートーヴェンを遅く演奏して座礁した指揮者は、マーラーを速く演奏することで帳尻を合わせます。ほとんどの指揮者が五番のスケルツォを速く振りすぎると、マーラー本人が語っている。密集部分全体を聴けば分かります。どの指揮者も忠実にやらないで、まさに突撃です。

——大げさな効果を狙うと、マーラーの近代性が覆い隠されるということですか？

MG：その通りです。

——マーラーの近代性を明らかにするため、どこから始めますか？

MG：もちろん音楽の内容から。先程お話ししたように、マーラーの主題は、二〇世紀の社会・人々の不安です。一瞬平和でも、不安が感じられなくてはならない。さもないと曲の主題は台無しに。いわば音楽の足が地に着かない状態です。四番の一楽章展開部の大混乱——なんと「ハイドン風」と呼ばれる。ここが滑らかにではなく、正しくガツンと一撃されれば、本当に聴き手の足元がすくわれます。五番の〈アダージェット〉を十六分ないし十七分かける有名指揮者は数知れない。しかし十四分でも遅過ぎる。マーラー自身の演奏は——世界初演でカリカリしていたのでしょう——八分。その後も九分を超えることはなかった。感傷が滲み出てはいけないのです。

ヴィスコンティの映画「ヴェニスに死す」は責任重大だと思います。あれはマーラーに対するひどい仕打ちです。観客は俳優とマーラーを重ね合わせる。映画は素晴らしいだろうが、マーラーの音楽を映画目的のためだけに、［拍を］認識できないほど遅くする大罪を犯した。観客は全員、マーラーの音楽が映画に見事にはまっていると思い込んでしまう。こんなことを阻止する法律がないのが残念。真面目な話です。

――マーラーが理解できるようになって、アプローチは根本から変わりましたか？

MG：特に変わっていません。指揮もマーラーもゆっくり学びましたから。八十分もかかる交響曲と向き合う時、きちんと演奏するためには、己に囚われることなく何度も練習、指揮するしかありません。自分とではなく音楽と対峙する。どんな指揮者でもいつかは、この問題と向き合うことになります。自分と格闘している指揮者に、マーラーの音楽的主題を把握することはできない。でも、正しいテンポを見出し、奏者から正しい音を引き出すための様式感覚を持ち合わせ、さらに強弱が明快ならば、音楽に自身を投影している指揮者よりもチャンスがあるでしょう。

［――様々な指揮のスタイルについて、どう考えますか？］

MG：二つの異なる指揮の流派が常に存在しました。最初の両極はメンデルスゾーンとワーグナー。ワーグナーは間違いなくフルトヴェングラーのお手本。フルトヴェングラーは音楽の詩的な要素を聴き手に伝えました。ただし、常に曲の内容とつながっていたとは言い難い。テンポが正しくなかったからです。ベートーヴェンに戻りますが、フルトヴェングラーは、ベートーヴェンをやたら遅く指揮しました。交響曲にはメトロノーム表示があるのに。

マーラーには残念ながら指示がないので、この話は当てはまりません。マーラーがメトロノーム表示をしていたら、誰もが速い楽章をすっ飛ばすようにはならなかった。無視しようとしても、完全に目をそらすことなどできませんからね。ベートーヴェンの一般的イメージは、フルトヴェングラー以降、トスカニーニによって大きく変わりました。でもトスカニーニだって、メトロノームにとらわれていたわけではない。マーチなど、昔からの快速テンポで振っていましたから。

――マーラーとウィーン楽派、その関係はどこまで深まったのでしょう。

MG：マーラーはまず、彼らと個人的に関係を結びました。アルマの資金援助はどうだったのか。でもマーラーは宴会好きで、シェーンベルクやベルクをよく夕食に誘っています。ウェーベルンも招待したそうです。

――そうですね。逸話ですが、マーラーが「君たちはドストエフスキーを読まなくては」と言うと、ウェーベルンが「我々にはストリンドベリがいます」と答えたとか。

MG：ははは、ウェーベルンから見ると、ドストエフスキーは時代遅れですか。シェーンベルクと弟子達は、マーラーを神のように崇めていました。それはひとえに、マーラーがオペラの伝統に力強く立ち向かい、さらに彼の指揮が素晴らしかったから。マーラーが登場するまで、彼が振るようなベートーヴェンやシューマンを聴いたウィーンっ子はいなかったはず――マーラーが忌み嫌われた原因もそこにあります。マーラーとシェーンベルクは同時に、新たな音楽のスタイルを作り上げ、それが二人の基礎になった。マーラーの不協和音は、シェーンベルクほど急進的でないかもしれない。でもマーラーはシェーンベルクより一四才も年上、一八六〇年生まれなのです。

二人ともユダヤ人ですが、彼らのスタイルがそこから来ているとは思えません。マーラーには人種問題よりも、メッセージを伝える方が大事だった。聴衆に理解できる二〇世紀の音楽語法で表現してくれたマーラーに、心から感謝しています。シェーンベルクの語法は、まだ大衆に理解されていません。ベルクはそれよりまし。オペラを書いたからでしょう。

——二つの世界大戦という破滅的な大惨事《カタストロフ》も、二〇世紀の主題ですが……

MG：六番のフィナーレは、明らかに破滅の光景、そして九番にも破滅を見ます。その一楽章は、「人はなぜそうあるのか？」という問題と向き合います。

［——マーラーとアイヴズの関係については？］

MG：マーラーは、チャールズ・アイヴズの音楽に関心がありました。マーラーは、アイヴズの交響曲三番のスコアを、演奏するつもりで入手したらしい。しかし演奏は行われなかったし、スコアも家から見つかっていない。マーラーが失くしたのか捨てたのかも不明。アイヴズは民衆の音楽に強い興味を持ち、マーラーの曲には、下品なパッセージがいっぱいありますね。

――マーラーのどこをいちばん尊敬していますか?

MG:スコアです。マーラーは毎晩のように指揮していました。それでもマイアーニヒやトプラッハでの二ヶ月半の夏休み中に、七十分に及ぶ内容の詰まった曲を書けた。そしてシーズンになると、連日のようにオペラを振りながら、オーケストレーションしたり手直ししたり。一〇番の自筆ファクシミリを見れば、猛烈なスピードで下書きしたと分かります。その夏、どの程度のやり残しがあったのでしょう。その時彼はウィーンにいなかった。ニューヨークに行くことになっており、一〇番にはひと夏しか使えないのを知っていたのです。

――[長生きしていたら]マーラーはどこに行ったのでしょう?

MG:いずれにせよ、さほど重要な問題ではないでしょう。マーラーはその短い人生で信じられないほどの仕事をやり遂げた。彼は典型的オペラ人間であって、歴史の系列にある作曲家です。彼が凄いのは、それと折り合いを付けたこと――生きるために稼がなくてはならないし、交響曲を書くとそれが難しくなる。どちらか選べと言われたら、オペラの指揮を削ったでしょう。

一九三三年、シェーンベルクはユダヤ教に復帰しています。ユダヤ人であることを主張するため、マーラーはなぜそうしなかったのでしょうね。

12. Alan Gilbert
アラン・ギルバート

マーラーは、ニューヨークで投げやりに

17 May 2011, Vienna

1967年、ニューヨーク生まれ。1995-97年クリーヴランド管弦楽団のアシスタント指揮者（首席はドホナーニ）、2000-08年ロイヤル・ストックホルム・フィルハーモニー管弦楽団首席指揮者、2003-06年サンタフェ・オペラ音楽監督。2004年より北ドイツ放送交響楽団首席客演指揮者。2009年よりニューヨーク・フィルハーモニック音楽監督。

――初めて聴いたマーラーを覚えていますか？

ギルバート（以下AG）：初めてかどうか分からないのですが、マーラーを聴いたのは、はっきり覚えています。九才の時、マーラーの交響曲全部を聴く時期が来たと、両親が判断したのです。カーネギー・ホールで催されたマーラー・フェスティバル、ニューヨーク・フィル［以下NYフィル］の演奏でした。チケットを買ってもらい、マーラーの全曲を聴きました。一九七六年の九月か一〇月のことです。最初の曲は五番だったはずです。一番始めだったから覚えているのか、すごいトランペットのソロのせいなのか。トランペットは九才の男の子に衝撃を与えました。今でも頭の中で鳴っているのですから。でも間違いなく、全曲を聴きましたよ。

その頃、カーネギー・ホールのボックス席は――今は番号が振ってありますが、指定でなく、早い者勝ちで前に座れました。父に頼み、会場に早く連れて行ってもらい、階段を駆け上がる。前列に座りたい子がもう一人いて、競争で階段を上がり、毎回二人でボックスの最前列を占めていました。マーラーの交響曲を聴いたのは、人生を変える経験でした。

――あのややこしい曲を九才の子が聴いて、煩く感じなかったですか？

AG：音楽もコンサートも好きでしたから。数ヶ月後、一〇才の誕生日にピアノの先生が五番のミニチュア・スコアをプレゼントしてくれました。なぜ貰ったたか、その時は考えなかったのですが、コンサートの経験をしゃべったのでしょうね。感激でした。スコアは今でも宝物。初めて手にしたスコアがマーラーの五番。先日、ムジーク・フェラインで演奏した曲なんですよ。

――一九七六年の指揮者は誰だったか、覚えていますか？

AG：もちろんです。エーリッヒ・ラインスドルフ、ジェームズ・レヴァイン、ピエール・ブーレーズが九曲を分担して。オーケストラ歌曲もほとんど、さらに一〇番の〈アダージョ〉も演奏されました。ニューヨークの大々的マーラー・イベントでした。

――他の指揮者とは全然違うマーラーへのアプローチでしたね。

AG：まったく！

――ご両親は、NYフィルの奏者でしたが、マーラーの指揮で演奏した人を、ご存じでしたか？［そしてレナード・バーンスタインについては？］

AG：あまりに古い話ですから、それはないでしょう。アメリカのマーラー・ルネサンス、立役者はなんといってもバーンスタイン。彼が交響曲を振った一九六〇年代、マーラーはあまり知られておらず、さほど演奏されませんでした。まさにマーラーの演奏史です。マーラーはウィーン、プラハ、ハンブルクで極めて重要な地位にありました、どこでも首席指揮者で。そして最後にNYフィルの首席指揮者になるが、様々な理由で不当に無視され、苦しみます。そしてバーンスタイン登場、自分をマーラーだと考えた。彼はマーラーを輝かしく指揮するだけじゃない。マーラーの音楽の魂と一体化して、最高に説得力のある演奏を作り上げた。マーラーを演奏するならレニーの方法しかない――多くの音楽家が、ずっとそう思っていたでしょう。今となっては、マーラーの演奏法はもちろん無数にある。しかし私は、彼がマーラーを擁護し、演奏してくれたことに深く感謝しているし、皆も感謝していると思います。

――バーンスタインは、マーラーを仰々しく演奏したと非難されることもありますが、それは危険なことでしょうか？

AG：そうかもしれないが、彼の演奏に対して真っ向から反論できないでしょう。あのマーラー解釈は彼のものであって、演奏を聴けば、バーンスタインが大音楽家にして大人物であると納得できるからです。

――NYフィルには、大変なマーラーの伝統があります。その特徴とは？

AG：このオーケストラからいつも感じるのは、マーラーに対する先天的な理解です。NYフィルなら、どの曲でも感動させてくれます。マーラーの音楽は、異なる解釈に見事に耐え、どんなアプローチでも説得力を持ちます。

マーラーの演奏で必要なのは、指示に従うことだという指揮者もいます。マーラーは素晴らしい指揮者だったので、自分の希望をわきまえていた。だからスコアに注意深く書き込みしたというわけです。マーラーが「遅くしろ」と言えば遅くする、「遅くするな」と言えば、遅くしない――要求は、はっきりしている。しかしそうは言っても、マーラーにアプローチする方法、その可能性は無限にあります。私の聴いた演奏について、お話ししてもよいですか。ウィーン・フィルのマーラー演奏には地方色が感じられ、オーストリア舞曲が曲に自然に溶け込み、大変楽しい。イギリスのオケの演奏に同じ感覚はないが、音楽が明快で雄弁になる。NYフィルの演奏は、素晴らしきブレンドです。地方色を直感的に把握するが、ウィーン・フィルとはまた違う語り口。NYフィル［のマーラー］には、全ての音に人生経験から来る深い情感が染み込んでいる。それが何とも素晴らしいのです。

――NYフィルの首席指揮者は、ほとんど全員が素晴らしいマーラー指揮者です。バーンスタイン、ブーレーズ、メータ、マゼール……。オーケストラの響きや語り方に、伝統の重みを感じますか？

AG：強く感じます！　でもそれは、マーラーとNYフィルに限りません。偉大なオーケストラは音楽に何かをもたらし、指揮者は心動かされる。NYフィルのようなオーケストラと仕事をするには、難しさと秘訣があります。差し出されるものは受け入れるが、それに溺れてはいけない。色んな作曲家の作品を楽しく指揮しましたが、NYフィルのマーラー演奏には、確固たる意思と、身を任せざるを得ない音楽の流れがあります。オーケストラがそこまで強く感じる曲を指揮するのは、大いなる喜びです。NYフィルはマーラーが大好きで、自分たちが演奏すると曲が見事に響き、独特のエネルギーが生まれることを知っています。誰がマーラーを振ろうがNYフィル。何人もの指揮者のマーラー演奏を聴きましたが、やはりNYフィルの個性が強烈に表れる。他の作曲家でも同じでしょうが、マーラーでは特にそうだと思います。

——ニューヨークで、マーラーが並外れた指揮者だったので、トスカニーニが危機感を持っていたようですね。ご存じでしたか？

AG：ええ、マーラーについてはたくさん読みました。マーラーは行く先々で、地元の有力音楽家と張り合ったそうです。彼は気難しい人物で、お山の大将でいたかった。トスカニーニも似たようなもの。「私はスターよ」と自賛するソプラノ歌手に向かって「太陽が昇ったら星《スター》も見えなくなるさ」と言ったのは有名です。マーラーの感覚も同じでしょう。一つの街に巨人が二人。トスカニーニの振った《指環》の後に、マーラーの指揮する［別の］ワーグナーのオペラを聴く。なんという時代。ニューヨークっ子は、とてつもない機会を与えられたものです。

――でもマーラーはニューヨークで、ナンバー・ワンになるための闘いを止めたように見えるのですが。

AG：投げやりになり、人生を見限ったのでは。ニューヨークに来た時には、やる気を失っていたようです。いくら楽天的であろうとしても、心気症のため悲観的な気分が忍び寄ってくる。辛い人生です。彼が五十数年しか生きなかったのは痛恨、決して長生きとは言えない。ようやく作曲家として円熟しようという時に亡くなったのです。

――ヨーロッパではマーラー・ルネサンスが大変遅れ、没後五十年経った一九六〇年代に始まりました。第二次大戦がなければ、早まっていたでしょうが。アメリカでマーラーが広まるのに、なぜあれほど時間がかかったのでしょう？

AG：それは誰にも分からない。無視されても後に復活した作曲家はいるものです。バッハはドイツで、長い間無視されました。マーラーは時代を先取りし、その当時察知できないことを予見したのでは。彼は明晰で、「オーケストラとはどうあるべきか？」のイメージを持っていました。マーラーのような方法で、オーケストラの可能性を引き出した作曲家は他にいない。彼の作り上げる大オーケストラのパワーと豪華さ――演奏するのは純粋に伝統的なオーケストラで、普通の楽器しか使っていない。オルガンを追加して、ホルンは四本ではなく八本かもしれない。それでも本質的には伝統的オーケストラ。彼が造り上げたのは、空前絶後の色彩感、力強さと豊かな質感を持つスコア。そしてマーラーが伝えたいメッセージ――彼の語り口は極めて意識的です。そのため、楽器だけで表現する限界を感じて、声を入れ始めたのか。とにかく、言いたいことがあり過ぎて、曲が聴き手の理解を遙かに超えてしまった。マーラーの擁護者、最初の支持者は彼自身。しかしその当時、作品を取り上げる人が、その後出てこなかったのです……。

――マーラーは、ニューヨークで自作をあまり演奏していませんが……

AG：ええ、たくさんは。でもマーラーのレパートリー、好きだった曲の幅広さを知ると、興奮します。イタリア・オペラや多数のドイツ音楽はもちろんのこと、聞いたこともないような作曲家の作品など。マーラーはスコアを知り尽くし、改訂を加え、書き直しています。信じがたいほどの膨大なレパートリーに親しみ、没頭する。だから皆、マーラーを作曲家だと思わなかったのです。

――NYフィルのライブラリーに保管されている、マーラーのスコアを研究しましたか？

AG：研究ではないですが、たくさん見ました。マーラー自身の書き込みを見ると、うっとりします。マーラーが使っていたスコアには、最新版にも見られず、最終的なものかその時の事情に応じたものか、判然としない変更が見られます。彼はいわば実務的な音楽家。例えば、あるパッセージが一人の奏者の負担になると思ったら、他の楽器に置き換える。ある楽器が十分な音量で演奏できていないと感じたら、他の楽器で重ねるか、打楽器を加えて強調する。それらが印刷として残すための書き込みなのか、演奏を良くするための、弱い部分への［一時的な］書き込みなのかは、はっきりしないし、誰にも分からない。しかし彼の頭脳、丁寧で几帳面な書き込みは素晴らしい。信じられないほど思慮深い作曲家だったことがわかります。

――マーラーは何を望んだでしょう?

AG:ハハハ。マーラーが何を? すごく難しい質問で、お答えできるとは思えません。でも彼は、音楽が人々の大切なものであって欲しいと願ったでしょう。なにしろ彼は、自作を演奏するパーフェクト・ミュージシャンです。マーラーは天才作曲家ですが、彼が歴史上多数の作曲家の価値を認めていたことも、深く尊敬できます。マーラーにとっては、音楽と人生が基本的に同じだった。彼は人生の幸せを望みながら不幸を経験するが、それを音楽で表現し、乗り越えようとした。そして人生を表現し豊かにする音楽の力を深く信じていた。だから音楽が、人々の生活で意味深いものになること、それこそが彼の望みだと思うし、そうであって欲しいです。

――マーラーの死後、全てが崩壊に向かいますが、彼の音楽はそんな時代を語るのでしょうか?

AG:疑いの余地なしです。世紀末のウィーン。古いものが去り、新しいものが流入する問題をはらんだ時代で、そこに現れたマーラーは時代の象徴。交響曲というものを破壊して、新たなものに作り直す。この点でマーラーは、音楽史上中枢にいます。

――どの交響曲をいちばん身近に感じますか?

AG:七番に弱いんです。つまり愛しています。驚きましたか。すごく神秘的で、大好きだと思うことがあるのです。癇《かん》に障る答えかもしれませんが、本気です。七番はキテレツなやり方で、こっちを惹きつけます。でも一番も素晴らしい。もちろん初期作品ですが、エネルギー爆発。実力もパワーもある若手が、鮮烈なデビューを果たした作品――《ドン・ファン》もそうですね。マーラーが、一番でなし遂げたことが凄い。それから九番も好きです。その情感・哲学性は、まさしく究極。九番は、六、七、八番のように、奇矯なところもひねったところも、さほどない。マーラーは直截かつ真摯な音楽語法に戻ったのでは。というわけで、私には一番と九番。別枠で七番です。

――別の状況にあったら、マーラーはどこに行ったでしょう？

AG：これも難しい。彼は他の作曲家と比べ、作品は多くないしジャンルも限られています。そして作品で「閉じた輪」を作ったように見えます。マーラーがどこに行ったか、本当に分かりません。オペラを書きたかったようにも見えない。史上最高のオペラ指揮者だと言われているのに、不思議です。小編成の器楽曲、室内楽もほとんど書いていない――たしか一曲だけ。ところが交響曲の分野では、極めて説得力のある発言をしている。まさしく聖典《カノン》。――［マーラーがどこに行きたかったか］教えて欲しいものです。

――マーラーの、ウィーン楽派への影響をどう見ますか？

AG：絶大な影響でしょう。私が演奏会でよく、マーラーとベルクを一緒に取り上げるのも、そのためです。例えば未完に終わった一〇番のすぐ後に、ベルクの《オーケストラのための三つの小品》を聴くと、交響曲が完結するように感じ、大変示唆的です。ベルクはマーラーの感性からスタートして、さらなる段階に進んだ。マーラー自身が作曲を続けていたら、そこに行ったかどうかは分からない。しかしベルクの後には、シェーンベルクの高度な音列技法が登場します。伝統的作曲技法の崩壊は、マーラーから始まったと思います。九番を聴けば分かります。ここで実質的な無調音楽となり、伝統的な和声進行から大きく離脱する。次のステップを請け負ったのがベルク、ウェーベルン、そしてシェーンベルク。

――マーラーにどんなことを聞きたかったですか？

AG：音楽家のありふれた内輪のことを。いつもテンポが気になるので。マーラーは、五番の〈アダージェット〉をどんなテンポで演奏したのか、とか。これが愛の歌ならば、濡れるようにセンチメンタルで情熱的であるべきか、あるいはフレッシュで若々しく、春めいているのか。テンポは曲調に大きな影響を与えますが、それをスコアから探り出すのは至難です。*Molto Adagio* すごく遅くと書かれている。でもそれが何を意味するのか。だって「遅く」は、明らかに相対概念です。だからマーラーにはまず、正しいテンポとは、そして演奏家にどの程度自由を許すのかを聞いてみたい。マーラーは、自分の作品が他人に演奏されるのを聴いていません。自由な演奏解釈を許すのか、今日の様々なマーラー演奏《アプローチ》について、どんな感想を持つのか、ぜひ聞きたいですね。

13. Bernard Haitink

ベルナルト・ハイティンク

マーラーを聴くと、いつも不安になりました

24 August 2012, Salzburg

1929年、アムステルダム生まれ。1961-88年ロイヤル・コンセルトヘボウ管弦楽団首席指揮者、1967-79年ロンドン・フィルハーモニー管弦楽団首席指揮者、1978-88年グラインドボーン音楽祭音楽監督、1987-2002年英国ロイヤル・オペラ音楽監督、2002-04年ドレスデン国立歌劇場管弦楽団首席指揮者。2006年よりシカゴ交響楽団首席指揮者。

——初めて聴いたマーラーを覚えていますか？

ハイティンク（以下BH）：もちろんです。昔の七十八回転SPレコードで、初めて聴きました。曲は《大地の歌》、演奏は［アメリカのテナー］チャールズ・カルマン、［スウェーデン生まれのコントラルト］ケルスティン・トルボルク、そしてブルーノ・ワルター。ワルターの他はご存じないでしょう。一九四六年のことです。

——マーラーには、すぐに馴染みましたか？

BH：全然。マーラーは一九四五年までオランダで禁制だったし、その前私はほんの子供で——でもブルックナーはずっと好きで、九才の時に聴いた交響曲第八番のラジオ放送を覚えています——一九三八年のこと。それからしばらく経った一九四五年の九月か一〇月、アムステルダムでコンセルトヘボウがマーラーの二番を演奏しました。あれは復活の願いを込めた象徴的な催しでした。

――アムステルダムでは、一九二〇年にもマーラー・フェスティバルが催されています。アムステルダムはマーラーを理解し、受け入れた最初の都市ですね。

BH：一九二〇年のマーラー・フェスティバルは、大々的な催しだったでしょう。当時絶頂期のウィレム・メンゲルベルク。彼はフェスティバルの後、マーラーをどんどん演奏しなくなったのが面白いです。

――なぜでしょう？

BH：フェスティバルで、十分やったと思ったのでしょう。その後、彼は一番と四番を振っています。四番には録音もありますが、注意を要します――かなり歪曲されているからです。いささか奔放で、自信過剰と言う人もいます。でも時代が違うのですから。

――アムステルダムには伝統的に包容力があります。そんな昔にマーラーを受け入れたのは、そのためでしょうか？

BH：アムステルダムには昔からユダヤ人が大勢住んでいました。大変音楽的な街で、マーラーは人気がありました。皆コンサートを、マーラーを聴きたがり、メンゲルベルクのファンでした。ただ悪いことに、彼は占領中、論争の的でした。大指揮者だが、繊細な人間じゃない。言って良いことと悪いことの判断が付かない。禁句をつい漏らしてしまう。そんな具合で、占領後は反政府的人物《ペルソナ・ノングラータ》に。残念極まりない。戦争が終わると、迫害から生き延びて街に戻ったユダヤ人は、メンゲルベルクを呼び戻そうとしました。彼らは音楽とマーラーを心から愛していたのです。――政治の話で危ない橋を渡っていますね。これ以上しゃべらない方がよさそうです。

――アムステルダムは、その伝統に誇りを持っているでしょうね。

BH：メンゲルベルクがアムステルダムにマーラーを紹介したのは、素晴らしいことです。当時メンゲルベルクは若く、社会情勢は厳しさを増していました。ある週末、彼は才能豊かな作曲家が自作の交響曲第三番を指揮するのを聴きに、デュッセルドルフに出かけることに。その作曲家がマーラーでした。そして日曜の午後、メンゲルベルクはコンセルトヘボウでマーラーの四番を演奏。休憩の後、聴衆に向かって、「皆さん、交響曲四番をもう一度聴きましょう。今度はグスタフ・マーラーの指揮で」。もう最高です！　アムステルダムはメンゲルベルクという宝を持った。そして市民の包容力、ずっとそうあって欲しいです。

――メンゲルベルクの指揮で演奏した音楽家をご存じですか？

BH：知っているんです。私の先生が、コンセルトヘボウの第二ヴァイオリンで。マーラー・フェスティバルの時は子供でしたが、一九三〇～三六年頃に楽員で、メンゲルベルクを熱烈に尊敬していました。ただし申し上げたように、その頃メンゲルベルクはマーラーを演奏しなくなっていました。

——戦後、何があったのでしょう？

BH：少しだけ調べました。ゆっくりゆっくり、やり直したのです。マーラーに戻るのは、アムステルダムにとってもオーケストラにとっても大変なことだった。マーラーの伝統は失われ、その音楽は事実上新しいものだったので。

エーリッヒ・クライバーが［アムステルダムで］三番を演奏したのは随分経ってからのこと。ワルターは、戦前アムステルダムで四番を指揮し、戦後戻って再演しています——あれは、ワルターのためにある曲です。七番、九番、六番のような難しい曲は、演奏されるまですごく時間がかかって。九番はクーベリックとハンス・ロスバウトの二人が、アムステルダムで演奏しています。

——ワルターはマーラーと仕事をしましたが、彼のスタイルはメンゲルベルクとは大きく違いますね。

BH：ワルターは規則に忠実で、ずっと尊敬していました。お手本のような人。リハーサルに顔を出したこともあります。彼は暖かく古典的に、そして巧みに振っていました。

——交流はありましたか？

BH：なにしろ恥ずかしがり屋だったので。でも彼からもらった短い礼状は、額に飾ってありますよ。オーケストラとロスに行ったとき、「尊敬するファンより」と花を贈ったら、「仲間へ（My dear Colleague）……」という返事が！　最高でした。

――ハイティンクさんがコンセルトヘボウを引き継がれた時、マーラーの伝統を感じなかったのは驚きです。

BH：何もなかったのです。ユダヤ人楽員が大多数、オーケストラに戻らなかったことが大きい。音も変わり、痩せてしまって、豊かさもなくなり――全てやり直し。私の前任者、エドゥアルト・ファン・ベイヌムは素晴らしい、大変気品のある指揮者でしたが、完全にメンゲルベルクの陰になり、そのスタイルから距離をおきました。ベイヌムは七番も指揮しています。それまで誰も演奏したことがなく、勇敢な行為です。演奏スタイルも変えて。八番は演《や》らなかったかな――「特異な曲」ですから。

――先生に就いて、マーラーを勉強したのですか？

BH：いえ、コンサート・ホールで学んだだけです。当時私は、コンセルトヘボウの建物近くに住む音楽大好き少年で、コンサートというコンサートを聴いていました。

――それでマーラー理解が進んだのですね？

BH：マーラーを聴くと、いつも不安になりました。ワルターとハンス・ロスバウトのおかげでマーラーに開眼したのですが、子供の頃はその音楽に怯えていました。私は信心深い人間ではないのに、ブルックナーを聴くと、いつも心の平安が得られます――そしてマーラーには人を肯定する感覚が全くなく、毎回動揺させられて。

——何に動揺したのですか？

BH：音楽の雰囲気が軽薄なこと——この件を、ここでじっくり分析するつもりはありません。しかし、昨今のマーラー狂信者《カルト》には困ったものです。マーラーの音楽しか眼中にない人がいる。残念なことです。三番を聴いたというファンから、手紙をもらったことがあります。「最初から最後まで泣き通しでした」と。扱いにくい問題なので、慎重に返事しました。「それが本当なら、精神科に相談されたら。その反応は、健全とは言えません。他にもいっぱい音楽があるのですから」。

若い時、ロンドン響にマーラーを頼まれたのですが、その頃全くポピュラーでなく、ホールは半分空席でした。しかし、それからお客がどんどん増えていくのを我が身で体験しています。現在、オーケストラがツアーに出てホールを確実にいっぱいにしたいなら、マーラーの交響曲です。聴衆からの要望が多く、私の仲間達もせっせとマーラーを演奏しています。それでよいのか？　ダメなんです。

「俺の時代はやって来る」とマーラーは言った。でも自分の曲が雪崩のように演奏されるのを見て、嬉しいだろうか。もちろん素晴らしい演奏もあるが、受け狙いの騒々しい演奏だってある。それらが、マーラーのライフワークに貢献しているとは思えない。連鎖的演奏がどういうものか知っているので、警戒するのです。マーラーの作品のためにならない。マーラー演奏は、ブルックナーの交響曲と同じく、特別であるべきで、ベルト・コンベアで量産されてはいけません。

——我々はすでに食傷気味？

BH：とにかく演奏され過ぎ。

——感情表現も大げさになり得る？

BH：マーラーには元々、感情表現がたくさんあります。それをさらに強調する必要があるのか？ 大きな問題です。私自身はすでにあるものを、それ以上にしようとは思いません。すると、冷たいと批判される。まあ、そうした仕事ですからね——自分が冷たいなんて思いませんよ、バーンスタインと比べても——あ、これは別問題。そもそも、マーラーが書いているのは交響曲であって、大爆発する狂詩曲ではない。もちろん〔交響曲にも〕すごい噴火はあるが、その形式には限度があります。

——マーラーの指揮者への指示は、どれほど重要ですか？

BH：意識はしています。今となっては過剰と見られがちですが、無視できません。なぜ無視できないか？ その当時、指示を書き込むという伝統がなかったから。時代が変わったのです。だって「nicht eilen——急ぐな」ですよ。

——いちばん親しみを覚えるマーラーの作品は？

BH：四番の室内楽的な優しさが素晴らしい。九番には慎重になります。今でもある意味特別な曲で、しょっちゅう演奏すべきでない。二番にも及び腰ですが、器楽パートは大好き。一楽章も、少し感傷的な二、三楽章も。そして〔四楽章の〕〈小さな赤いバラ〉は奇跡のよう。でも五楽章は、なくてもやっていけます。

――ハイティンクさんが信心深くないから？

BH：そうは言いません。復活という概念がピンと来ないのです。それから、〔未完成作品の〕「事後完成」にも反対です。現在ブルックナーの九番が同じ状況です――スケッチが発見され、フィナーレを書くよう作曲家達に委嘱される。

マーラーの一〇番、〈アダージョ〉はこれまで何度も演奏しましたが、いつも確信が持てません。テンポが毎回、意図しないのに全く違ってしまう。他の曲ではないことです。要するにあの〈アダージョ〉は未完成で、マーラーは足したり引いたりしたかったのでは。でも、デリック・クックのように一〇番を完成させられたら、鼻高々でしょうね。

――マーラーは、九番のオーケストレーションを変更したかったでしょうか？

BH：ノーです。それは、誰もやってはならない。あれはマーラー最後の考察なので、敬意を表さねば。マーラーは変更したかもしれないが、それは彼の担当であって、我々の出る幕はありません。

――マーラーの人間性をどう見ますか？

BH：ここは慎重に――マーラーの人間性は、一面的に捉えられています。でも彼は我々同様、複雑な人間だったでしょう。ただし凄い才能があった。当然大勢の敵を作る。ウィーン・オペラの監督ですよ。その地位に就く前から敵がいるのです。マーラー自身言っています。「自分がまだ監督なのか知りたければ、執務室のドアをノック［して名乗る］。誰かがどうぞと言ったら、まだ監督さ」。この話、ご存じですね。

――ハイティンクさんは、毎年ルツェルンで指揮講座を開き、若い指揮者に経験を伝えておられます。マーラーについて、彼らに伝えたいことはありますか？

BH：見た目ほど簡単でないのが、テンポと曲の推移。マーラーの場合、全く気が抜けません。継ぎ目なしにやらなくてはならない――放っておいて、自然にそうなるものではありません。

――マーラーのリハーサルは、ブルックナーと違いますか？

BH：違う音楽ですからね（笑い）。マーラーの場合、強弱を明確に段階付けすることが肝要です。全てがメゾ・フォルテ・スープではないので。細い部分が膨大にあって、そこが重要になります。もちろんマーラー自身の指定もある。彼は常に、音楽を分かりやすくしようとしています。カラヤンは、一つの曲にクライマックスは一箇所だと言いました。早まるなという重要な指摘です。段々とやらなければ――二番でも。

――二番のクライマックスはどこに？

BH：もちろん最後に。

――ブルックナーは、マーラーに影響を与えたでしょうか？

BH：そうは聞こえないのです。ブルックナーのオーケストラは、さほど大きくありません。彼は作曲する時いつもウィーン・フィルを頭に置いていました。橇《そり》の鈴とかカウベルとか、変わった楽器を使うのはブルックナーではない。こういった楽器を配備し、使いこなすのがマーラー。そして「遠くから聞こえるように」などと、絶妙の指定をする。

――マーラーにはいつもaber=butがあるのも面白い。決して直に来ません。

BH：その通りですね。

――厳格なマーラー演奏ばかり聴かされるのも、辛いのでは。

BH：厳格にやるべきなら、率先してやりたいです。例えば六番にはぞっとするような場面があって、まとめなくてはならない。でも全てに効果を上乗せしてはいけない。それを心に留め置くことです。

――マーラーに聞いてみたいことはありますか？

BH：うーん、多すぎますね。あえて自分から近づこうとしなかったかも。

――マーラーは何を望んだでしょう？

BH：簡単には答えられない質問です。それよりマーラーの音楽を聴きましょう。答えはそこに。

14. Manfred Honeck

マンフレート・ホーネック

ルバートこそ、マーラー指揮の根幹です

25 May 2010, Vienna

1958年、ネンツィンク（オーストリア）生まれ。1991-96年チューリッヒ歌劇場首席楽長、1997-98年ノルウェー国立歌劇場音楽監督、1996-99年MDR交響楽団首席指揮者、2000-06年スウェーデン放送交響楽団首席指揮者、2007-11年シュトゥットガルト州立歌劇場音楽総監督。2008-11年および2013-15年チェコ・フィルハーモニー管弦楽団首席客演指揮者。2008年よりピッツバーグ交響楽団音楽監督。

——初めて聴いたマーラーを覚えていますか？

ホーネック（以下MH）：よく覚えています。子供の頃、オーストリア青年オーケストラに所属していて、カラヤン・コンクールに出場するため、ベルリンに遠征しました。ヨーロッパ全土から、ユース・オーケストラがたくさん参加し、その中でユンゲ・ドイチェ・フィルハーモニーが、マーラーの交響曲第一番を演奏するのを聴き、その場に釘付けになりました。音が大きいだけではない——そんな交響曲は他にもあります——暗さと意味深さを表現するマーラー、取りわけ三楽章に強い感銘を受けました。

この経験が母の死と結びつきます。母は九人の子供を遺して逝きました。葬礼が進む中で、マーラーの音楽をぼんやり思い出したのです。当時、私は一三〜一四才、はっきり憶えています。恐らく生涯でもっとも大切な場面。音楽が心に入り込み、それからずっと共にある。こんなことが起こるなんて。とにかく衝撃的な出来事でした。

――マーラーはここウィーンで、オペラ劇場の指揮者として成功しましたが、同時に攻撃を受け、闘うことに。作曲家としては稀なことです。その衝突はどこから来たのでしょう?

MH：彼の人間性も一因でしょう。マーラーは熟達の指揮者で、全てに完璧を求めました。自分自身にも求めるが、一緒に働く楽員、歌手にも要求する。ある意味、過激です。

それとは別に、マーラーの生きた時代、交響曲がどんなふうに扱われたかを知ると驚きます。交響曲はまだ「聖杯」でした――英雄ベートーヴェン、それからモーツァルト、ハイドン、シューベルト、シューマン、ブラームス、ブルックナー――当時の人々は交響曲を、すべからく「聖なる芸術形式」として扱っていました。そこに、サロン音楽のような曲を書く作曲家がやって来るのです。その当時、宮廷オーケストラに属するウィーン・フィルの楽員達は、夏休みになると避暑をかねてサロン・オーケストラで演奏していました。ヨハン・シュトラウスのギャロップ、ポルカ、ワルツから始まり、《タンホイザー》の編曲など何でも演奏する。それを頭に入れておきましょう。彼らは休みから戻ると、またウィーン・フィルで演奏する。するとそこに、夏に演奏した曲を散りばめたような音楽を書く作曲家がいる。当時の音楽家が、マーラーの曲を安っぽく、取るに足らないと思ったのは想像できます。今でこそ理解されているが、昔は違います。時は経ち、私がウィーン・フィルで演奏していた時にも、マーラーの音楽は安っぽいから嫌だという楽員が何人もいました。

――ホーネックさんのオーケストラ楽員時代、取りわけ重要なマーラー体験は？

MH：バーンスタインの指揮で六番を演奏した時、感銘を受けました。それからマゼールの指揮で七番を。彼のマーラーへの愛情は並外れていました。それからアバド、彼のマーラー愛も心に残ります。マーラー・ユース・オーケストラの旗揚げコンサートで、私はアバドの助手という機会を与えられました。

――彼らのマーラー・アプローチと、ホーネックさん自身を比べることはできますか？

MH：それはパズルを解くようなものです。でも彼ら名指揮者たちの異なる演奏解釈を聴き、それから自分でマーラーを演奏・指揮すると、オーストリアやボヘミアの、古い民謡への思いが募ってきました。[子供の頃] 父にオーストリアの民族楽器、チターを弾かされました。父は純朴な愛好家で、音楽には詳しくありません。チターはさほど好きでなかったのに、父の希望で演奏したのです。音符の読めない先生に二年就いて――その前は、ウィーンの音楽院《ホッホシューレ》でヴァイオリンを教わりました。でもチターの先生は、言われた通りにやれと。こちらは「楽譜にはそう書かれていない」と抵抗しても、向こうは「このリズムでやらなきゃダメだ」などと言い張る。まるで喧嘩。メヌエット、マーチ、ワルツを左手で弾き、音の出し方、伴奏法、低音ラインを旋律の前に出すのか後に弾くのかなどを学ぶ。「これが昔からの伝統なんだ」という頑固な先生。二年でやめてしまいました。その後、マーラーを演奏するようになると、チターの世界が戻ってきて、あの二年がマーラー理解に不可欠だったと知りました。ウィーン風の演奏は、他と全く違うことがあります――ここウィーンで見聞きする演奏とも違う。スコア通りに演奏しても、崩し過ぎてもダメ。
ならどうする？　私が学んだのは、ルバートの技術――マーラーの音楽にもルバートがあります。百年前の音楽家が、サロン・オーケストラで演奏したやり方です。彼らはシュトラウスのワルツを、しかるべき方法で演奏するよう訓練されていたので、自然にルバートができた。シュトラウス達は、全てスコアに書き込む必要はない。グスタフ・マーラーも然り。彼はスコアに、大量の重要な書き込みをしているが、細々《こまごま》と記述しているわけではない。しなくても楽員がそのように演奏してくれたのです。私のマーラー演奏・理解では、そこがポイントです。最近、「君の《巨人》の録音は凄くモダンで目新しいね」と言われたので、「いや、本当に新しいわけじゃなくて、百年前に戻ろうとしているだけ。そしてルバートをどう演奏するか、考えているだけ」と答えました。百年後の耳には新鮮にモダンに聞こえますが、本当に新しいわけではありません。

――さまざまな演奏解釈について、バーンスタインはマーラーを過剰に演奏したとして、批判されることがあります。その一方で、マーラーをおとなしくドライに演奏するアプローチも。ホーネックさんは、どこで折り合いを付けますか？

MH：私の場合、音楽の真の意味が伝わるよう心がけています。何をすべきかは、音楽が語ってくれます。私は大の室内楽ファン。室内楽と共に育ち、愛し続けています。ハイドンの四重奏、シューベルト、さらにブルックナー［五重奏］の〈アダージョ〉などなど。耳を傾け深淵さを探るべき、偉大なる音楽です。これは私見ですが、マーラーが強弱の付け方や音楽の読みを求めてくる場合、考えるべきは室内楽です。

音をどう爆発させるか、どこまでやれるのか？　全部が煩かったら、ソフト過ぎたら？　そしてクライマックスがどこか、指し示さなくてはならない。誤解して欲しくないのですが、クライマックスは、音の大きさとイコールではないと思っています。優しさを指すクライマックスもある。マーラーの音楽には、静けさの中にクライマックスが何百箇所も。そこが素晴らしく、それを表現したいのです。

例えば三番の一楽章、最初だけではない。牧歌的な田舎の描写をする三楽章だけでもない。最終楽章で、一楽章冒頭が突然戻るところ。主題が、子供の時の思い出のように戻る。だから遠くから聞こえなくてはいけない。何とも素晴らしい場面——優しく演《や》れば演《や》るほど、素晴らしく力強く表現できます。その一方、マーラーの絶望感を描いた爆発も上手に表現しなくては。そして一番・二楽章の冒頭は、いくら田舎くさく演《や》ってもやり過ぎることはない。マーラーが聞かせたいのは、鈍重な田舎風レントラー舞曲。この曲からは、快活で楽しい見世物小屋の音楽ではなく、古いサロン音楽で耳にするレーダーホーゼンへの深い思いを感じます［バイエルン地方には、民族衣装のレーダーホーゼンを着て足踏みをしながら踊る、三拍子のレントラーが伝わる］。

これが私流のマーラーの音楽に対する見方、扱い方です。とはいえ、バーンスタインは私のヒーロー。彼は感じたまま正直な音楽作りをする。説得力があって、なんとも素晴らしい。

——マーラーの複雑な実生活が、音楽に影響していると思いますか？

MH：間違いなく。マーラーは自分に正直ですからね。絶望感、高揚感……様々な感情の全てが音楽に入り込み、そこかしこに子供の頃の体験を感じます。天使が出てくる四番の四楽章や、少年の要素が詰まった《子供の不思議な角笛》……。初恋の失望、絶望感など、子供時代の思い出が全て音楽に。マーラーは時代の変換期、世紀の変わり目にあって、人生の意味についても考えています。その頃ウィーンは、音楽的にも政治的にも重要な役割を担っていました。そこにあるのは、終末論的な未来思想。ところがマーラーの中には、天国にいる感覚も同居している。つまり彼は、心の中のもの——偉大なる人物の心の全てを、音楽に投じたのです。その一方で相手に多くを求め、尊大で煩い存在と見られたかも。それにしても、なんという考察的人物！　マーラーは人々を愛し、人々に多くを求めたのです。マーラーはブルックナーと共に、二〇世紀全体を見越しています。マーラーの音楽にある予言的な要素の中に、現在の自然環境問題が現れていなかったか？——我々はそれを二〇一〇～一一年のマーラー・イヤーで体験しています。百年も前に作られた曲が、極めて近代的に魅力的に映るのは、そこなんです。

——だからホーネックさんは、「マーラーは二〇世紀の破滅的な大惨事《カタストロフ》を予告している……」というバーンスタインの言葉に納得するのですね。

MH：……そして二〇世紀の素晴らしさも予告した……それも忘れないように。カタストロフは、甚大な影響をもたらしました。多くの人々が戦争に巻き込まれて。二〇世紀ほどひどい時代は、歴史上ないでしょう。しかし良いところもある。私は戦後生まれですが、それから大戦はない。素晴らしいじゃないですか。二〇世紀の後半に、芸術的な生活、技術の向上、進歩による快適な生活を経験したのですから。

——マーラーに頼みたいこと、聞いてみたいことは？

MH：とても難しい質問ですが、もっと作曲してくれと頼んだでしょう。特にソリストのために。マーラーのヴァイオリン協奏曲、チェロ協奏曲、ピアノ協奏曲などいいなあ。もっといいのはオペラ。マーラーがオペラ好きで、たくさん指揮したことは有名です。ウィーン宮廷オペラの監督だったのですから、ぜひオペラをと。

それからマーラーが人生について、死について、あるいは死後についてどう考えていたのか、個人的に聞いてみたい。面白いやり取りになるでしょう。マーラーは音楽の中でたくさん答えを出している。だから私たちは、真っ先にそれを探し求めるべきなのです。

——マーラーは何を望んだでしょう？

MH：彼は、自らの人生を音楽で描写しています。そのため、曲にはマーラーの自我《エゴ》ばかりが表れ、聴き手のために書かれていないと考える人も。でもそれは違います。マーラーは自分の気持ちを、素直に描いたのです。ベートーヴェンなど他の大作曲家同様、我が思いを書きたい、書かなくてはと思う。大作曲家はすべからく、聴き手にメッセージを伝えようとする。そしてマーラーは、自らの経験を聴き手と共有したいと思い、さらに人々が直面する問題に答えを出そうとした。交響曲第二番《復活》を聴いて涙を流す人が、なんと多いことか。なぜ泣くのでしょう？　マーラーは天上の雰囲気、輝かしい死後の生活への期待感を創り上げるからです。モーツァルトは同じことを、父への手紙で語っています。「ボクは死を恐れない。死は親しき友です。明日の朝目覚めないかもしれない、必ずそれを思いながら寝付いています」。

マーラーは、こういった問題に強い関心を持っており、全ての人間は、死を問うため生を受けると考えていました。誰もが人生の節目で自問すること。でも多くの人は答えを求めず、探そうともしない。マーラーは音楽を通じて答えを出せると知り、その答えを聴衆に届けたかった。マーラーは、自分の音楽が、生きているうちに理解されるとは思っていなかった。そこで彼は、自分と周囲の理解者だけでなく、将来の聴き手のために音楽を書いた。我々なら分かると思ったのです。今、理解できませんか？　すごくよく分かりますよね。私など、スコアを勉強している時、マーラーが隣に座っているように感じます。

――マーラーを指揮する上で、技術的にいちばん難しいところは？

MH：ルバートの指揮です。例えば《パルジファル》などワーグナーの曲は、もちろん難しさは山ほどあるけれど、ヨハン・シュトラウスを振るより易しいのです――誤解しないで下さいよ、シュトラウスはほんとうに難物。百人もの演奏家を、いつでもあらゆる方向に導かねばならず、間違うと不自然で表面的な演奏になってしまう。マーラーにも同じことが。マーラーのルバートを指揮するのは、とてつもなく大変です。でも正しい方法でルバートできれば、コンサートで奏者は自由になり、私も常に新たな発見をする。上手く運べば、マーラーの音楽は壮大な冒険となります。

事前に全てを打ち合わせることはできる。でもそうなると当然、指揮者など不要になり、聴き手は決められたものを聴くことになります。私の場合、お客様にはとにかく自然なウィーン風、チェコ風、ハンガリー風――つまり真のオーストリア伝統を感じて頂きたい。これは努力を要しますが、真実であり、やってゆこうと思います。

――ウィーン・フィルの音色は、マーラーに影響を与えたでしょうか?

MH：それは影響したでしょう、ウィーン・フィルは［当時も］偉大なるオーケストラでした。マーラーはカッセル、ハンブルクでも別のオーケストラを指揮しています。チェコ・フィルも聴き、それからウィーンに赴いて、当時の素晴らしい音楽家達と仕事をしました。彼は、現在でも使われているウィーン製楽器の音色を、事あるごとに思い浮かべたでしょう。しかし彼は、ウィーン製でない楽器が使用されるアムステルダム、ニューヨークでも仕事をしている。マーラーの興味の中心は、［音色よりも］曲の中にメッセージを映し出すことだったと思います。

ところでマーラーは、現在よりもずっと長い練習時間を求めたでしょう。奏者の技術が今とは比べものにならなかったからです。だからリハーサル中、思い通りにいかないのに激怒して、オーケストラの楽員を一人一人侮辱する。全弓で演奏しない弦楽器奏者をなじる。マーラーが現在の演奏水準を知ったら大喜びしたでしょう。

［――オーケストラの対向配置を採用していますね?］

MH：それは演奏解釈とは別の、極めて重要なことです。マーラーを演奏する時、私はオリジナル配置――つまりマーラー本人が交響曲を聴いていた方法を採ります。第二ヴァイオリンは右、チェロとバスは第一ヴァイオリンと一緒に左。これでマーラーの音楽が見事に分かりやすくなる。マーラーは「どうして第二ヴァイオリンがもっと演奏しない。そうするよう作曲しているのに」と手紙に書いています。

客席からは、第一ヴァイオリンが左から第二が右から、両者が会話するように聞こえ、音が二箇所から聞こえるステレオ効果を生みます。これは、マーラーの音楽では特に意味があります。この配置は一九二〇~三〇年代以降、我々に馴染みの現在の形に変わりましたが、マーラーをオリジナルの形で聴くのは実に良いですよ。

——マーラーの音楽がポピュラーになるまで、なぜあれほど時間がかかったのでしょう。

MH：マーラーがユダヤ人だったことが、深く関わっていると思います。当時ウィーンでは反ユダヤ主義が台頭し、一九二〇~三〇年代という最悪の時代に、マーラーの音楽はポピュラーになりようがなかった。バーンスタイン、そして誰よりラファエル・クーベリックに感謝すべきです。バーンスタインが参入するずっと前、マーラー・ルネサンスを創始した素晴らしい指揮者、彼を忘れてはいけません。

もう一つの理由、彼の交響曲は誤解されていたのです。マーラーの交響曲は高度な芸術ではなく、先程申し上げたように、やたら民族的でつまらないという評価だった。交響曲を作ったベートーヴェン、シューベルト、ブラームス、ブルックナーが英雄視されていたドイツ・オーストリア文化圏では、これがマーラー理解の妨げになったのでしょう。彼らに言わせれば、グスタフ・マーラーはよそ者。それこそが大いなる誤解です。しかし良い音楽、最高の音楽の時代はいつかやって来る。それは一九六〇年代に到来したのです。

15. Mariss Jansons
マリス・ヤンソンス

マーラーのためなら全てを捧げます

2 February 2010, Amsterdam

1943年、リガ（ラトヴィア）生まれ。1979-2000年オスロ・フィルハーモニー管弦楽団音楽監督、1997-2004年ピッツバーグ交響楽団首席指揮者・音楽監督。2004-15年ロイヤル・コンセルトヘボウ管弦楽団首席指揮者。2003年よりバイエルン放送交響楽団首席指揮者。

――初めて聴いたマーラーを覚えていますか？

ヤンソンス（以下MJ）：最初聴いた時、深く感動し、天国にいるような気持ちになって、マーラーは天才で大作曲家とわかりました。若い頃、「これぞ我が作曲家」と思うことがあるでしょう。マーラーは最初から「我が作曲家」でした。すぐに大好きになり、それ以来変わりません。百パーセント確かではないですが、初めて聴いたのは交響曲の三番――今アムステルダムで演奏している曲です。その時一六～一八才でしたか。

――その当時、ロシアでのマーラーの評価は？

MJ：当然ですが、さほど知られても聴かれてもいませんでした。マーラーを初めてロシアに紹介したのは我が師、ペテルブルク——当時のレニングラード［音楽院］で教えていた指揮者ラビノヴィチ教授です。彼は学生オーケストラや放送交響楽団と、マーラーを演奏していました。キリル・コンドラシンもマーラーの紹介者です。彼は当時を代表する指揮者でマーラー・ファン、たくさん指揮してマーラーを広めました。ロシアの地に、マーラーを見事に根付かせたのです。

——ショスタコーヴィチのマーラー好きは、よく知られています。

MJ：「《大地の歌》を天国に持って行きたい」は、彼の言葉です。スラヴァ（ムスティスラフ）・ロストロポーヴィチから聞いた話ですが。

——ショスタコーヴィチは、どの程度マーラーを知っていたのでしょう。マーラーはスターリン時代にも、演奏されていたのですか？

MJ：もちろん。マーラーは禁忌作家ではなく、知られていなかっただけ。ソ連では、演奏されていました。聴衆の反応が良くなり、曲の知名度も好感度も上がってきたことをよく覚えています。ところで、「音楽を理解する」という表現に違和感があって苦手なんです。言葉は理解できる。でも音楽の場合は——筋違いの意味になるのでは？　それよりも、聴き手の気持ちや、人間と音楽との関係を語るほうがよいでしょう。でもこれは、理屈の問題ですね。

――マーラーの人生と音楽との間に、関係はあるのでしょうか？

MJ：ははは。マーラーが語り、書き、考えた人生と、その音楽は関係ないという見方もあります。音楽は音楽ですからね。マーラーは［作品の］表題も考えたが、気が変わって止めたこともあるとか。しかし私は指揮者として、マーラーの人生、マーラーが語ったこと書いたこと、その心を知ることは大切だと思っています。これはマーラーだけでなく、曲の準備をする際の私流のやり方、方法論です。ベートーヴェンだろうがショスタコーヴィチだろうがバルトークだろうが同じこと。作曲家の世界に没頭する時間が必要なんです。

私は職業指揮者なので、技術的な演奏準備は素早くできるし、ほとんどの曲を何度も振っています。でも「宇宙のような」演奏がしたいなら、そんなことは意味をなさない。作曲家と近づくことで我々は地上を離れ、クレッシェンド、ディミヌエンド、テンポ関係など存在しない別の次元に赴きます。

マーラーは三番のタイトルを模索し、牧羊神パンの図版を使おうとしました。これについて面白い話があります。マーラーが三番を書き進めていた頃、［アンナ・フォン・］ミルデンブルクから手紙を受け取った。その封筒に「PAN……」とある。Post Amt Nummer つまり郵便番号の略、マーラーはそれを合図《サイン》と受け取った。なんということのない話ですが、ハッとさせられます。説明できないけれど、何だかすごいですよよ。

――ロシアではどのような教育を受けましたか、そしてウィーンに勉強に来ていかがでしたか。ウィーンでは、マーラーをたくさん聴きましたか?

MJ:ペテルブルクでは、高度な教育を受けました。世界最高と思われる指揮者養成機関があって。我々生徒は、西欧諸国よりもずっと進んだ、素晴らしいチャンスを与えられました。練習用のプロ・オケやオペラ・バレエを指揮できるオペラ劇場もあり、私も早い段階で、オペラ・バレエを指揮し始めました。オーケストラや劇場は指揮者にとっての「楽器」にあたり、何より重要です。それからレニングラード〔音楽院〕では、さらに西洋的な、手本となる素晴らしい教師を得ました。まずムラヴィンスキー。彼はブルックナーとブラームスを敬愛して、その意味で単にロシアの指揮者とは言えません。もちろんラトヴィア育ちの私の父。そして、ブルックナー、マーラー、モーツァルトなどに深い関心を持っていた我が師ラビノヴィチ。

しかし世界の中心、ウィーンに来たのは天の采配です。スワロフスキー、カール・エステライヒャー、その他の教授陣がいる音楽院は信じがたいほど。そこで古典をたくさん学びました。大家ヨーゼフ・メルティン教授は愉快な人で、いつも生徒の名前を忘れ、「Äh, Herr Leningrad, kommen Sie bitte.(え～、レニングラードさん、どうぞこちらに)」(笑い)。彼ら大指揮者の演奏やオペラを聴けて、本当に幸運でした。その後のウィーン滞在は聖なる時でした。マーラーも聴きましたが、それだけではありません。オペラ劇場、楽友協会、コンサート・ホール、もう日参です。日曜ともなれば朝昼晩と三公演見物。チケット係の人たちとは全員顔なじみで、たまにチケットがなくても入れてくれました。そこで得たものは数知れず。ウィーン、我が最愛の街です。

——影響を受けた、マーラー指揮者はいますか？

MJ：それはもう。マーラーを振る指揮者は多いし、星の数ほどの録音があり、全ては若い指揮者に何かしらの影響を及ぼします。当然のことですが、我々全員、まずレナード・バーンスタインに大きな影響を受けます。彼は大指揮者、いや最大の指揮者で素晴らしい人物。マーラーを情熱的に、情感を込めて演奏し、それが我々に大きく影響しました。しかし時は経ち、こちらも歳を重ねます。彼のマーラーが好きでなくなったとか、批判的になったとかではなく、最初の頃と較べ、多少方向転換したのでしょう。

——マーラーを演奏する時、大げさにならないよう、情感過多にならないよう努めていますか？

MJ：全ての音楽にあてはまることですが、何でも誇張するのは良いこととは言えない。マーラーの音楽は極めて複雑かつ情感豊かで、どうしても大げさにやりたくなるのが怖い。関係ない話と言われるかもしれませんが、チャイコフスキーを大げさにやるのも、本当に危険です。私の父はうまいことを言いました。「頼むから蜜に砂糖を足さないでくれ。甘すぎるから」。あれは忘れられません。

——三番の最初の楽章に Von hier ab Halbe zu schlagen（ここから二つ振りで）とあります［66～］。こういった指示にどれほど影響されますか？　真摯に受け取りますか？

MJ：正直に言うと、分析はしても一字一句言葉通りには受け取りません。従うことも、そうでないことも。

例えばnoch in vier taktieren（四つ振りを続ける）と書かれているところを二つで振ったり。*rit.*, テンポ記号など、テンポ関係が壊れなければ四つ振りと二つ振り、大差ないことも。大体は、どちらがやりやすいかというオーケストラ側の問題です。例えば三つで振りたくても、少し分かりやすくするため、六つで振ることも（リズムを歌う）。オーケストラによります。皆自分のテンポを持っているので、そこで大きな注意を払うこともありません。

——マーラーに聞きたいことはありませんか？

MJ：お答えするためには、スコアを見なくては。演奏解釈や方法論ではなく、個別のことを聞いてみたいので。例えば「ポルタメント指示がここにあるのに、なぜあそこにはないのか？　双方、同じ働きをする箇所ではないのか？　何か特別な考えがあってのことか、違うのか？」そして、「だからこう書かれているのか……と理窟では分るのだが……」など、聞いてみたいことは山ほどあります。インタビューですから、例をお見せするためにはスコアが必要ですね。

——舞台では、学んだこと全てを忘れるのが、自由な演奏の秘訣ですか？

MJ：そうは言いません。リハーサルでは、納得のゆくまでオーケストラと練習し、コンサートでは、もっと上手くやろうとします。成功すれば万歳、そうでないこともある。でもコンサートでは霊感を呼び寄せる必要があります。これは、頭を使うことを忘れるという意味ではありません。そんな恐ろしいこと。問題は、表現・感情面と分析的・コントロール的な面とのバランスです。コントロールだけを選べば、目も当てられません。次に、我々ステージにいる人間は、聴衆のために演奏します。もちろん自分のためにも。でも、そもそも我々はアーティストです。私たちが喜びを運び、エネルギーを受け渡し、聴衆に「炎」を届ける。自分のためだけの音楽なら、部屋に腰掛けて、おとなしく手を動かしていればよい。しかし我々の使命は、舞台で聴き手のために演奏することです。

――ショスタコーヴィチとマーラーに戻りたいのですが。ショスタコーヴィチの四番は、マーラー賛歌です。彼は、スターリンに投獄されるのを恐れ、初演をキャンセルしました。二人を較べた時、その共通点や違いは何でしょう?

MJ：二人の交響曲では、いつでも「そこにマーラー」「そこにショスタコーヴィチ」を感じます。彼らが使う形式と感情表現が往々にして近いからでしょう。彼らは、オーケストラ・楽器から何を引き出せるかを知り尽くしていました。ショスタコーヴィチの音楽では、強弱の変更や調節の必要がほとんどありません。すごいことです。

二人の内なる世界を語るなら、すこし大げさかもしれませんが悲劇の人物です。マーラーの場合、身の危険まではなかったが、ショスタコーヴィチは常に瀬戸際でした。作家だったら、スターリンに処刑されたでしょう。しかし彼は作曲家。音楽は抽象芸術で判断が難しい。でも本当に危なかったのです。KGBが来るかもしれない。そこで彼は、身を守るため保険を掛けていました。二人とも事情は違えど、よくぞ生き延びた。彼らは思いを胸に秘め、表に出さなかった。マーラーは、実際のところ屈託のない人物だったため、なおさらでしょう。ショスタコーヴィチもそうですが、本当に寡黙だった。何を尋ねても、聞き出すことができなかったのですから。

――マーラーは、来るべき破滅的な大惨事《カタストロフ》を予期していたでしょうか？　六番のマーチがそれだと思いますか？　それとも、これは絶対音楽だから、この先起こることとは関係がない？

MJ：もちろん意識的に書いたわけではない――それはあり得ません。「これが未来の姿」と言うノストラダムスじゃないですから。でもマーラーは、音楽の中で世界全体を受け止め、表現しています。何となく未来を予見する性質《たち》だったのでしょう。マーラーが語るのは、輪を巡り、永遠に存在する広大な事柄です。その意味で彼の音楽は、これから何が起こるかを表現している。でも要は、音楽の複雑さから来ているのでしょう。

――マーラーが望んだものは？

MJ：誰もが自分に問うこと、マーラーはそれを全て表現したかった。マーラーは極めて知力の高い人物で、豊かな内面を持ち、無論多くの疑問を抱えていました。死後の世界はあるのか、その存在を信じるのか……究極の「答えのない質問」です。私だって時折、繰り返し問いかけます。マーラーは、疑問を心に描きながら、答えを望んだとは思えないのです――「復活」への疑問でさえも。彼は復活を百パーセント信じていたのか。マーラーにはトルストイのようなところがあって、人間の内面も含め、全てを分析する。この絡み合った内面こそ、マーラーにとって至高の世界、垣根のない宇宙だったのでしょう。

――マーラーは指揮者ヤンソンスに、立派な演奏のため、持てる全てを出し尽くすことを求めてきますか？

MJ：全てを、まったくですね。

――マーラーへのアプローチが、年を追うごとに変わってきたとおっしゃいました。それについてお話し願えれば。

MJ：自己評価は難しいですが、彼の世界をより深く理解するようになったかもしれません。今、マーラーの遅いテンポを維持できるようになっていればよいのですが。どんな曲でも難しいですが、マーラーは特別です。三番のフィナーレなど、テンポを遅くできれば、内面の表情が豊かになります。そこに心を感じないのなら、語る必要は何もないのだから、速いテンポでやればよい。

メトロノーム表示に従うかどうかは、難しいところです。ショスタコーヴィチをメトロノーム指示通りに演奏しようとして、ムラヴィンスキーに「無視しなさい」と言われたことが懐かしい。ショスタコーヴィチは無茶苦茶を書くことがありますからね。現代作曲家の新作を初演することは多いです。近年［の作品では］メトロノーム表示が重要になるので、きっちり従わなくてはと思いつつ。すると最初のリハーサルで、メトロノーム指示がかみ合わない。作曲家に「この通りにやってよいのですか？」と聞くと、「もちろん、無視して下さい」。こんなことは何度もありました。

――三番の最後、マーラーの書法は見事です。

MJ：三番の最後は勝利と言えますが、非常に変わった類の勝利です。神としてではなく、神の高みで語っている。スコアをよく見ると、マーラーは金管部分に*f*を一つしか書いていません。これは神への、そして天国への賛歌であって、征服・勝ち名乗りではない。終末ではなく、永遠を垣間見るもう一つの例です。マーラーがここに記した言葉には重みがあり、精査すべきです。「Nicht mit roher Kraft. Gestattigten, edlen Ton（力ずくでなく、豊かなフルサウンドで）」［IV/㉝～］。誤解されがちですが、「天に召されたわけではないのだから、堂々と気高くあらねば」という意味なのです。この世にいないのなら、マーラーは別の言葉を使ったでしょう。マーラーはここで「地上にいられて幸せ」と言いたいのでは？私の拙い解釈、感じ方ですが。

——今日、リハーサルを拝見しました。フィナーレは音の洪水ではなかったですね。

MJ：あれは今申し上げた通り、意図的にそうしたのです。あれで正しいと思います。さもなくば、違うふうに書かれているでしょう。マーラーは、あの部分を大げさにしてほしくなかった。それを案じていたと思います。明日のコンサートには、おいでになりますか？

——ぜひ、うかがいます。

MJ：終わったらぜひ楽屋にお越し頂き、あの部分がオーケーかどうか、良かったかダメだったか、お話し下さい。

——今日のリハーサル、四楽章の最初について、とてつもなく暗い色合いとおっしゃいました。

MJ：そう。灰色一色。

――マーラーの中に色合いを探求するのですか？

MJ：いつもそうです。四楽章の最初は地の下にいるようです。マーラーは人類について語っています。私はいつも色を求めています。大事なのは響きです。

16. Lorin Maazel

ロリン・マゼール

マーラーには、何も聞かなかったでしょう

10 February 2010, Vienna

1930年、ヌイイ＝シュル＝セーヌ（フランス）生まれ。1965-71年ベルリン・ドイツ・オペラ音楽監督、1972-82年クリーヴランド管弦楽団音楽監督、1982-84年ウィーン国立歌劇場音楽監督、1988-96年ピッツバーグ交響楽団首席指揮者、1993-2002年バイエルン放送交響楽団首席指揮者、2002-09年ニューヨーク・フィルハーモニック音楽監督。2012年よりミュンヘン・フィルハーモニー管弦楽団首席指揮者。2014年7月13日逝去。

——初めて聴いたマーラーを覚えていますか？

マゼール（以下LM）：いつでしょう？　一〇代終わり頃か、でも遅かったですよ。タングルウッドで、マーラーの一楽章分を初めて指揮したのが二〇才の時——若手指揮者が二番の一楽章を、これがマーラーに接した最初です。

若い頃、ピッツバーグ響のメンバーとして三年間ヴァイオリンを弾きました。最初はセカンド、次にファースト。ところがその間、マーラーの交響曲を演奏した記憶が全然なくて。当時マーラーは無名で、ブルーノ・ワルターやその他の指揮者の努力も空しく、第二次大戦が終わっても、誰も見向きもしませんでした。

バルビローリは大のマーラー・ファンで、若い頃、彼の指揮するコンサートに行ったのを憶えています——あれがマーラーをコンサートで聴いた最初です。演奏中、お客がカーネギー・ホールからぞろぞろ出て行き、終わる頃には誰もいなくなって。一七～一八才の頃だから第二次大戦後です。「俺の時代はやって来る」とマーラーは言った。それは正解でしたが、随分と時間がかかったものです。

——マーラーの世界は、すぐに開かれましたか?

LM：いや、マーラーの楽章に立ち向かうのは、毎回新たな体験で、楽しいけれど本当に大変でした。マーラーを理解し、その難しさと相対するのは至難の業です。なにしろ与《あずか》り知らない世界と精神ですから。私はご多分に漏れず、バッハ、ベートーヴェン、モーツァルトその他で育ち、ベルク、ウェーベルンといった現代物にも、かなり興味がありました。つまりマーラーの生前、没後に書かれた音楽が好きだったので、マーラーは遠い存在ではなかった。それでも楽章から楽章、交響曲から交響曲と、その音楽を理解するのに、かなりの時間を費やしています。レパートリー全体をゆっくりゆっくり学んだら、四〇才半ばになっていました。でも楽章ごとに時間をかけ、マーラーとじっくり対峙する機会を得て、良かったと思います。

——マーラーを指揮する上で、心に留め置くべきことは?

LM：まず、マーラーという人物の人となり、そして彼の表現したかったことに先入観を持たないこと。［音楽という］言語に、文学の概念を持ち込む指揮者は多いけれど、音楽と文学は別物なんです。音楽には、音から生まれた文学的含みや哲学的側面もある。しかしマーラーを前にして「ここにいるのは嘆くべくして生まれた人物。全てのフレーズは悲劇的であるべし……」など、ナンセンス！　マーラーは全ての作曲家と同じく、曲を作ることを旨としています。音楽の意味も重要だが、彼は何より作曲家であり、音符を書く技術屋なんです。その興味は響き、バランス、音の組み合わせであって、哲学的含みなど、ほとんど関係ありません。

——マーラーは二〇世紀の破滅的な大惨事《カタストロフ》を予測していたという、レナード・バーンスタインの言葉がよく引用されますが、そう思いますか？

LM：そうですね。第一次大戦の前、感性の鋭い人々は津波を予感していました。静まりかえって平和な時代。その頃の絵画からは不安、嵐の前の静けさが感じられます。そして極度に敏感なマーラーが、それを感じたのは間違いない。でも四番を書いている時に、二〇世紀の破滅は考えないでしょう。ノスタルジックで内省的。悲しい部分もあるけれど、基本的には大変幸せな作品です。

それから五番のフィナーレは？　深く考えず楽しいロンドを書いたというので、マーラーは批判にさらされました。でも彼にだって幸せになる権利はある。そもそもマーラーは、純粋に作曲上の見地から、バランスの取れる曲を書きたかったのです。彼は［一～四楽章で］悲劇、皮肉、対立、郷愁、憧憬など、言いたいことを語り尽くした。そして霧が晴れ、幸福で輝くようなメッセージが。全てが見事に組み立てられている、それだけのことです。マーラーはロンドを書きたかった。書いてもよいでしょう？問題は「ロンドはマーラーの駄作」という人々の先入観なのです。とんでもない。哲学的にも作品的にも、マーラーの最高傑作です。

――マーラーはスコアに、指揮者への指示を書いています。Von hier ab Halbe zu schlagen（ここから二つ振りで）など。厳密に従いますか？［そしてマーラーの改訂を、どう考えますか？］

LM：彼は素晴らしい指揮者で、自分のやっていることが全て分かっていました。彼の書き込みが常に正しいとは思いませんが、マーラーだって、自分がいつでも正しいとは思わなかったのでは。私も作曲をします。間違えようのないスコアを作って完璧に準備したつもりでも、指揮を始めると直しが始まります。

実は今日、ウィーン・フィルとのリハーサルがありました。何年も前に委嘱された"Farewells"という曲です。その中で「5/8に2/8か3/8の小節が続く」という箇所を見つけ、書き損じと断定。その場でより良いアイデアを出し、パート譜に写し、この三小節［原文ママ］を指揮する方法を編みだしました。ダメでしょうか？　上手に書けた曲へのささやかな編集です。

訂正くらい誰でもします。*più mosso*（ここでテンポを上げる）のようなアゴーギクを書き入れ、後になってまずいと思ったこともあります。我慢できず、書いてしまうのです。作曲家というものは、自作を指揮すると、必ず気が急いてしまいます。それは決まり悪さの表れで、さっさとやってしまいたいのです。自分の曲を演奏すると急ぐ。それは自作に対する仕打ちなので、そんな習慣は止めなくては。曲には曲の速さがあるのを認めるべきで、逆らってはいけません。

マーラーの指示に従うかという質問に戻りましょう。マーラー本人が自作を指揮する時、自分の指示に毎回は従わなかったでしょう。それが正解なのです。音響の問題もある。二番のある部分の指示は、ウィーン楽友協会では大変効果的だが、ニューヨークのエィヴリー・フィッシャー・ホールではうまくゆかない……つまり効果がない。同じ曲を、違うオーケストラと演奏することはよくありますが、それぞれのオーケストラの違いを、実際の響きに合わせています。そして変更を。大きくではなく微妙にですが、変更には違いない。自作を指揮すると、手直しを迫られる。でもマーラーも同じことをしている。そう思うと、指揮者として感無量です。

五番［の改訂版］など、変更どころかオーケストレーションのやり直しです。見事にオーケストレーションされた前四作など存在しないがごとく。信じがたいことですが、マーラーは仕事をしながら学び続けていたのです。でも彼は正しかった。五番の二つのオーケストレーションを較べると、全ての点で改訂が正しい。要するに、どうしても改善する必要があったのです。改訂部分は、「そうあるべし」と言えるほど明快。では、なぜ初めにそうしなかったのか。改訂版は新しい世界に他ならない。マーラーは変更すべき何かを感じ取り、それが大正解だった。これは「習熟曲線」ともいえるもので、学ぼう、直そうは、優れた作曲家の証です。ダメな作曲家は何も直さず、その先苦しむことになります。

作曲家全員が、作品を直すべきだとは言いません。バッハは音符を変えていないでしょう。直す時間などなかったのです。二十一人の子供と二千曲の作品を抱え、《前奏曲とフーガ》など、毎週捻り出す必要に迫られる――多忙な人物。モーツァルトもあまり直しをしていない。彼は全てを頭で作曲し、それを譜面に落とすだけ。どんなに速書きしても間に合わない。全ては頭にあって、ノンストップ。

［――マーラーが長生きしたら、どこに進んだでしょう？］

LM：「マーラーが百才まで生きたら、何を書いただろう？」こう自分に問いかけます。彼はすでに十二音列を使っていたから、間違いなくシェーンベルクを超えていたでしょう。ご存じないかもしれませんが、交響曲ハ短調〔原書ではト短調〕の最後の楽章、木管楽器に十二音列があるのです。

――マーラーのウィーン楽派への影響を、どう考えますか？

LM：大変な影響です。全員がマーラーを慕っていました。しかしそうは言っても、大作曲家は我が道を行く。例えばシベリウス。マーラーに何年も遅れて登場しますが、影響は皆無です。ベンジャミン・ブリテンもそう。彼らは天才で、己の道を歩む。スタイルに影響されるというのは、良いことではないのです。どんな作曲家にも、スタイルの点で影響されるべきじゃない。ただしその広い視野や、多くの要素を統合する能力に影響されるのは悪くない。でも作曲家は誰でも己のやり方で、能力に応じて曲を書くものです。

――マーラーは受け入れられるまで、なぜあれほど時間がかかったのでしょう？

LM：音楽が、すごく個性的だったからです。三つの音を聞くだけで、マーラーと分かる。間違えようがない。個性的ゆえに、やっかみが渦を巻く。そもそもほとんどの人は、知っている曲の焼き直しを聴いて、気持ち良くなりたいのです。塩胡椒の多少の差は気にしない。千回も聴いた曲を繰り返す。そこにマーラーが降って沸いたように現れ、それまで聞いたこともないような言葉を発した。勇気凛々、自信たっぷり――私も若い頃は苦労しました。当時プロの音楽家や音楽家の卵には、驚天動地だったでしょう。普通の愛好家にはどう聞こえたか、想像もつきません。
ユダヤ人であったこと、あるいはユダヤ背景があったことは、［当時作品が受け入れられなかった］ひとつの要因でしょう。でもマーラーは、ウィーン宮廷歌劇場の監督に就任して、多くの演奏をこなしている。だからそれは主たる原因ではないし、そこを針小棒大にすべきではない。マーラーは天才だからやっかまれたのです。

――マゼールさんは、ウィーン国立歌劇場でマーラーと同じ地位におられ、苦労されました。マーラーと同じ苦労やいざこざなど、思い当たりますか？

LM：マーラーと己を較べるなどという図々しさは、持ち合わせておりません。そんな生意気な。当時私は五〇代前半で、そういったことが分かり始めていたので、自分とマーラーを較べたことなどありません。そして、マーラーは類まれなる人物だということも、すぐに理解しました。ウィーン国立歌劇場では、数百人のスタッフと働きましたが、初日から最後の日まで、もっぱら親愛と友情に包まれ、全員に助けられました。ずっと良くしていただき、居心地満点だったので、いかなる理由でも、自分とグスタフ・マーラーを較べたことなどありません。
新聞社の社員が、当時の文部大臣の妻を［歌手として］雇うよう、ごり押ししてきたことがあります。こっちが却下すると彼は「ただじゃ済まないよ」と。もちろんただでは済ませず、実直な管理者たるべく責任をまっとうしました。ウィーン国立歌劇場監督の契約では、監督の自立的地位は保証され、たとえ文部大臣でも、誰を雇えとか解雇しろとか、口出しできないことになっていたのです。

――マーラーは、ウィーン・フィルを何度も指揮しています。彼はウィーン・フィルの響きと、そのレパートリーに影響されたと思いますか？

LM：マーラーは、あれほどオペラを指揮していながら、一曲も書いていないのが不思議です。私などよりも見識のある人なら、あれこれ説明できるのでしょう。マーラーはオペラの世界と深く関わり、その形式が自分のめざす音楽に溶け込んでいると感じていました。作品に声楽を用い、しばしば劇場作品的なアイデアを盛り込んだ。でもオペラを書かないという判断は正しかったと思います。書いたとしても、天才の作品にはならなかったでしょうし。テーマによって［書法が］限定されると考えたのか、例えば三番でマーラーは、状況や筋書きを作る言葉を選んでいます。そしてその言葉が、枠組みも作る。AがBにそうしたからCがDにああ言った、そしてEはナイフ、Fはピストルを持って待ち構える、などは具体的すぎて、マーラーの言葉ではないのです。

質問に戻りましょう。ウィーン・フィルとの演奏は、マーラーに絶大な影響を与えたに違いない。しかし彼は、多くのピアニスト同様、弦楽器にあまり興味がなかったようで、それが不思議です。それじゃ〈アダージェット〉はどうなんだ、弦楽器が重要な働きをする交響曲の終楽章はどうだ？　マーラーは、一〇番の最初の楽章でも、弦楽器を見事に書いているじゃないか――と言われそうです。そしてウィーン・フィルの弦楽器はつねに特筆される。しかしマーラーのコンセプトは宇宙的です。マーラーが影響を受けたのは、ウィーン・フィルのその部分ではなく、今日まで続いている彼らの音楽作り、知的な語り口《フレージング》だと思います。マーラーの作品は、いつでも語っています。

——マーラーに聞いておきたかったことはありますか？

LM：お好きな葉巻の銘柄は？　とか。彼は葉巻好きでしたからね。私は言葉にするのが本能的にダメで、作曲家に質問するのも、すごく苦手なんです。《火の鳥》の音符について、ストラヴィンスキーに尋ねたことがあります。スコアを見せて、この音は絶対に誤植だろうと。彼は「心配ご無用、なんの影響もないから」。シュトラウスはいつも同じことを言いました。“Es ist mir wurscht−Fis, F, na, spielt keine Rolle”（ファだろうがファ#だろうが、どっちでもよいのさ）。作曲家は、どうしてもあれこれ質問されるので、おかしな答えが返ってくるのです——優れた作曲家は、ですよ。だから、こちらからマーラーに何か聞こうとは思わなかっただろうし、彼の作品を演奏するのを聴かれるのも照れたでしょう。マーラーが、自分の演奏を恥ずかしがったのと同じです。

二流の作曲家は自分の曲を好みますが、一流どころは気恥ずかしく思うものです。曲に己がはっきり現れるから、恥ずかしい。裸同然で道を歩きたいなど、誰が思うでしょう。マーラーの全ては、その音楽の中にあります。マーラーの音楽に耳を傾ける、それは彼の心を、彼の魂をのぞき込むことです。覗かれれば誰でも恥ずかしい。だから、彼のプライバシーを尊重して、何も聞かなかったでしょうね。

——マーラーは何を望んだのでしょう？

LM：申し上げたように、マーラーは作曲家です。音楽的なアイデアが沸いてくると、それをまとめ上げようとする。成長と共に、その過程で人生で培われた経験が音符につぎ込まれ、作品全体は音符の総和よりも意味を持つことになります。マーラーは二〇代後半~四〇代後半までに、重大な身体《からだ》の変調に気付きます。四〇代後半で心臓疾患を知り、死を悟る。現在なら、抗生物質の服用で治療できるような症状です。扁桃腺から始まって多分心臓へ、そしてあのように。四九才になって、あと二年しか生きられないと知れば、絶望するでしょう。誰よりも人生を愛した人。当時は皆、今ほど長生きではないが、それを差し引いても気が滅入ります。人柄は変わり、音楽は暗い方向に。

マーラーは素晴らしい人間性の持ち主。繊細で大変な教養人でした。彼の書簡は気品溢れるドイツ語による傑作です。驚くべき知性と博学。アルマは人間としてあまり好きじゃないですね。後年アルマは、夫達のことを一冊の本にまとめましたが、そのやり方も趣味じゃない。マーラーのために写譜してやったという主張も怪しいものです。傲慢で頭が働く。彼女にマーラーは出来すぎです。

——彼女にはお会いになりましたか?

LM:会いたいとも思わなかったでしょう。

17. Zubin Mehta

ズビン・メータ

マーラーに質問したいことは、山ほどあります

5 October 2009, Vienna

1936年、ボンベイ生まれ。1962-78年ロサンゼルス・フィルハーモニック音楽監督。1977年イスラエル・フィルハーモニー管弦楽団首席指揮者（1981年終身音楽監督）。1978-91年ニューヨーク・フィルハーモニック音楽監督、1985年よりフィレンツェ五月音楽祭管弦楽団首席指揮者。1998-2006年バイエルン州立歌劇場音楽総監督。ウィーン・フィルハーモニー、ベルリン・フィルハーモニー他に定期的に客演。

――初めて聴いたマーラーを覚えていますか？

メータ（以下ZM）：ボンベイで聴いた、四番の録音ですね。ブルーノ・ワルターの指揮、歌手はデジ・ハルバン。四番は子供の目で世界を見ているので、若い時、この曲から聴き始めたのは正解でしょう。その時子供ではなく一〇代でしたが、マーラーの音楽にはすぐに馴染みました。

――初めてコンサートで聴いたマーラーの交響曲は？

ZM：どれだったか、ヨーゼフ・クリップスの指揮する二番でしょう。リハーサルに行ったのです。曲のことは知らず、もちろん毎回スコアを持って。それがマーラーの交響曲を勉強した始まりです。

［――初めて指揮したマーラーの交響曲は？］

ZM：ここウィーンで初めて指揮したのは一番。オーケストラはウィーン・フィル、コンサート・マスターはヴィリー・ボスコフスキー。そしてコントラバスの師匠のオットー・リューム教授がトップ奏者。私の指揮で［三楽章の］ソロを演奏するというので、ピリピリしていました。彼の脇に座り「先生、指揮はボクですが、いつもと同じようにやってください」と言うと、「そんなこと分かってるよ、でも仲間が全員聞き耳を立てているのでね」と。面白い経験でした。

――メータさんとマーラーを結びつけた人物がいます。先ほどお話になったワルター。お二人の関係は？二人でどんなマーラーの話をしましたか？

ZM：ワルターが亡くなる少し前、ビヴァリー・ヒルズのお宅に数回お邪魔しました。［ワルターの逝去は］私のロス時代・青春時代の大きな損失です。ワルターとは大変うまくゆきました。ワルターが話の間ずっとニコニコしているので、「どうされたのですか？」と尋ねると、「僕をウィーンに連れて行ってくれたからさ」。当時私はウィーン訛りしか話せず、標準ドイツ語がダメだったのです。

それから一緒に、一番に目を通しました。当時この曲を、ロサンゼルスで演奏していたので。ワルターによれば、マーラーはジャック・カロの版画にいたく感動し、三楽章・葬送行進曲を書いたと。でもその曲は、品のないユダヤの踊りになる［と言うと］ワルターは、「魅力的な踊りにしようと思わず、下品なままおやりなさい。恥ずかしがらないで」。その日の午後、奏者仲間と連れだって、ワルターの録音セッションに行きました。マーラーの九番です。九番を聴くのはその時が初めてで、これまで何度もお話ししています。私の若い頃、ウィーンでは全く演奏されていなかったのです。なにしろ五番を初めて聴いたのが、一九六〇年のマーラー・イヤー。フリッツ・ツァウンが東ドイツのオケを指揮して――ウィーンで外国のオケが、ですよ。

それからバーンスタインがやって来て、五番をウィーン・フィルと初めて演奏。〔その時の奏者が〕五番を演奏した第一世代です。ウィーン・フィルは五番など全く知らず、第一ホルン奏者は、三楽章のオブリガートなど寝耳に水でした。ソロ・パートなど見たこともなかったのです。一〇番の〈アダージョ〉をウィーン・フィルと初めて演奏したのは私ですし、一九六五年に二番をアバドとリハーサルしたのも、ウィーン・フィルには初めてのこと。ウィーン・フィルに初めてでなかったのは、音楽のスタイルです。それは周知のことで教わる必要はない。あとは譜面を読むだけ。彼らの響きとスタイルは、昔のまま変わらない。今では九曲全てが、ウィーン・フィルの十八番《おはこ》になっています。マーラーの音楽は確実に進化したはずです。

――一九一二年六月二六日、ワルターはウィーンで九番を初演しています。マーラーが亡くなる前、曲のことで本人と話をしたと思うのですが。

ZM：でしょうね。

――そのことで、何か聞きましたか？

ZM：九番のことは無知だったので、ワルターが何を言っても、馬の耳に念仏だったでしょう。でもワルターの録音セッションにはずっといました。スコアがなかったので、ひたすら聴くだけ。でもひどい話なんです、ワルターはこの交響曲を録音したいあまり、コロムビア・レコードの条件を鵜呑みに。もしかするとノー・ギャラだったかも。ファースト・ヴァイオリン十二本、コンバスは四本。つまりコロムビア・レコードは「録音はするが、販売はしない。それでもやりたければどうぞ。でもこれ以上奏者を集めるのは無理」というわけです。それだけではない。ロサンゼルス・フィルから集められた奏者は、レコード会社同様、全員九番を知らなかった！　だからオケは初見で演奏して、同時に録音することに。優れた奏者ばかりで、ワルターは彼らに我慢強く接していました。そしてレコード評には「見事な演奏で他の追従を許さない」と。初見なのに！　オーケストラは全員ワルターが好きで、ワルターもベストを尽くしたのです。

――ワルターのスタイルは、メータさんのマーラー指揮に影響しましたか？

ZM：もちろんです。ワルターと初めて会ったのは、ここウィーン。それも一九六〇年のマーラー・イヤーです。ワルターは客演で、エリザベート・シュヴァルツコップが歌曲を歌い、休憩を挟んで四番が演奏されました。リハーサルを見たのですが、どうしても彼と話す勇気が出ない。それでも指揮者控え室にちょっとだけお邪魔し、「やる気満々の若造です」と言うと、ワルターは「精一杯やりなさい」、それだけでした。

後年ロスで彼を訪ねたとき、私のことは覚えていませんでした。でもロス・フィルに客演しているズビン・メータだと名乗ると「ああ、何ヶ月か前にウィーンでブラームスの三番を振った」と。「なぜご存じなのですか」と尋ねると「ディ・フルへ紙の読者だからね。演奏評も読みましたよ。君の演奏はカラヤンよりも説得力があったそうだね」。それが面白かったようです。あれこれ質問してよいかと聞くと「どうぞ、さあ！」。それでマーラーの一番を取り上げ、何時間も話し込んだというわけです。ワルターは本当に素晴らしい人。

——マーラーの指揮に関して、ワルターの助言はどんなものでしたか？

ZM：助言というものは特になく、スコアを読み解いてくれたのです。ワルターによれば……若きマーラーがこの曲を作り、初めて指揮したとき、革命が起こったようだった。マーラーはこれを交響曲ではなく、交響詩として発表したので。それから完成までおよそ十年。一番を改訂する間に、二番、三番が出来上がった。一番はハイドンの交響曲のように、序奏で始まりアレグロに移る。序奏はマーラーの青年時代を語っている。田舎の風景に囲まれ、小鳥の声、軍楽隊のラッパを遠くに聴いて。それまで、そんな曲を書いた人間などいない。マーラーの最初の音符から最後の音符まで、全てが論議を呼んだと。それから彼は、ずっと問題児扱いされたが、己に自信があり猛進した。一番は、マーラー本人の心から生まれたのです。

——ワルターは、マーラー個人のこと、彼の人柄について話をしていましたか？

ZM：さほど話していません。スコア持参でお邪魔して、話が終わったら失礼したので。ワルターが話したのは、音楽のことです。

[――アルマ・マーラーをご存じでしたか？]

ZM：アルマはワルターの近所に住んでいましたが、[私がワルターを訪ねた時には]ニューヨークに移っていました。彼女とはその数年後、一度だけ会っています。その時は饒舌でしたよ。マーラーが小屋に陣取って作曲し、アルマが助言したとか、マーラーの指示でオーケストレーションを代行したとか。ココシュカ[がアルマに贈った極彩色オリジナル絵付き]の扇子、[建築家]グロピウスの設計図も見せられました。天才に囲まれて生活していたのです。レースとカーテンで薄暗く、ウィーン式アパートのよう。大変な物知りで、おしゃべりが止むことはなかったです。

――アルマは、マーラーの人となりに関する話をしましたか？

ZM：一緒に生活しづらい人間だったと。オペラ劇場から、お昼のために戻ってくる。食卓に置かれたスープの温度にうるさく、少しでも好みと違うと激怒したそうです。気難しい人間ですからね。もちろん愛人の話など、アルマの口から聞けないこともたくさんあったんです。ロスで親しくしたシェーンベルク夫人によれば、アルマの話題は愛人のことばかり。アルマは男達の、汲めども尽きせぬ泉。マーラー、グロピウス、[劇作家の]ヴェルフェル……全員ノイローゼで、一緒に住めたものではない――あくまでシェーンベルク夫人の話ですよ――。そこでアルマは、一緒に悩んでやる。シェーンベルク夫人は「アルマに愛人がいたのも当然」とは言わず、「いいこと、彼女は一人一人心と魂で接した。全員を救ってあげたのよ」。

アルマがワルターの近所に越してきたときの話は面白いです。ヴェルフェルの亡くなる数年前。ある人が「ワルターがご近所ですから、昵懇《じっこん》にされたら？」と進言した。アルマは「ワルター？　彼は再現者でしょう。こっちはいつも創造者と一緒なのよ」（笑い）。指揮者はあまりお好きでなかったようです。ワルターから聞いたわけじゃないですが、彼がアルマのお気に入りでなかったことは、常識でした。何があったのか知りませんが、あまり親しくなかったですね。

――アルマは、マーラーのスコアを見せてくれましたか？

ZM：どの曲だったか覚えていませんが、自筆稿の数ページを。グロピウスの設計図やココシュカの扇子は、額に入れて壁に飾ってありました。アルマの娘、アンナがロスで彫刻をしていたので「アンナもお孫さんのマリーナも知っていますが、マリーナはお綺麗ですねえ」と言うと、アルマは「だめよ、あの娘、お尻《ボボ》が大きくて。気を付けなくては」。八〇才になろうというおばあさんが、孫娘を褒められて嫉妬したのです。

――アルマはウィーン訛りでしたか？

ZM：ええ、上品な。

――彼女の人物を、どう見ましたか？　神経症的？

ZM：それは全くなかったです。次の予定があって、タクシーを待たせてあったのに、初対面の私を気に入り、帰してくれないのです。どれほど時間を割いてくれるつもりだったのか、パリに向かう途中「だめだめ、お座りなさい。お話ししましょう」と。結局飛行機に乗り遅れました。パリで差し迫ったリハーサルがなかったので、次の便にして。でも志願した上での滞在ですよ。十〜十五分程度話して失礼するつもりが、二時間経っていました。

――メータさんはニューヨークで、バーンスタインの後継者でしたが、彼の思い出は？

ZM：バーンスタインは作曲家としてマーラーと向き合い、研究を重ね、ご存じのように全ての交響曲をNYフィルと演奏しました。それを通じて彼は、深くマーラーを知った。それは、はっきりと理解できます。私はレニーをコンサートに二回招待し、話ができました。五番の時は演奏がお気に召さず、座談となりました。「君は、曲そのものよりも美しくやろうとしているね。マーラーが下品になったら、例えば〝街の音楽〟が入ってきたら、構うことはないから街の音楽としてやること。下品なものに蓋をしたり、きれいに見せるのはよして」と。その次の三番のコンサートは、かなり気に入ってくれました。「ボクならフィナーレをもっと遅くするけど」と。でも五番に関しては、友人として建設的な批判を存分にしてくれ、大変勉強になりました。

――バーンスタインはマーラーを過剰に演奏したと、今日批判されることがあります。

ZM：でも、それでこそバーンスタインのマーラー。彼は、私がそうしないので批判的でした。そうなんです。バーンスタインはニューヨークの監督時代、何かにつけて批判されました。客演になると、全ては正しく神聖だったのに。問題は「捉え方」です。監督時代、ニューヨーク・タイムズの批評家がバーンスタインに極めて否定的で、何かにつけてつるし上げていたのです。それは一方的で、レニーは個人攻撃と捉えていました。でも後日、ニューヨーク・タイムズのスタッフは交代、レニーは客演指揮者として戴冠式付きで迎えられました。

――クレンペラーが、ワルターのリハーサルを訪ねた話がありますが……

ZM：私もそれをボックス席から目撃しましたよ。ワルターは［マーラーの五番の］三楽章、チェロとベースの鐘の音のようなピチカートから始める［6〜］、するとクレンペラーがドイツ語で「ピッチカートが合ってないぞ。儂《わし》の耳のせいか？」と怒鳴った。二人もロサンゼルスのご近所同士、仲は良くなかったです。後日［クレンペラーの］リハーサルに行きました。マーラーの九番です。その頃彼の衰えがひどく、曲をまとめられない。でも最後は上手くいきました。

――クレンペラーのアプローチは、ワルターと違っていましたか？

ZM：そうでしょう。でも伝統を受け継いだのは、彼らユダヤ人指揮者です。ドイツ人指揮者は、マーラーを振りません。フルトヴェングラー、カラヤン、クナッパーツブッシュ、カイルベルト、誰も振ろうとしない。しかしスタインバーグ、クレンペラー、ワルター、そして次世代のバーンスタインが振った。マーラーがウィーンで知られていなかったのは、戦後ウィーンの指揮者に伝統が伝わっていなかったからです。

――戦後の反ユダヤ主義ですか？

ZM：それは歴史的な伝統で、マーラーとは関係ありません。でも一九五五～五六年のこと、師匠のスワロフスキーから、メンデルスゾーンのヴァイオリン協奏曲の伴奏を練習するよう言われた時の話。師匠はヴァイオリン科の教授に、曲が弾ける優秀な生徒を送ってくれるよう頼んだのに、誰も曲を知らない

――教わってなかったのです。今となっては醜聞的で信じられないでしょうが、その当時、ウィーン音楽院では誰も、あの協奏曲を教えていなかったというのが事実です。メンデルスゾーンのフィナーレは伴奏がひどく難しく、教授は「練習するから生徒を寄越せ」と言ってくれたのに、誰も弾いてなかったのです。

――マーラーが生涯直面した反ユダヤ主義は、作品に影響したでしょうか？

ZM：マーラーのユダヤ的なところは、認識されないこともあります。でもレニーによれば、イスラエル・フィルならば、マーラーの交響曲を初見で演奏しても、ユダヤの音がするそうです。それは大げさですが、彼らのヴィブラートとか……確かにそうですね。マーラーに、目には見えないユダヤ教・キリスト教の影響があるのは当然です。二番の終わりは、復活という精神から見ると、ユダヤよりもキリスト教的。スワロフスキーによれば、マーラーは改宗し、キリスト教徒としてウィーンの歌劇場に着任したとき、何かの折に見せるため、引き出しに退職願を忍ばせていたそうですよ。本当かどうかは知りません

が、退職願は常に置いてあったと。

――マーラーは、ウィーンの社交界に君臨していた。

ZM：そう、マーラーが楽友協会で指揮すると、アルマもそこに。際立つ二人の存在――まさしくウィーン黄金時代。ニューヨークに行くため、マーラーがウィーンを離れるときの話です。駅には一団が。そのうちの一人がグスタフ・クリムト。列車が見えなくなるとクリムトは言ったそうです、「Es ist vorbei――時代は終わった」。マーラーに別れを告げに集まった人々、感無量です。

――メータさんは、ウェーベルンの音楽に親しんでおられます。彼とマーラーとの関係は？　比較できる根っ子の部分はありますか？

ZM：比較するならウェーベルンとブラームスでしょう。ブラームスの厳格な規則性は、ウェーベルンの《パッサカリア》の中にあります。ブラームスの四番・四楽章の構造そっくり。また全ての音列に短二／長六度を持つ《九つの楽器のための協奏曲》のように、ウェーベルンの作曲技法には高い規則性があります。そして、マーラーほどには民謡の要素を音楽に入れません。ベルクはやっていますが。

シェーンベルクはマーラーを崇拝していました。《グレの歌》が演奏されたとき、マーラーはこの世にいなかったが、二人は大変近しかった。ここではアルマ-ツェムリンスキー繋がりが大きな意味を持ち、アルマが中心人物です。

――マーラーの曲をリハーサルする方法は、年を追って変わりましたか？

ZM：言うまでもありません、経験こそ全て。若い頃、七番と九番に手を付けなかったのもそのためです。あれこれ演奏を聴きスコアを眺め、それを一旦脇へやり、ずっと後になってやっと九番を演奏しました。ロスでマーラーの交響曲全曲を演奏したときも、九番は除いています。その時は［カルロ＝マリア・］ジュリーニを招待して、「ジュリーニさんのリハーサルを見たいので、全曲振るのを諦めるつもりです」と。ジュリーニは九番を知り尽くしており、見事に演奏しました。リハーサルに行き、曲の話もして。その話題で、ワルターの録音セッションを思い出しました――当時曲も知らず、スコアも持たずに……。

――マーラーの指揮で演奏した楽員と、ご一緒されたことは？

ZM：ウィーンで知り合ったのは第二世代、つまり年配の音楽家です。こちらに来たのは一九五四年、その時ウィーン・フィルには、マーラーの下で演奏した楽員はおらず、その生徒、つまり第二世代がいたのです。

［――当時、アンチ・マーラーは？］

ZM：教授達から、マーラーをけなす話を聞いたものです。「マーラーはオリジナルな曲など書いていない。全部誰かのコピー」とか。彼らの先生から出た逸話です。こんな話も。マーラーの秘書が図書館に行き、別の作曲家のスコアを借りる。すると「あれ、マーラーがまた作曲しているんだ」。まあ音楽家の戯言ですから。最初に聞かされたのは、マーラーが一個たりとも自分で作った音符を書かず、他から借りているということ。それをスワロフスキーに話すと「いいかい、マーラーは短い主題やモチーフを借りたかもしれない。でもそのモチーフをどうしている？　どのように展開している？　そこにマーラーの天才を見なくてはダメだ。オペラから音符を三個もらったとしても」。マーラーはブダペストやハンブルクでオペラを振っているので、その時の音楽が作品に入り込んでいるのを時折感じます。

――マーラーはワーグナー指揮者でしたが、それが作品に影響したでしょうか？

ZM：大いに影響したでしょう。これは私の経験ですが、マーラーの後に《指環》を演奏すると、前に聴いたと感じることがあります。決して真似ではない、ちょっとした和声進行や、重要な場所での調の推移など。マーラーは変ニ長調、変ト長調を使い、ワーグナーも、ある種の感情表現を同じ調で行う。これがみそです。《神々の黄昏》は［変ト長調の平行調］変ホ短調で始まる――ハモらせるのが難しく、苦労必至の場所です。《ジークフリートの死》は［六番の］ホ短調から。こういった調性感は作曲家達の命ともいえるもので、マーラーも無論それを吸収したのです。

六番の三楽章では、ラフマニノフそのものと思わせる和声進行が、一瞬聞こえます。ラフマニノフはマーラーとニューヨークで共演している［一九一〇年一月一六日カーネギー・ホールにて、曲はラフマニノフのピアノ協奏曲第三番］。入り込んだのは真似ではなく、短い進行です。ラフマニノフがマーラーの指揮する六番を聴き、協奏曲に使ったのか。

他にも似たようなことがあります。短いカルメン・モチーフ。カルメンの三幕、ご存じでしょう（アリアを歌う：タラララ～）。カルメンと密輪団。これがマーラーの三番に何度も出てきます。マーラーがハンブルクでカルメンを振ったか、要チェックです。三番のリハーサルでは、オーボエ奏者にこう頼むことにしています。「カルメンを演奏するつもりでお願いします」と。［タラララ～の］パッセージを、拍の頭で吹くのか遅らせるのかが問題になるからです。これで一冊の本が書けますよ。さほど重大ではないが、モチーフの扱い方、発展のさせ方など、これぞマーラー。他の作曲家ではあり得ないと、即座に分かります。

——マーラーは何を望んだのでしょう？

ZM：得られなかった内面の平安。マーラーは子供の頃も、心の平和を知らなかった。初めて指揮台に立ったときから、マーラーは全員と闘い続けました。喧嘩好きというわけではなく、指揮者として演奏家として作曲家として、自己主張するしかなかった。悲惨なのは結婚の末路です。八番の世界初演のため、いざステージに出ようという三十分前、妻から「好きな人がいるの」と告げられる。心はズタズタでしょう。この件に関しては無論、アルマには聞いていません。こっちは、彼女がその後どうしたかなど知らないのですから。

——マーラーと、個人的に知り合いたかったですか？

ZM：知り合いになって、山ほど質問したかった。それと私の仕事を批判して欲しかった。心からそう思います。

——特に質問したいことは？

ZM：モーツァルトの交響曲でもマーラーの交響曲でも、展開部から再現部に至る経過部分の、私のやり方が論理的かどうか聞いてみたい。経過部分《ブリッジ》は本当に重要です。指揮者・ピアニスト・弦楽四重奏団は、提示部から展開部、展開部から——とりあえず再現部まで、その間のブリッジを論理的に読み解きます。ブリッジを理解することで論理的な音楽家になれるのです。モーツァルトの交響曲でも同じく、経過部分が大変重要。マーラーには、これを質問してみたいですね。

18. Ingo Metzmacher
インゴ・メッツマッハー

マーラーは私の評価基準です

5 August 2009, Salzburg

1957年、ハノーファー生まれ。1997-2005年ハンブルク州立歌劇場音楽監督、2005-08年ネーデルラント・オペラ首席指揮者、2007-10年ベルリン・ドイツ交響楽団首席指揮者。2013-15年新日本フィルハーモニー管弦楽団 Conductor in Residence。ザルツブルク音楽祭では以下のオペラを指揮——ルイジ・ノーノ：Al gran sole carico d'amore (2009)、ヴォルフガング・リーム：Dionysos (2010)、アロイス・ツィマーマン：Die Soldaten (2012)。

——初めて聴いたマーラーを覚えていますか？

メッツマッハー（以下IM）：最初に聴いたのは、アイヴズ絡みだと思います。アイヴズにはずっと関心がありました。マーラーがニューヨークから戻るとき、鞄の中にアイヴズのスコアが入っていたそうです。マーラーはアイヴズをヨーロッパに紹介するつもりだったが、残念ながら亡くなってしまう。アイヴズとマーラーを結ぶものがあったのです。

クルト・ブラウコップの著名なマーラー本に、マーラーが田舎の祭りに出かける場面があり、興味を持ちました。マーラーが催し物を歩き回り、色々な音楽に囲まれ何を感じたかが、詳しく書かれています。向こうからワルツが、こっちからポルカが、そっちからブラスバンドが同時に聞こえてくる。しかしマーラーは歩き回っているので、音の遠近が変わる。マーラーは、複数の音楽が同時に聞こえてくることに強く惹かれたと書かれています。この本の忘れられない記述です。ある音が表に出て別な音が引っ込み、それが続けざまに起こる。マーラーの音楽にある遠近感も、その仲間でしょう。アイヴズはこのアイデアを、曲の中で大胆に使っており、マーラーも興味を持ったはずです。

――マーラーへの扉は、すぐに開かれましたか？

IM：はい。マーラーを指揮するのは若い指揮者の夢です。何年か経って、最初に指揮したのは五番のはずです。それから苦労して、作品全てを勉強しました。しかし現在は状況が違う。膨大な情報と対立する説に溢れており、理解に時間を要し、戸惑いをおぼえます。

――知れば知るほど、分かり辛くなる？

IM：その通りです。

――マーラーを指揮するスタイルは両極端です。己の感情を音楽に反映させるか、もしくは楽譜に忠実に、ドライに。

IM：本当にドライになど、できるものではありません。どんな指揮者でも、自分の感情を演奏に反映させます。問題は、それを作品自体の情感にどう調和させるかです。そこに繋がりがあるかどうか。

［――マーラーの心は歌にあるでしょうか？］

IM：少なくとも、初期の交響曲四曲の心臓部分には「歌」があるでしょう。しかしそれは、いわば心の歌なので、あまり表立ってはいけないと思っています。単純なものから生まれ、人々の思いをそのまま伝え、何世紀にもわたって伝承された民謡。素朴な音調も元の歌詞も大好きです。マーラーは単純な旋律を使ったというので、さんざん叩かれました。でも、それが良い。この点でもう一度、アイヴズを見てみましょう。彼の使う旋律はすごく単純。構造は複雑を極めますが、旋律はシンプルです。［ルイージ・］ノーノも、Internationale など、すごく単純な節を使います。構造は相当ややこしいが、心臓部分の素材は簡素な歌。簡素な歌には、他の形式にはない真の情感が含まれます。私はシューベルト・ファンですが、それとつながるでしょう。

――マーラーは近代音楽の先駆けでしょうか？

IM：本当にそう思います。ハンブルクで音楽監督をしていたとき、毎シーズンをマーラーの交響曲で始めました。ベルリンでもそう。マーラーは私の評価基準だからです。一九〇六年生まれの父なら、評価基準はベートーヴェンかバッハと言うでしょう。私も、バッハやベートーヴェンの重要性はもちろん知っています。でも評価基準は常にマーラー。説明が必要ですね。誰でも幼い頃に接した祖父母を通じて、時代感覚を広げていきます。私の場合、［母方の］祖父は一八九二年、曾祖父は一八五六年生まれ、つまりマーラーよりも年上でした。ですから、私の本当の音楽理解は、自分史の中にいるマーラーから始まると思っているのです。それより古い音楽も理解しようとしていますが、そういった音楽は、自分と個人的に関係を持たない人物、歴史のよう。マーラーは、私が直接のつながりを感じる最初の作曲家であり、評価基準です。そしておっしゃるように、近代音楽はマーラーから始まりました。全てはマーラーから来ているのです。

――メッツマッハーさんはベルリンで、ベルリン・ドイツ響と共に、重要な年をテーマにした音楽祭「飛躍の年一九〇九年」の監督をされました。それとマーラーは、どのように関わってきますか。

IM：最終コンサートのメインが《大地の歌》でした。まず《大地の歌》、休憩をはさんで［シェーンベルクの］《期待》。二曲はほとんど同時期に書かれており、聴けばマーラーは過去を振り返り、シェーンベルクは未来を見ていることが分かる。音楽史の中での、極めて重要な一場面と言えます。

――作曲技法という点で、マーラーのウィーン楽派への影響をどう見ますか？

IM：マーラーの和音を書く技法に、最も影響を受けたのはベルクでしょう。シェーンベルクは、その意味でブラームスと強く結びつきます。ベルクはマーラーの真の後継者。ベルクはオペラを書き、マーラーもぜひ書きたかった。マーラーはあれほどオペラを振りながら、なぜ書かなかったのか。ウェーベルンには、マーラーが蒸留したエッセンスを、小さな瓶の中で濃縮している印象がある。ウェーベルンの個別のモチーフ、小さな旋律のどれもがマーラーを思い出させます。

語るべき人物は他にもいます。マーラーから多くを学び、二〇世紀と密接に繋がる［カール・アマデウス・］

ハルトマン。彼の遅い楽章、特に交響曲第八番の〈アダージョ〉には、「マーラー」と呼べる多くの場面があります。荒々しい二楽章の最後、突然ヴァイオリンがすごい旋律、宙に浮かぶ歌を奏でる。そこにいつもマーラーを感じます。一九六〇年代に書かれた曲で、実につらそうに過去を振り返ります。音楽史には秘密の流れがあり、どこで再び現れるのか、どこに向かって行くのか、あるいは干上がってしまうのか誰にも分からない。まるで河川、大変興味深いです。ハルトマン、その後のハンス・ヴェルナー・ヘンツェも、マーラーから何かしら受け継いでいると思います。

──［ヴォルフガング・］リームも忘れてはいけない……

IM：そしてノーノも。もっとも彼は一匹狼ですが（笑い）。

──ノーノとマーラーの話をしましたか？

IM：彼はヴェルディの話をしていました。ノーノと知り会ったのは、彼が亡くなる少し前だったのが残念です。

──ブーレーズ氏は、仰々しいマーラーに食傷した後、洗練されたマーラーに戻ってホッとしたそうです。メッツマッハーさんが特に親しみを覚えるマーラーは？　これまで八番を勉強していないそうですが。

IM：八番は今後演奏するかどうかも分かりません。でもブーレーズの言葉は面白いですね。一番洗練されているのは四番でしょう。トロンボーンもなく、軽やかですから。マーラーの中で最も叙情的で、いつも親しみを覚えます。ここでマーラーは、歩みを戻しているようです。四番の終楽章はまさしく別れ、子守歌のよう。最後ハープの低音「ミ」に消えていく。モレンド――これで本当にお別れ。消えゆく命を強く感じる。次に壮大な五番がきますが、心にしっくり来るのは四番です。

――これまでのマーラー演奏を振り返って、気の抜けない部分や難しい問題はありましたか？

IM：私の本〔新しい音を恐れるな――現代音楽、複数の肖像／春秋社・二〇一〇〕に書いた通り、それはないのですが、マーラーをきちんと演奏するには、感情をギリギリまで高ぶらせなくては。マーラーは、指揮している自分を外から冷静に眺められる音楽ではありません。音楽に入り込んで、命をかける覚悟が必要です。音楽は何でもそうでしょうが、マーラーは別格。とは言え、曲が長いため、思慮あるテンポが重要になるので、クリアな頭を維持しなくては。さもないと曲の構成を見失い、枠組みが壊れる中で、こぼれんばかりの情感を相手にお手上げ状態になります。〔構成と情感、これら〕二つの間に適切なバランスを見つけることが最大の課題でしょう。

――指揮者として、感情過多に陥る危険性は？

IM：ありますね。古い言い回しですが「――指揮者のお前が何を感じたかなど、問題ではない」。大事なのは、こっちの感覚でなく音楽です。引き出すべきは音楽の中にある情感であって、己の感情など音楽から見れば微々たるもの。自分たちの感情と音楽の情感を取り違えることが危険だと思います。自分が感性豊かで、それが聴き手に伝わると思い込んでしまう――伝わることも伝わらないこともあるでしょう。しかし何より重要なのは、音楽には、その音楽が必要とする力が備わっていること。指揮者は、そのために自制することも必要です。ブゾーニの書いた有名な小冊――*Entwurf einer neuen Ästhetik der Tonkunst*（新音楽美学論）に見事な記述があります。ブゾーニはまさしくこの点について語っており、とても気に入っています。この本が出版されたのは一九〇七年、まさにマーラーの活躍した時代で、そこには今、私たちが話していることがそのまま書かれているのです。

――マーラーは何を望んだのでしょう。

IM：彼の交響曲の一曲一曲には、独自の宇宙があるのがすごい。マーラーはそれぞれの交響曲で、大作家のごとく世界を描こうとしたのでしょう。マーラーの音楽は、世界の実態を描く試み。マーラーは細部には関心がなく、常に全体像を追い求めます。それぞれの交響曲が宇宙。一曲一曲が全く違います――同じことが言える作曲家はベートーヴェンのみ。各曲がまるで違う。マーラーは、各交響曲でそれぞれの世界を語ります。題材は同じでも、それぞれが新しい世界、そこが素晴らしい。彼の交響曲は銀河に浮かぶ星のようです。

マーラーは、九つの交響曲で行き詰まったように見えます。九曲は、人間の限界です。宇宙を創造するように新たな交響曲を書くには、能力の限界、エネルギーの限界、想像力・創造性の限界がある。魔法の数字「九」、誰が言ったか知りませんが、ある意味、真実でしょう。

――シェーンベルクも、人間の成長には限界があると言っていますね。マーラーは指揮者として、当時の新しい音楽のために闘い、断固として自分の地位を守りました。マーラーは、メッツマッハーさんの手本ですか？

IM：オペラ指揮者、音楽監督として、マーラーは常に偉大なる手本です。彼がハンブルク、そしてウィーンでどれだけの公演を指揮したか。マーラーは、劇場に関心を示した初めての指揮者です。私もそこを深く尊敬しており、その伝統に沿って行くつもりです。マーラーは、舞台監督や美術担当と仕事をした最初の音楽家でもあります。劇場音楽は、総合的に作り上げることが肝要と分かっていました。残念ながらこの伝統は、今日しっかりと受け継がれていません。多くの指揮者は「こっちはピットで音楽をやるから、劇関係は舞台でやってくれ」――オペラを全く理解していないのです。マーラーが劇場と共にどれほどの仕事をこなしたか、ハンブルク在任中にたくさん見聞きしました。そして私も、その伝統を守るべく頑張っています。オペラの劇場的な面を理解して、音楽を舞台上の動きと統合させることは極めて重要です。マーラーはオペラを書いていないので、忘れられがちですが、オペラは彼の人生の大きな部分を占めています。マーラーが作曲できたのは、結局夏の間だけ。あとは劇場のために、そして全ての音楽のために闘いました。

マーラーが、多くの作品をオーケストレーションし直したことにも言及すべきです。現在、それをやると抹殺されますよ。今はとにかくオリジナル志向で、音楽は歴史的にできる限り忠実に、が求められますから。でもマーラーには、そんなこと関係ない。それで曲が良くなると思ったのですから。これもすごいことで、彼の重要な一面だと思います。今の人がベートーヴェンやシューマンのマーラー編曲を聞けば、絶叫するでしょう。マーラーは全ての面で革新的、何かに取り憑かれたようなパイオニアです。

——ノーノの《プロメテウス》を演奏した経験が、マーラーを振るのに役立ったそうですが、それについてお話し願えませんか?

IM:《プロメテウス》は、大変勉強になりました。マーラーの音楽の内側にある矛盾が、あの曲にもあるのか。マーラーは作品を演奏した後、毎回書き直しました。楽器編成を変更、強弱を変更、スコアの書き込みを変更。彼の作品は常に、いわば創作途上——シューベルト《さすらい人》の線上にあるとも言える。そこがノーノと繋がります。ノーノの曲も創作途上だからです。そして毎回、演奏者に新たなアプローチを求める。マーラーは、スコアに全て明確に書き込みましたが、言っていることはノーノと同じではないか。考えてみればマーラーは、スコアを直しながら最終決定を出せない自分と戦っていたのかもしれません。曲がどう演奏されるべきか、音楽をどう進めるべきか、そういったことについて疑問点や自分と違うイメージを後世に残したくない。それが書き直しの根底にある。そしてマーラーは、スコアに全てを書き入れる伝統の創始者となり、次世代の音楽に多大な影響を及ぼした。[マーラー以降の]作曲家は「正確に書き込まなくては」と思うようになった。一方マーラー以前の作曲家は、テンポなどをどうして欲しいのか、疑問をそのままにしていることが多く、演奏者はそれと格闘することになります。

でもマーラーのやり方だって、間違っていたのかもしれません。ノーノと話す中で、彼はスコアにはっきりと書けるものには関心がないと知りました。こちらが音の大きさ、柔らかさ、アタック、アーティキュレーションなどスコアの一般的な用語を使って質問すると、彼は「そうじゃない、音のクオリティが嫌なんだ！」といった具合。彼の言うクオリティとは、「洗練、柔らか、丸みがある」など、私たちが一般に使う意味ではなく、「音の個性」という古いニュアンスです。ノーノの関心はそこにあり、それを探すことを強く求めて来ます。見つけたと思い込んで一旦瓶の中に仕舞い、演奏する段になったら取り出そうなどと、絶対に思わぬこと。必ず新たに探すことを求める。

その点マーラーも同じかもしれません。しかし彼は、あらゆることをスコアに実地に書き入れている。だから全てが正しいと思ってはいけないのかも。マーラーは、オーケストラのバランス、正しい配置、正しい音響をいつも気にしなくて済むようにした可能性もある。だから裏を見るべきなのです。緻密な書き込みのあるスコアの背後に、全て隠されているかもしれません。今日の演奏家は「これでよい、このように演奏すれば誰も文句を言わない」と言う。でも私は、マーラーが疑問を持って、自ら変更したことを念頭において「ピアニッシモ」を演奏しようと思います。

一〇番の〈アダージョ〉で、私たちは突然焦ります。指示がまばらになり、推測するしかなくなるからです。さまざまな疑問がわきおこり、突然取り残されたような気持ちになる。でも、マーラーが詳細な指示を書き込んでいる他の曲であっても、完全に理解できたと思ってはいけないということを、ここで学ぶことになるのです。

19. Kent Nagano

ケント・ナガノ

マーラーは、急進主義者にして先駆者です

27 July 2009, Munich

1951年、バークレー生まれ。1989-98年リヨン国立オペラ首席指揮者、2000-06年ベルリン・ドイツ交響楽団芸術監督、1991-2000年ハレ管弦楽団音楽監督。2006年よりバイエルン国立歌劇場、モントリオール交響楽団音楽監督。2014年よりエーテボリ交響楽団首席指揮者。

――初めて聴いたマーラーを覚えていますか?

ナガノ(以下KN):最初は生演奏でなく、テレビで鑑賞しました。一九六〇年代初め、子供の頃の話です。交響曲第一番の二楽章、レナード・バーンスタインの解説とニューヨーク・フィルの演奏でした。今では有名な連続テレビ番組「青少年のコンサート」です。都会から離れた田舎に住み、日常的にオケのコンサートやオペラ劇場に通えないアメリカの子供達には、得難い番組でした。あの時八才だったはずです。

――バーンスタインは、マーラーをポピュラーにしました。その存在はナガノさんにも重要でしたか?

KN:もちろんです。バーンスタインがコンサート会場という垣根をはるかに超え、人々と気持ちを分かち合える並外れた音楽家であることは、皆の認めるところでした。それで私も、バーンスタインに学ぶことにしたのです。

［――マーラー指揮者としてのバーンスタインをどう見ましたか？］

KN：バーンスタインの演奏は、ワルターとは全く違い、ステージで音楽と共に苦しんでいるようでした――これは、後にバーンスタインと働き、勉強する特権を与えられた人間としてお話しできるのですが。バーンスタインについては、彼が作り出した音楽だけでなく、実際に指揮した姿も印象に残っています。その演奏には、指揮者――つまり音楽と関わる演奏家、そして音楽それ自体という両方の面が表れていました。

――初めて指揮されたマーラーの交響曲は？

KN：九番です。非常事態で、選択の余地なしでした。当時私は、マエストロ小澤征爾率いるボストン交響楽団の助手だったのですが、彼が事情で、ツアーを最後まで振れなくなったのです。初日が終わると、マエストロはボストンを離れることに。アシスタントが九番を振れるチャンスです。もちろん、こんなふうにマーラーの九番を初指揮すべきではないのですが……。しかし偉大なボストン響の見事なサポート、仕事に対する献身、プロ精神、伝統に培われた芸術性に助けられ、演奏は格別なものになりました。

――ナガノさんが、オリヴィエ・メシアンの作品を演奏し始めた時、まず作曲家と対話し質問しています。マーラーが生きていたら、どんなことを話してみたいですか？

KN：マーラーの人生のおかげで、少なくとも私の時代には、彼を知る演奏家によってその作品が演奏されています。アメリカはワルターを招聘できたのですから。ワルターはマーラーの弟子兼アシスタント。彼がマーラーを演奏したり語ったり、リハーサルしている動画がたくさん残っており、それらを通じてマーラーが自作をどう考えていたのか、垣間見ることができます。もしマーラーに質問できるなら、アメリカ滞在は楽しかったか、その時期が作品にどのように影響したかなど、個人的な話を聞きたいものです。

――マーラーのスコアは明快で、疑問の余地なしですか？

KN：マーラーは、細部にこだわる作曲家です。自筆譜には、信じられないほど細かい書き込みがあり、それまでのやり方と一線を画しています。以前は、音楽のスタイルと演奏が表裏一体と考えられ、演奏法がそのまま作曲過程に組み込まれた。つまり「アレグロ」と書くだけで、演奏者は自ら柔軟性やブレスなども盛り込んでくれた。当時は演奏習慣が根付いており、奏者が演奏に人間味を盛り込むのが当たり前だと思われていたのです。

マーラーの記譜法は極めて近代的で、華麗なテクニックの中にも柔軟性を要求しています。こうした複数の物事が同時進行するというアイデアがある一方で、［演奏家の］自発性をどんどん引き出すよう、慎重に書かれている。ワルターが、マーラーの交響曲をリハーサルしている録音が残っていますが、彼は、スコア上の記述を慎重に扱い、最後には［オーケストラから］柔軟さと自発性を引き出します。ただしこれには、柔軟性を求めるマーラーの希望を、さらに強調するという生来の危険も含まれ、それが表面に出た演奏は適切とは言えません。

――マーラーの音楽は本人の人生、そして当時の社会からどれほど影響されているでしょう？

KN：当人の問題ですから、答えるのはほとんど無理だと思います。マーラーの時代は、ヨーロッパ社会・文明の発展に向けて、花開き充実していました。一九世紀後半は、ワクワクするような時代です。社会は拡大して、産業革命の恩恵を享受する。人々の夢は時代の壁を越え、膨らむ。ハウスマンがパリの街を新たに設計し、パリ万博では夢のような技術を共有。エッフェル塔が建設され、南極が発見される。狭い地域ではなく、おおいなる世界に向け視野が広がる感覚には興奮します。

そして大規模オーケストラ。マーラーはこれを大々的に使って、若い頃受け継いだ抑制の効いた形式・構造とは全く別の、壮大な宇宙を描きます。マーラーの生きた時代、あるいは彼を取り巻く環境が、その音楽に影響を与えたか、それは分かるものではありません。メシアンが自作について語ったことを思い出すとなおさらです。彼はよく訊かれたそうです。「先生は熱心なカトリック信者ですが、あなたの音楽を理解するには、信者でなくてはダメですか？」メシアンの話は面白いですよ。いつも二つのことを言うのです。まず、インスピレーションの源はあくまでも自分自身。作品はクリエィティブな気持から生まれる。そして一旦できあがったら、再創造は演奏家のインスピレーション、そのクリエィティブな感性に委ねられる。もう一つは「同じ質問をJ.S.バッハにしてみてください」。これらは真の創造者、つまり作曲家の考えという点で、それほどかけ離れていないと思うのです。インスピレーションの源泉は、神秘。そうでなければ我々全員が作曲家、しかも偉大なる作曲家になり得ます。創作の背後に神秘があり、その神秘により創造がなされ、作品が出来上がると、解釈は受け継ぐ者に託される、というわけです。

――《嘆きの歌》は、劇場用作品として上演できるマーラー唯一の作品だと言う人もいます。ナガノさんは三幕版の世界初演をされました［正確には世界初録音］。そのプロジェクトに関して、また全曲を見てどう思いましたか？

KN：マーラー以外にも、初校の段階から先進的かつ独創的で、想像力豊かな爆発的表現を見ることは少なくありません。ブルックナーの初稿にも、荒々しく発明的なアイデアが見られますが、後日、助言者や友人の批判で和らいでしまいます。直しすぎて、興奮の芽まで摘んでしまう危険性もある。アメリカではこれを「委員会のお仕事」と呼びます（笑い）。役員や委員が顔をつき合わせて、元のアイデアが消えてしまうまで、知恵を出し続ける。その結果、とんでもない作品になることもある。

《嘆きの歌》の最終稿には、たいへん興味深い部分がありますが、演奏する気にはなれなかった。ところがUrfassung（初稿）に目を通すと、複調の提示、同時複リズム、混沌状態、巨大オーケストラによって展開する、力ずくの劇的提示に直面することになりました。「今こそ未来。我こそ急進主義者にして先駆者」という若きマーラーの、否定しようのないスリルに満ちた意見表明です。急進主義者には「創造よりも破壊」もあるが、先駆者は発見の先頭に立ち、後に続く者に必ず遺産を遺します。《嘆きの歌》

初稿では、一見ランダムな力が一気に押し寄せるので、〔音楽が〕複数時進行してせめぎ合う。また《嘆きの歌》は全曲になって初めて、筋書きが理解できる。今申し上げたことと完全につじつまが合うのです。曲に一貫性があり、聴き手は主題の意味を理解でき、さらに当時、若きマーラーが受けていた過去の伝統の影響も感じる。荒削りで仕上げがなっていないという批判はもっともですが、その一方で爆発するエネルギー、楽天性、創造性によって、聴く者の身体は前のめりに反応するでしょう。

それから数十年、チャールズ・アイヴズが交響曲四番の基本構想をまとめます。ここでも不協和と混沌を通じて、喜びとエネルギーが解き放たれる。しかしそれらは一つの芸術様式の形で見事にセッティングされるのです。《嘆きの歌》の初稿を世に出すプロジェクトに参画できたことは、大変光栄なことだと思っています。

――マーラーは何を望んだでしょう?

KN：難しい質問で、答えようとすること自体、おこがましいです。友人が別の友人の代わりに答える、あるいは夫が妻の代わりに答える、姉が弟の代わりに答える、これだって危ないのに。マーラーの遺した音楽、あるいはマーラーの書いたものを通じて、何があったのかを客観的に見聞きするしかありません。でもうまい具合に、手記や手紙がかなり遺されており、それを見るとマーラーは、他と同様、肯定的な世界を望んだと分かります。一方で、感受性が人並み外れて強いことも分かる。彼は人間の生きる肯定的な世界、広大なる空間を求めながら、そこには常に危険が潜んでいることに気づいていました。

第一次大戦前夜、マーラーの生きた不穏な時代、富裕層と文無しの市民との軋轢による緊張感が、爆発寸前まで高まったことは誰の目にも明らかです。道徳規範も変化して、家族構成は崩壊し伝統的でない奇矯な形を取る――マーラー本人の人生もそうでした。社会構造・社会学的構造は、人類学的観点から根本的に見直される。例えば貴族・上流階級意識が腐敗崩壊に至る。そして何かが起こる――肯定的な世界を求めたマーラーにも、間違いなくそんな感覚があったでしょう。しかし彼の人間的な思いは強かった。彼は、我々同様に夢を見たのはよいが、その多くのことが経験も達成もできないと知る。だから感性が、肯定的な明るい側だけでなく暗い側にも向いてしまう。マーラーの音楽が実生活の表現だと考える理由はそこにあります。

マーラーは、当時の実生活をリアルに表現し、複雑極まりない社会に生きる現代の我々にも理解できる音楽を書いた。聴き手の人生に展望と道筋を与えるヒューマンな芸術、偉大な音楽を作ったマーラー。これは、本人が特に望んだことではないかもしれない。でもマーラーが音楽で語る夢を通じて、その並み外れた感性がどこからやって来るのか、感じることはできるでしょう。

――マーラーには夢と展望を抱く力があったとおっしゃいました。彼は、アメリカに溶け込んでいたでしょう。マーラーとアメリカの関係で興味深いところは？

KN：当時アメリカには、他の国と全く違う事情がありました。移民の目的地だったのです。人々はアメリカを目指した――これはアメリカ先住民ではなく、この国の特異な文化の話です。アメリカは歴史的に、何かを求めて祖国を離れた人々で成り立っているのです。彼らが求めたのは自由。そしてアメリカが与えたのは新たな希望と、他では実現不可能なことを可能にする場所です。私の家族もそうだし、アメリカを目指した者なら皆同じ事情だったでしょう。東海岸はある時期、途方もない数のヨーロッパ移民を受け入れ、そこにはある種の建築方式や、独特の習慣が根付きます。我々、つまり移民たちは極めてアメリカ的に、ヨーロッパ人とは違う存在になったのです。そういった意味を込めて［先程の答えに加えて］マーラーには、オペラ劇場で働いてどう感じたか、知り抜いた偉大なるレパートリーをオーケストラと共にウィーンで定期的に演奏してどう感じたか、聞いてみたいです。そして移民の国、人種の坩堝である新世界にやって来て新たなスタートを切り、自由を求めた。そこが［ヨーロッパと］どう違って映ったのかを、マーラー自身の目で見、耳で聞いてみたいものです。

そう、過去も大切ですが、新たなスタートこそ大事です。その点、当時のアメリカでは、未来は過去と同じくらい大切だった。アメリカでは次第に過去から解き放たれ、未来に視点を定めるようになります。私事ですが、両親が二人ともアメリカ生まれで日本語を話さないので、私も日本語がしゃべれません――話しても下手です。祖父母は新天地を求め一八九五年にやって来て、がむしゃらに新世界に溶け込み、英語を喋るようになったのです。

人種の坩堝という観点から見れば、過去の伝統が失われるのに、さほど時間はかからない。マーラーがニューヨークに来た時代にも、そんな現象はありました。彼がアメリカの地でどんな経験をしたか、興味がありますね。

――マーラーはアメリカ人をどんどん好きになり、それまでにない心の自由を感じたと書いています。すごいことですね。

KN：まさしく驚くべき。でもそれこそ、定義不能なアメリカ文化のなせる技です。なにしろ斬新かつ複雑ですから。今、マーラーの晩年について語ったアンリ＝ルイ・ド・ラ・グランジュの本の、新しい翻訳を読んでいます［Gustav Mahler, Vol.4: A New Life Cut Short 1907-1911, 2008］。話はアメリカ上陸まで来ました。すごい本です。素晴らしい！　興奮しました。グランジュ氏に電話して、大傑作である旨を伝えたほどです。

20. Andris Nelsons

アンドリス・ネルソンス

「俺は苦しんでいるんだ！」マーラーは世界に訴えたかった

22 October 2010, Vienna

1978年、リガ（ラトヴィア）生まれ。2003-07年ラトヴィア国立歌劇場首席指揮者、2006-09年北西ドイツ・フィルハーモニー管弦楽団首席指揮者、2008-15年バーミンガム市交響楽団首席指揮者。2010年バイロイト音楽祭デビュー（ローエングリン）。ウィーン・フィルハーモニー、ベルリン・フィルハーモニー、ロイヤル・コンセルトヘボウに定期的に出演。2014年よりボストン交響楽団音楽監督。

——初めて聴いたマーラーを覚えていますか？

ネルソンス（以下AN）：最初に意識して聴いたのは、交響曲の一番です。不思議な話なんですが、その当時、自然の音や自然に関する音楽に興味があって、水の音や鳥の声の録音を集めていました。ある時友人に、私の好きそうな音楽を勧めてくれるよう、興味本位で頼んだところ、彼はテープを寄越し「作曲家は……ええっと……」、友人は名前を忘れていたのですが、それがマーラーの一番でした。弦楽器の和音、まさしく自然の音から始まる曲……（歌う）。これが初めて聴いたマーラー。一一～一二才の時、その音楽に恋をしました。

――初めてのマーラー指揮では、どの曲を選ばれましたか？

AN：指揮の勉強をしていた頃から、マーラーに取り組みたいと思い続けていました。その素直な音楽を聴き手に届けるのがどれほど難しいか、そして演奏のためには、大いなる情感、パワー、愛の全てが求められることは無論知っていました。今でも感じています。リガのオペラハウスで首席指揮者をしていた時の二番が最初です。とてつもない体験で、思い出すと今でも鳥肌が立ちます……（Auferstehn, ja aufersteh'n……と歌う）。

――マーラーへのアプローチには、様々な方法がありますね。

AN：マエストロ・ブーレーズ、バーンスタイン、マリス・ヤンソンス、サイモン・ラトル、バレンボイム、ハイティンク……これら大指揮者のマーラー演奏は、それぞれに全く違います。すべてが素晴らしく、全員作曲家と心が通じているので、これが正しく、あれが間違いということはありません。マーラーは全ての演奏者・指揮者と、音楽を通じて心を通わせたかったのでしょう。だから正しいとか間違とか、言えるわけもない。ずっとそう思っています。マーラーを演奏すると、ダメを出したり異を唱える人は必ずいますが、それが当たり前。それこそが、マーラーの視野の広さと豊かさの証です。マーラーは大指揮者なので、スコアに膨大な量の助け船を出しています。

――ネルソンスさんご自身のアプローチには、どなたの影響がありますか？

AN：大いなる個性の組み合わせとでも。でも最大の影響はバーンスタインでしょう。彼を見つめると感染します。受け付けない部分があっても感染し、「この音楽は生と死だ」と思ってしまう。他にももちろん大指揮者はいます。マーラーを個人的に知っていたワルター。若い世代ならヤンソンス、ラトル、バレンボイム。そしてマーラーをすごく変わった解釈で演奏したカラヤン。彼ら全ての個性に影響を受けています。

――マーラーを指揮する上で、いちばんの技術的課題は？

AN：マーラーは大指揮者だったため、スコアの書き込みに助けられます。彼はまさしくバランスの達人。例えば全員が大音量で演奏する場所で、指揮者も大きな身振りになる、ところが全体の煩さは抑えられている。なぜ？　マーラーが、スコアにそう書いているからです。例えばトランペットに***fp***、第一ヴァイオリンに***f***、チェロに***mp***――マーラーはこうして、オーケストラのバランスを取っている。ただし正しいバランスを見つけ、指揮するのは大変です。書かれた通りに演奏するよう促さなければ、全体が煩《うるさ》く、厚ぼったくなってしまいます。

それとは別に、マーラーの交響曲全てに見られる室内楽的部分と、巨大なクライマックス・爆発とのつながりを見つけ、それらを区別するよう奏者を促すのは、技術的に極めて難しい。室内楽的部分では、音楽の邪魔をしてはいけないし――指揮者が音楽の邪魔をするなど（笑い）。そしてオーケストラを総動員し、劇的な頂上に向かうことが求められる。クライマックスはどこか、ゴールはどこか、そもそもゴールはあるのかを見定めるのもひと苦労です。たどり着かないこともあれば、答えを探しても得られず、あげくに最後の瞬間でゴールが消えていくこともあります。

――例えばどんな曲ですか？

AN：マーラーの交響曲全てには、クライマックスがたくさんあります。例えばつい最近、バーミンガムのシーズン開けで演奏した八番。その一楽章には、やたらと頂上がある。まず*ff*でクライマックスが、そして二番目、さらに三番目、四番目。ゴールかと思えば次が来る……「もう勘弁してくれ！」。マーラーは演奏家に、極端に走って欲しくない、それを痛感しました。今ひとつのところで達成できない。そして最後の最後でやっと成し遂げる、マーラーはそれを望んだのでは。そこで複数の絶頂部分のバランスを取るのが、情感的にも技術的にも難しくなります……ラフマニノフ、ワーグナーでも同じですね。八番では多くの場面で、マーラーの意に反して爆発をわずかに急《せ》いたことを覚えています。曲に挑発されるのです。五番の最終楽章も同じです。「ここがフィナーレ」と思う、でもまだまだ。マーラーは、ここでも引っ張る。ここぞという場面を見つけなくては。最後の最後に向かって*cresc.*が一つ書かれています［77］～?.］。そここそ爆発。それを分かり、区別できないと、クレッシェンドが意味をなさない。強弱の点でも心理的にも似たように聞こえるかもしれない。でもそこを曲の最高点、あるいは最も強調されているフレーズと認識しないと、道を誤ります。マーラーの曲は長い。そのため、どうしたらよいのか、どこにいくべきかをわきまえないと、すぐにこんがらがってしまう。これもマーラー演奏の難しさです。

――マーラーに聞いておきたかったことは？

AN：これは今の私にぴったりの、面白い質問です。これから五番を振るので――今年は五番と九番を演奏する予定です。マーラーには〈アダージェット〉のこと、その演奏時間と、曲が何を語るのかを聞いてみたい。現在、この楽章については議論百出です。マーラーのピアノ演奏は七分強だったと言われますが、ゆっくりロマンティックに演奏する伝統が根付き、バーンスタインの録音はたしか十三分かかっています。美しく、身も心もそれを求める。しかしマーラーの演奏は八分以内と分かっているのですから、これは問いただざねば。特に〈アダージェット〉については、私自身、正しい演奏法を問いかけています。答えを知りたいものです。アルマへの恋の歌だったのか、それとも彼女とは関係のない、愛よりも深遠なる人間性、さらに深く悲しい内面の世界を表現しているのか、いずれにせよ、すごく個人的な曲でしょうね。

――マーラーの人柄、そして彼の辛い人生が作品に与えた影響を、どう見ますか？ 繋がりはあるのでしょうか？

AN：明らかに繋がっています。彼は人生の成功者といえます。大指揮者にしてオペラ劇場の監督。交響曲が全部名作と評価されたわけではないが、ブルックナーなどとは違い、かなりの成功を収めたといえるでしょう。それからアルマとの関係――最初うまくいったのに後には……――複雑な話です。それでもマーラーは暖かい世界に生き、子供も授かった。それと同時に心臓疾患、彼女との結婚生活。子供を一人亡くし、加えてオペラ劇場との対立――管理問題その他。これは負の面です。でも考えてみれば、人生とはこのようなトラブルの連続、要はそれを受け入れるかどうかです。生きていくのは大変。良い時もあればそうでない時も。我々は全てを受け入れ、生きてゆく。例えばブラームス、彼は人生を享受し、宗教や自然と深くつながっていました。

でもマーラーは、人生をあるがままに受け入れようとしなかった。楽しいときは五番の〈アダージェット〉や〈フィナーレ〉、さらに八番の第一楽章を書いた。そこで彼は笑い、皮肉屋にもなる。けれども悲しみの極みで深く沈み込むことも。例えば五番、そして六番の第一楽章、その他の葬送行進曲。マーラーは不幸のどん底にあって、人生を受け入れない。マーラーは問いかける。「なんでこうなるんだ？　俺はなぜこんなに不幸なんだ？　なんでこんな苦労を？　何とか逃げられないか？　人生をしくじったのか？　神信心の何が悪い？　俺たちの生活態度が悪いと言うのか？　政治は何をやっているんだ？　何をやってもうまく行かない。なぜだ？」。マーラーは人生をあるがままに受け入れず戦う。色合い豊かな性格です。同じような問題を抱える人は多いでしょうが、そのまま受け入れ、声高に不平を言わないものです。でもマーラーはドアを叩き「いいか、これが苦労の種なんだ！」、そして革命家のごとく「戦え！」と。多分、銭金《ぜにかね》の問題などにかまけるな、何とかしろと言うのでしょう。今、マーラーが存命で、現在の経済情勢の中で書いたら、素晴らしい交響曲が生まれるでしょうね。貧乏になる、金に困るなど、普通の人は受け入れる。しかしマーラーは絶対に認めない。これは、彼の暮らしが他よりひどいという意味ではない。とにかく彼はそれを受け入れず、交響曲の中で語るのです。

――革命的な性格なのでしょうか？

AN：ある意味そうです。ノスタルジックで憂鬱な気分が好きな人はいるものです。例えばプッチーニ、彼は愛する登場人物を毎回殺してしまいます。トスカ、蝶々さん、リュウ……愛しているのに死なせ――いや、殺すのを楽しんで、音楽で涙を搾り取る。無意識的にせよ、マーラーも同じでしょう。自分を傷つけるものを好んで語る。辛いが、それを書き記し、他人に見せる。それがまた心の負担になる。マーラーは、苦悩を分かち合おうと思ったのでは。「俺は苦しんでいるんだ！　人生の意味など知ったことか！」（ドラマティックに歌う）と訴えたいのです。

ブラームスなら、そうは言わない。でもマーラーは言って憚《はばか》らず、それを楽しんでいる。四番の遅い楽章など、ノスタルジアと憂鬱に溢れているが、曲を聴くとあまりの美しさと感動のため、心臓発作状態になります。三番の終楽章も、命に関わるほどの感動です。マーラーは、この曲で心臓を悪くしたと思っていた。曲を聴くと体調が悪くなりますからね。悪い意味ではなく、ヘトヘトになって眠れなくなる。これが彼の心臓疾患に影響したのかも――無論それだけが原因ではないでしょうが。でも普通の人は息抜きするのに、マーラーは感性フル稼働で生きていました。

私たちは作曲家の話をたくさんして、分析もする。でも実際には、何も分かっていない――これは私の個人的考えですが、マエストロ・ハイティンクもそう述べておられ、嬉しかったです。作曲家について読み、想像を巡らすことはできる。だから知るべきだし読むべき。しかし最後に音楽は、作り手の人間性さえも超えてしまうのです。大作曲家には、本人にも説明できない天賦の才能があります。だから音楽は言葉で言い表せない。天才がどう感じているか、その才能がどこから来たのか、そんなこと正確に知ることはできません。とにかく音楽を楽しみ、演奏すべきです。

――マーラー自身、作曲家としての自分の中に、いつも不思議があると語っています。

AN：それも面白いです。結局高次元の魂、神の領域なんです。マーラーは特定の宗教や教義には失望したが、神には失望していないでしょう。《復活》や八番では、ずっと神を探しています。マーラーは死後の世界があると感じていたが、それを宗教の中に見出せなかった。時代のせいで余計難しかったのでしょう。だから、天から授かった才能を神秘と感じた。それこそが、我々が演奏しながら感じる音楽の気高い精神です。その時、神から何かが発せられ、助けてくれると我々全員が感じます。演奏している指揮者を眺めていると、それが空から下りてくるのが分かりますよ。

――マーラーは何を望んだでしょう？

AN：意識のずっと下で、幸せを、愛し愛されることを望んだのだと思います。そして「生きる意味は？」といった問いへの答えも求めたでしょう。答えは知りたいが、求めるあまり見つからない。そこで哲学的な幸せを願いました。つまり人生の答えを求め、幸せであること、愛されることを願い、愛とは何かを、永遠の意味とは何かを見つけたかった。だが知ろうとしてもうまくいかない。毎回、すんでのところで崩れてしまうからです。

――マーラーの人生を悲劇と考えますか？

AN：そうでしょう。でももっと悲惨な人生を送った作曲家は大勢いる。例えばベートーヴェン。しかしマーラーは、先ほど述べたような人生の疑問に対する強迫観念から、心の中に闇を抱え、交響曲でその悲惨を叫び散らした。ショスタコーヴィチのごとく、叫んでわめいて。あくまで私の個人的感想ですが。

——我々はそこに感動するのでしょう。マーラーの音楽は抽象的ではなく、個人のメッセージですから。

AN：そう、それこそが彼の望み。「聞いてくれ、苦しいんだ！　助けてくれ、分かってくれ」ですよ。

21. Jonathan Nott

ジョナサン・ノット

「永劫の死」を冷凍保存

10 June 2009, Vienna

1962年、ソリフル（イギリス）生まれ。1997-2002年ルツェルン交響楽団音楽監督・ルツェルン歌劇場音楽監督、2000-03年アンサンブル・アンテルコンタンポラン音楽監督。2000年よりバンベルク交響楽団首席指揮者。2014年より東京交響楽団音楽監督。

——初めて聴いたマーラーを覚えていますか？

ノット（以下JN）：マーラーに出会ったのは八つの時です。ウースター大聖堂で、交響曲第八番の少年合唱を歌いました。

——ノットさんがマーラーの交響曲を探し当てたとき、イギリスではレパートリーになっていたのですか？

JN：八番以外、探し当てたとは言えませんね。八番の経験がより多かっただけで、私自身コンサート・ゴアーでもなかったですし。ミッドランド地方ウースター育ちなので、コンサートはあってもウィーンやロンドンとは違って、マーラーの交響曲を聴くことなど滅多にありませんでした。［本格的な］マーラーとは、一九八〇年代後半に腰を落ち着けることになったヨーロッパの中心フランクフルトで、初めて遭遇しました。

――マーラーをイギリスに紹介したのは、サー・ジョン・バルビローリの功績と言えますか?

JN:そう思います。最近彼の録音に巡り会い、その功績を知りました。学生時代、ケンブリッジで音楽、特に歌の勉強にかまけていたので、周りの事件とか、バルビローリという人がマーラーをどうしたとかは、頭になく。それを知ったのは、イギリスを離れて何年も経って、マーラーを学び始めてからです。今になって、バルビローリが演奏で何を残したか、そこに何を聴くべきかが分かります。バルビローリは独特の調子で、力強くマーラーを紹介したのでしょうね。

――マーラーの苦闘を知ることは、音楽の理解につながりますか?

JN:間違いなく。マーラーの音楽は、事実上彼の自伝だと思います。いつでも彼の苦しみを考えているので、それを伝えることができれば最高に嬉しいです。物語とか伝記に心打たれることは、普通ないことです。[ただし]九番がマーラーの困難な状況を語るとは思わないし、思う必要もないでしょう。山に登ってカウベルを聴き、新たな世界を見て、フレッシュな空気を吸う――そんなマーラーの天国への思いを考えると、六番が非常に理解しやすくなります。さらに、アルマとはどうだったのかを調べると、複雑な関係が様々な形で浮上し、その情報から六番の悲劇的要素はフィナーレばかりでなく、遅い楽章にあると分かります。

今思うに、私の［マーラー演奏での］判断は、彼の人生に関して読んだことや、彼の自伝と結びつくようです――ただしそれは、我々に与えられた形でも、マーラーや他の人が伝えようとした形でもなく、あくまでも私個人の感覚です。マーラーの音楽から、人間マーラーを消し去ることはできません。

――マーラーの対位法と、壮大な構築性。指揮する際、それらは対立しますか？

JN：それはないでしょう。私は現代音楽を頼まれて楽しく演奏しますが、それらのスコアと較べて、マーラーの対位法はややこしくありません。マーラーに行き着く前、大変な数の［現代］曲を演奏して、十の異なる声部をまとめるのが日常業務のようになったからでしょうか。対位法を理解することと、それを聴き手に伝えるのは別の話です。マーラーの複雑さを表現するには能力が試され、それを通して想像力が喚起されます。難しいのはスコア内のバランス。例えば一つの旋律が次々と違った楽器で演奏され、どんどん色合いが変わる時、どうバランスを取るか。聴き手の耳にそれが届いているのか、それをどう確認するかです。というわけで、マーラーの対位法に手こずることはありません。

ここでの話題は言わば［文章を構成する］ブロック要素、つまり楽譜の意味の解明でしょう。例えば細かい話ですが、*rit.* も *accel.* もないのに、イン・テンポでなくすることが非音楽的なのか、それともそれがマーラーの真の希望なのか、そして楽譜から何が引き出せるか、作曲家の真の意図を判断して、決定する。「マーラーは自分の意向を、ここに正確に書いていると思う。この線で積み重ねてゆき、○○は変更しよう……」とか。一旦決めてしまえば、どんなブロックが来ても、自ら積み上がっていくものです。それより難しいのは、最初のアップ・ビートです。マーラーでは全てが最後まで［ヨーロッパの橋の形状のような」アーチに乗っています。しかも極めて長いアーチなので、問題は時間です。演奏家も聴衆も、きわめて長い間の集中力が求められます。

――マーラーは、二〇世紀の壊滅的な大惨事《カタストロフ》を予測したでしょうか？

JN：まさしくそうだと思います。ポイントは、マーラーの音楽に見られるカタストロフが、本人の中にあるかどうか――それが実生活を遥かに超えた、彼自身の内面の崩壊かどうかは別ですが。マーラーは特異人種でしょう。その音楽は百年たった今でも恐ろしく、強烈なパワーがあり、カタストロフを強く示唆しているに違いありません。

　私たちは必ず、生と死を考えます。音楽家、愛好家として生と死を体験する。人類がいつの日か問いかける永遠の質問に答える、それが［マーラーの］音楽の存在理由です。答えることのできない質問に答え、希望を与えてくれる。それを思い、［マーラーの］偉大さを信じれば、我々は人類の住むこの地上から遠い天空に運ばれます。マーラーの音楽にあるカタストロフは強烈で、彼だけが年中そう思っているのなら、同情してしまいます。我々はマーラーの偉大な芸術の輪の中におり、カタストロフはその中心をなしている。だから、それは楽譜以上のことを語っているはずなんです。

――なぜ九番が、それほど重要なのですか？

JN：九番には、曲の中に真実味があります。この曲では、演奏家が操作する余地が若干減る――もちろんそのままでは演奏にならない。でもこの曲には、作曲家の演奏法に関する強い考えがあるように思え、演《や》り方が分からず、絶望の淵に追いやられたという感覚はありません。

［――演奏での難しい部分は？］

JN：二楽章がカタストロフの中に消えゆき、そしてそれを二つの舞曲の世界の中心点に到達させるべく、苦労しました。それを三楽章、最初の回音《グルッペット》と結びつけるのも大変です。この部分の重要性が分かってもらえれば、第四……最終楽章のメッセージが明らかになります。死の外套を着るような気分――死とはどんなものかを見ながら、終楽章で試着する雰囲気をどうやって作り出すか。そう、音楽は、個々の生命細胞のように動き回る三つの楽章の中で凍ったようになる。そして全体は、「永劫の死」のために凍結される。お分かりでしょうか。難しい要素はありますが、方法を見つけるのに、六番、二番、四番を演奏した時のようには苦しみませんでした。そうは言いつつ、いつでも九番に立ち返ります。散歩しながら一番よく考えるのは、九番のことです。

――でも、感情的に入れ込んでしまう恐れはありませんか？　音楽を全体で捉えるのを忘れて。

JN：手綱を緩めたら、あるいは先を急いだら……という問題ではないのです。音楽の内側では、知性と感情が引き合います。それは純粋な作曲上の構造から来るので、手綱を緩めっぱなしにはできない。［いくら曲にのめり込んでも］指揮者として、完全に緩めることはできません。次の小節で、誰かが助けを求めて来るかもしれません。

――私は学生時代に、バーンスタイン指揮ウィーン・フィルの演奏で初めて六番を聴いたのですが、さっぱり分かりませんでした。しかし四楽章――心を鷲掴みにされ、動揺しました。一体何を言おうとしているのか？　以来、答えを探し求めているのですが。

JN：分かりますねえ、同感です。私も毎回そうでした。二～三年前のことですが、初めて二番を振る二週間前になってもまだそんな状態で、マネージャーに電話しました。「曲が分からないんです。細かいところは分かるのです。だけど、全体がどこに行こうとしているのかが分からない。［一楽章］〈葬送〉がそのままでいけるとは思えない。〈スケルツォ〉は見事。でも○○だらけでよく分からない」。そして六番の終楽章、魅力的じゃないですか？「ここはこうだが、あそこはこう……」などと分析はできない、だからこそマーラーに惹き付けられる。聴衆全員と心を通わせるための緊張感や興奮、それが音楽形式そのものの中にあるのです。

――他と較べて、アプローチが変化した交響曲をひとつ挙げるとすれば？

JN：五番ですね。随分早くに取り上げた曲ですから。［最初］一楽章に余計な重きを置くという罠にはまり――実際、重要箇所なので――考えすぎて第二楽章を置き去りにしたのです。最近演奏したとき、やり直すことにしました。終楽章、コラールが［二楽章のニ調で］戻る。そこでやっと音楽の意味が分かるだろうと［V/730～］。だから一楽章と二楽章を一つの塊と考え、一楽章にあまり入れ込まないようにしました。すると曲全体が新たな展開を見せたのです。

作品が、いつ自分の人生に入り込むかによります。私は四年前とは別の指揮者です。五番は六年前、それから三年前にも演《や》りましたが、別人の演奏のようです。見方も変わり進歩して。

――マーラーを演奏する若い指揮者に助言は？

JN：疑問を持ち続けることです。私はスコアに書き込みます。「ここはこんな意味に違いない――二〇〇四年七月」「違う、こういう意味だ、間抜け――二〇〇六年」「そうじゃない、バカだな！」……その時の自分の考えを知るために書き込む。考えがどこから来るのか――その意味でスコアは自分に語りかける日記のようなものです。

私はペンキ屋です。スコアをすり減るまで使い、新品にして仕事を続けます。リゲティの作曲法、あの絵をご存じでしょう。私のスコアも同じ。青、赤、緑、青、紫。あちこちに書き込みや殴り書き。色と書き込みを通じて構造分析をするのです。

――マーラーの交響曲で、バランスの難しい点は？

JN：それはないですね。そうは言っても、他が *f* なのにヴィオラに *p* と書かれていたり、意味ありげな場所には行き当たる。こうした箇所は、マーラーが考えたよりも重大な意味があるのかもしれません。ヴェルディのオペラと同じで、たまに「三拍半に付いている *mf*・*ff* を取っ払おう」などと言いたくなりますが、それは滅多にないこと。マーラーは、演奏者のためにできる限りの書き込みをしてくれています。もちろん各楽器［への書き込み］は均一ではありませんが、それで効果が出るのです。

[──オーケストラの配置は関係してきますか？]

効果的なバランスを得るために、ほとんど毎回、ヴァイオリンを〔左右に〕分けます。マーラーでは、構造的にそうすべきだと思っています。〈アダージェット〉は、〔一本の旋律ではなく〕第一ヴァイオリンから始まり、〔17～は〕第二ヴァイオリンが受け継ぐ。〔スコアでは〕隣り合わせなのに、二つの異なる音楽が二つの側から──。それからコントラバスを右に、ヴィオラを左に置くことが多いです。ホルンは左にいてほしいけれど、ベースの隣では互いに喧嘩してしまうからです。こういったことがバランスに影響することもあります。でも、これだというやり方は、まだ見つかっていませんね。

22. Sakari Oramo

サカリ・オラモ

マーラーは混沌を支配する

7 May 2010, Stockholm

1965年、ヘルシンキ生まれ。1993年フィンランド放送交響楽団に指揮者として初登場。1998-2008年バーミンガム市交響楽団音楽監督。2008年よりロイヤル・ストックホルム・フィルハーモニー管弦楽団首席指揮者・音楽監督。2013年よりBBC交響楽団首席指揮者。2012年ウィーン・フィルにデビュー。

――初めて聴いたマーラーを覚えていますか?

オラモ(以下SO):はっきりとは憶えていないのです。子供の頃父に連れられ、よくコンサートに行きました。ピアニストの母が演奏する時は必ず。マーラーはどうだったか――ヘルシンキで、イーゴリ・マルケヴィチの指揮を聴いた時かも。母が、マルケヴィチとバルトークの協奏曲第三番を演奏し、その後がマーラーの一番だったので、それが最初かもしれませんね。

――オラモさんの青年時代、フィンランドの人たちはマーラーをどう思っていましたか?

SO:マーラーは、フィンランドで一九六〇年代後半~七〇年代前半まで、知られざる作曲家でした。その頃私は、マーラーを知るには幼な過ぎましたが、指揮の先生、ヨルマ・パヌラが交響曲全曲を連続演奏し、そのほとんどがフィンランド初演でした。でもフィンランドの指揮者達は、遙か昔の一九二〇～三〇年代、主にスウェーデンでマーラーを指揮しています。私の知る限り、［有名作曲家の］アルマス・ヤルネフェルトは五番と六番のスウェーデン初演を行い、フィンランド出身の大物、イェオリ・シュネーヴォイクトも何度も振っています。でもマーラーは、フィンランドで無名のまま。フィンランド人指揮者の振るマーラーは、国外での方が受け入れられたのです。

――オラモさんご自身、マーラーへの扉はすぐに開かれましたか？

SO：遅々としていました。指揮を始めた頃、一番と歌曲を心地良く感じたのは覚えています。でもそれが全てです。バーミンガムに滞在していた数年の間に、たしか四番、その後五番、次に二番、三番を通じて、やっとマーラーの世界が目の前に開けました。

――マーラーへのアプローチで、苦労した点は？

SO：まず、我々フィン族から見て、ドイツ語が外国語だということ。ドイツ人や中央ヨーロッパ人よりも厳しい状況になります。彼らほど自然にゆかないので、マーラーの音楽にある生来の拍動を見つけるまで、余計に時間がかかったと思います。私もシベリウスやニルセンの音楽で育ち、もちろん多くのドイツ・フランス音楽にも親しみましたが、マーラーには別世界の違和感がありました。

——どんな違和感ですか？　マーラーが使う素材？　それとも、それらをまとめる方法？

SO：両方ですね。マーラーは民謡やレントラーのような舞曲、さらに合奏協奏曲のような古い形式からの素材を頻繁に使いながらも表現力に富み、先進的でもあります。最初、彼の素材が有機的に結合されていないと感じたのですが、音楽の有機的な本質を知り、目が開かれました。彼の使用する素材全ては、相互に深く関係づけられている。全体は部分の総和よりも大きいのです。

——ブラームスは、作曲コンクールで若きマーラーの作品が統制に欠けると考えました。これについてどう思われますか？

SO：そうなんですよね。実は、私も規則人間じゃないんです。大事なのは、素材を外側から組立てることではなく、有機的に育ててゆくことです。

——オラモさんは、ここストックホルムのマーラー全曲演奏で、多くのコンサートを指揮されました。お客様の反応、そして音楽祭に関していかがですか。

SO：あんな音楽祭は、後にも先にも初めてでした。全部のプログラムにマーラーを入れ、毎晩満席になって。

——マーラーの指揮でいちばん難しい点は？

SO：音楽を途切れさせないことだと思います。コントラストを聴き手にはっきり届けたいのですが、それが音楽の流れを止めるほど突出してはいけない。テンポの扱いで重要なのは、柔軟性。そして融通の利かない拍節感に陥らないよう、フレーズに息継ぎをさせること。マーラーの音楽には、前に進むアーチ形状と後ろを振り返る安らぎ、どちらかが常にあるように思います。方向性がないと、音楽がどこにいくのか、つかむのが難しくなる。マーラーはほとんどの作品に、道標《しるべ》を書き記しています。

――マーラーの音楽を力で演奏する危険性は？

SO：あると思います。音楽を一方向にごり押しするマーラー演奏を、経験したことがあります。曲がどんな情感なのか決めつけて、その結果、音の絡みなど他の情感を排除し、あげくに音楽を一つの方向に追いやってしまう。マーラーでは、高低《レベル》を全て同時に見せなくてはならない。マーラーは、シベリウスに語ったそうです。「交響曲には、世界の一切れではなく丸ごとが入っていなくては」。

――影響を受けたマーラー指揮者は？

SO：クラウス・テンシュテットの影響が大きいです。子供だったので、生演奏には接していません。でも彼には、自在かつ有機的な音楽作りをする能力があり、即興演奏のようでした。さほどでないものもあるが、録音のほとんどはずば抜けており、その緊迫感と曲の解釈は、とにかく独特です。
　テンシュテット程ではないですが、メンゲルベルクにも影響を受けました。彼の五番の〈アダージェット〉に憧れています。残されている四番の録音も、素晴らしいの一言。メンゲルベルクは大いに誇張している、でもそれは当時の習慣です。これらの録音が作られる二十～二十五年前、マーラーとメンゲルベルクは個人的に交流がありました。マーラーはメンゲルベルクのやり方を、全面的に認めたわけではない。それを聞くと嬉しくなります。メンゲルベルクの情熱、細かいルバートの扱い、ウィットに富んだリズム・センス、全てが素晴らしい。これらは、［近年］マーラー演奏で当たり前になったウィーン風の滑らかな演奏とは大きく違います。そんなわけで、私のマーラー演奏ではテンシュテットとメンゲルベルク、この二人の影響が大きいといえます。

――マーラーは、ワルターとクレンペラーを知っていました。クレンペラーは、二番の演奏でマーラーの助手を務めて。しかし二人のマーラー・アプローチは大きく違っており、興味をそそられます。

SO：正反対ですからね。［現代の］滑らかでしわを伸ばしたような演奏スタイルは、ワルターから来ている部分もあるでしょう。ワルターの演奏はどれも大好きですが、マーラーだけは、そうでもありません。聴き手を惹き付ける力に欠けているのは、録音の多くがアメリカで作られたことと関係しているのか。しかしウィーンで録音された九番、これはもちろん、全てにおいて別物。興奮するし、尋常でない深遠さを感じます。

――北欧ではシベリウスが愛好され、マーラーはそれほどではない。二人は知り合いだったのですが、違いは何だと思いますか？

SO：シベリウスは、常に一つの音楽細胞から始め、それを樹木のように成長させます。幹から枝が伸び、枝から葉、そして花が咲く――全てがつながって。単一の大元から栄養を得る。我々がシベリウスに期待するのは、このシンフォニックな統一性です。小さなものを立派なものに、樹木のように育て上げる。それに対し、マーラーの音楽では異質な素材のあれやこれや、それぞれが陣地争いをします。喜怒哀楽があると思えば、自国の伝統音楽がある。民謡の断片があるかと思えば、軍隊行進曲の一片が。それらを混ぜ合わせて、メランジュになるまで撹拌《かくはん》する。シベリウスとマーラー——素材への、全く違うアプローチです。

一九七〇年代、フィンランドの新聞に載ったマーラー論を、今でも覚えています。そのうちの一つが、シベリウスの伝記作家で、多くの音楽家に刺激を与えたエリック・タヴァッシェルナのもの。彼は、マーラーの音楽に見られる陳腐な部分が理解できないと書いています。例えば《大地の歌》。一楽章と「別れ」の素晴らしさは分かっても、マーラーを把握するに至らない。《大地》の中間楽章は陳腐でしかないと。私は《大地》を極めて繊細な作品だと思っているので、納得しかねます。加えて音楽と詩の結合も最高ですから。要するにタヴァッシェルナが書いたのは、異文化に対する当時の見方なのです。マーラーの交響曲は、ここヘルシンキで十分に演奏されていないし、正しく評価されていません。マスコミがもっと取り上げてくれればよいのですが。

——今でもそうですか？

SO：まだまだです。

——北欧の人々は内向的だが、マーラーの音楽は主張が激しく、わざと外向きになることもある。型にはまった言い方ですが、これは［マーラーが定着しないことへの］説明になりますか？

SO：多分。しかし我々（北欧人）音楽家は、大げさにやることも学ぶべきです。シベリウスやニルセンの音楽では、誇張することで生きる部分がありますから。壮大で長い弧《アーチ》に注目して、エピソードや旋律に少し色づけして、マーラーの神髄に近づく。シベリウスの有機的な成長を心に置きながらマーラーに取り組んでも、害にはならないでしょう。

——マーラーの人物をどう見ますか？

SO：実に興味深い人です。さほど詳しくないですが、本はかなり読みました。マーラーが作品の水準をいつも気にしているのが面白い。その一方、マーラーが他人の作品を書き直すのに躍起になっていたのは解《げ》せません。当時は、普通のことだったのでしょう。マーラーは、ウェーバーのオペラ《三人のピントー》に数ヶ月関わったが、企画はうまく運ばず、骨折り損になったそうです。私見ですが、《第九》のオーケストレーションも同じでしょう。マーラーが、ドビュッシーの《海》を数ページ書き直した経緯も聞きましたが、驚きです。

マーラーがハンブルクで音楽総監督をしていたとき、《エフゲニー・オネーギン》か《スペードの女王》を上演するため、チャイコフスキーを招聘した。すごく興味深いです。どちらもグランド・オペラ。チャイコフスキーがうまく振れないので、やむを得ずマーラーが出張ったそうです。マーラーがチャイコフスキーを指揮——なんて素晴らしい！

――マーラーはニューヨークで、ラフマニノフも指揮しています。協奏曲第三番、独奏は作曲家自身。ラフマニノフは演奏後、マーラーはそれまでに出会った最高の指揮者だと述べています。自分とは美的センスがまるで違うが、細部に気を配り、自分にも音楽にも厳しかったと。

SO：そうなんです。マーラーは間違いなく、最高の演奏家だった。残念なのは、ピアノ・ロール以外に画像や録音といった彼の作品の演奏記録がないこと。ピアノ・ロールは良いですが、全てではないですから。

――マーラーが長生きしたら、どこに行ったでしょう？

SO：とても面白い質問ですね。多分ピアノ小品などシェーンベルクの動きに、その後はベルクの動きに、そしてストラヴィンスキーの動向にも注目したでしょう。マーラーは、色々なことに興味を持っていたので、それぞれの作曲家から要素を拾い上げようと思ったでしょう。それが彼の音楽にどう影響したか考えるのは面白いですが、マーラーはマーラーですよ。それからバルトーク、二人を並べたら最高に面白かったでしょうね。

――マーラーの望みは何だったのでしょう？

SO：難しい質問です。そうですねえ、聴き手を感動させたかった、そして世界に向かって我が魂を事細かにさらけ出したかった。マーラーは自己顕示欲が強かったが、神父のようでもありました。教会のではなく、近代的な生活を送り、近代的な見方をする神父ですが。

――マーラーは近代人の有り様を表現したので、人気が出てきたと思いますか？

SO：そう思います。マーラーは生前、指揮者として著名でしたが、盛んに作曲活動をしていた時期には、さほど知られていません。しかし今では、五本の指に入るクラシック音楽の有名作家です。これはマーラーが人間に関して、特に近代人に関して一家言あったことを示しています。音楽で人間の魂の扉を開いた。これがマーラーからの、人類への最大の贈り物ではないでしょうか。だから今日、多くの人がマーラーの音楽に心を寄せるのでしょう。私たちは彼の音楽の中にある対比の力、単純さ美しさ、さらにとてつもない複雑さ――混沌さえ感じてしまうのです。

――「近代人」の意味するところは？

SO：己《おのれ》を完全に支配するのがロマン派の理想的芸術家なら、マーラーはいつでもコントロールを失っている。でも彼は、コントロールを失ったもの、すなわち混沌を支配するのです。

――どのマーラー作品に、いちばん親しみがありますか？

SO：今演奏している曲とも関わってきますが、個人的には四番です。室内楽的で、鈴の鳴る悪夢のような橇《そり》の旅から悪魔のヴァイオリン、天国の光景まで、残酷さ、リアリズムを伴い、表現の幅が素晴らしく広く、大変近代的。だから繋がりを覚えるのでしょう。でも他の曲も全部大好き。マーラーの書いた一音一音が好きです。

――ウィーン楽派以降、マーラーの二〇世紀への影響はどうでしょう？

SO：マーラーの影響は、誰よりも大きかった。それは間違いない。ウィーン楽派に関して言えば、シェーンベルクの友人や弟子達はマーラーを神格化していました。例えばアントン・ウェーベルン。彼は巨匠が世を去った後、一九二〇年代にその交響曲を指揮しています。ところが彼はその後期作品で、他の作曲家では想像できないほどマーラーから離れてしまう。マーラーの音楽は次世代の作曲家に道を開き、好き嫌いを取捨選択できる、多くの可能性を与えたと思います。マーラーの音符の組み上げ方《テクスチャー》とオーケストレーションのセンスは、間違いなく全員に影響し、さらにその知的で情感豊かなアプローチは、現代の作家にも影響を与えているでしょう。

――苦難、贖罪への強迫観念も影響しているでしょうか？

SO：今日、苦しみを表現する音楽は大変多いです。現代の名曲の多くが、同じことを語っている。苦しみ、罪の贖い、内省といった、人が人生で出会う障害をテーマにする。しかし音楽のための音楽を作る、この概念もマーラーから発しています。外面的なことを語る音楽だけではなく、純粋音楽のことです。この点でマーラーは、ショスタコーヴィチに影響していると思います。二人の間には強い関係がある。ショスタコーヴィチは政治的作曲家と見られますが、その作品のほとんどは音楽を語る音楽です。スターリン・ロシア時代の言語を話すが、まず音楽ありきで、政治的ではないのですから。

23. Sir Antonio Pappano
アントニオ・パッパーノ

マーラーは生きたかった、それが本質です！

20 April 2010, Vienna

1959年、エピング（イギリス）生まれ。フランクフルトでバレンボイムとギーレンの助手。1987年ノルウェー歌劇場にデビュー。1992-2002年ベルギー王立歌劇場（モネ劇場）音楽監督。2002年より英国ロイヤル・オペラ音楽監督。2005年よりサンタ・チェチーリア国立アカデミー管弦楽団音楽監督。

――初めて聴いたマーラーを覚えていますか？

パッパーノ（以下AP）：最初の出会いはもちろん声楽作品で、《リュッケルト歌曲集》の中の〈私はこの世に捨てられて〉に衝撃を受けました。それから〈美しさのためにに愛するなら〉が、なぜか頭から離れませんでした。もともと歌曲集に入っていない曲ですが、極めてマーラー的。［歌い出しの］三つの音符には、紛う方なきマーラーの個性が――。この曲に、他の作曲家では考えられないほどの、強烈な印象を受けました。

［――マーラーの音楽は、何に影響を受けているでしょう？］

AP：マーラーが、いろいろな方面から影響を受けたことはよく知られています。マーラーは当時最大の指揮者、それもオペラ指揮者です。頭の中には全てが詰まっており、その音楽は混ぜこぜ状態かもしれません。でも、その混ぜこぜをどうするか、自分の受けた影響をどう扱い、それらをどう独自のものに仕立て上げるか、マーラーはこれらを、他とは全く違うやり方で行っています。

ユダヤ人であること、ひどい家庭環境、困窮する生活、両親の不仲、弟の死、とてつもない才能との同居、これら全てが彼の音楽に、何らかの形で溶け込んでいます。マーラーの音楽は、フロイトの精神分析も入り込んだ、感情の驚くべき抄録です。ロマン派の音楽はロマンティックな心、恋の三角関係、劇的な場面を表すだけでなく、人の心に触れてくる。そしてマーラーは、明確な感情表現に長けていた。そこが興味深いところです。

――明確な感情表現に長けるとは、面白いですね。

AP：感情というものは捕らえどころがなく、はかなくもあります。しかしマーラーは人の気持ちを、作品の中で純粋な形にします。誰にでも分かる鈴の音のように。

――マーラーへの扉はすぐに開かれましたか？

AP：時間がかかりました。指揮を始めたのも遅かったですし、その頃マーラーを振ろうという気持ちも、全くありませんでした。昔はブルックナーの大伽藍のような音楽に圧倒されて夢中になり、マーラーの鳴り物《ファンファーレ》には少々イラつきました。しかし今なら、彼の言いたいことが少しは理解できます。正直も真面目も、度が過ぎると人を傷つけてしまう。「お前なんか、あっち行け！」と(笑い)。聴き手は、マーラーの音楽の人間臭さとも一体化する。だから入り込むまでに時間がかかったのです。

[――最初に指揮したマーラー作品は？]

AP：一九九四年に《大地の歌》を。初めて《トリスタン》を振った直後、一楽章で夢中になってしまいました。マーラーは最初、五つの歌で低音を大胆に抜いています。《大地の歌》は中国の詩に基づき、そこからの影響が全編を覆う。どの曲も極めて繊細あるいは痛切。一曲目、テノールの曲は、とりわけ険しい表情、そして低音がほとんどない。最後の歌に行き着くまで音が高いまま。「告別」でやっと、タムタムとコントラ・ファゴットが聞こえる。それに深く感動したのを覚えています。

マーラーは、当時最大のオペラ指揮者です。私もオペラをたくさん指揮して、歌手と深くつながり、マーラーとはいわば同業者です。私だけではない、オペラを振る仲間は大勢います。オペラから出発すれば、マーラーが理解しやすくなるでしょう。マーラーは、究極の表現として言葉と声を愛している。オーケストラがやり尽くすと、次は言葉と声の出番です。

――マーラーは偉大なるワーグナー指揮者でした。ワーグナーのマーラーへの影響はどうでしょうか？

AP：マーラーの作品に、ワーグナーの影響は極小です。《トリスタン》とよく似た半音進行は多い。《トリスタン》の一幕終わりのファンファーレ、二幕では舞台裏からホルンの咆哮が。でもマーラーとワーグナーの音楽は、大いに違います。多少の例外はあります。例えば《トリスタン》三幕の前奏曲に、マーラーは感動したでしょう。和声だけではない。ヴァイオリンが三度音程で、オーケストラを離脱して霧のように灰色の空に向かって上昇する。二つのヴァイオリンの上行。この効果にマーラーは感銘を受けたに違いない。そして九番の〈アダージョ〉から判断すると、《パルジファル》三幕の前奏曲も、マーラーに強いインパクトを与えたと思います。和声が同じということではなく――《パルジファル》とマーラー、和声の世界は違っても、神秘的で何かを希求するという点でよく似ています。でもそれ以外に、さほど共通点はないのでは。

――パッパーノさんはイギリス育ち。イギリスには当時、バルビローリが築き上げたマーラーの伝統はありましたか？　あるいは、パッパーノさんが影響を受けた人はいますか？

AP：影響はさほど受けていません。マーラーを指揮し始めた頃、あまりコンサートで聴いていなかったので。二番をシノーポリの指揮で聴いた覚えがあります。録音では九番と六番をバルビローリの指揮で。それにもちろんレニー、クーベリック、ギーレン。しかし全員がマーラーに違うアプローチをしていることが面白くないですか？　誰一人として同じではない！　それこそがマーラーの音楽を物語っています。皆揃って、スコアに忠実だと言うでしょう。しかし各人の音の世界、アプローチが異なっています。完全なロマン派に戻すアプローチもあれば、音楽をウィーン楽派の先達と見て、骨組だけにする人も。そこに惹かれます。でもそれが全てではない。金管が爆発すると、他をサポートする弦の響きが欲しい。名指揮者のアプローチは何でも、さまざまな場面で参考になります。マーラーの場合、一つのアプローチが全てじゃないので、演奏家はとてつもない柔軟さを求められます。

――バーンスタインに言及されました。彼なくしてマーラー・ルネサンスは語れませんが、後年その演奏が過剰だと批判されています。現代のマーラー指揮で、大きく変化したところはありますか？

AP：レニーの問題は、ひとつには彼のステージでの態度《ペルソナ》。それが我々の音楽の聴き方に影響を与えました。レニーは大音楽家にして名ピアニスト。事実、彼の演奏は大変分かりやすい。（ドンと音を立て）過剰なだけではないのです！　まっすぐで、演奏する曲に対して誠実。舞台上で、聴き手のために苦しみ、全てをさらけ出す。しかし、それこそレニー、それこそ彼の人柄であり、きわめて前向き。そのアプローチは真正直。繰り返しますが、レニーはマーラー演奏史の中枢にいます。マーラー演奏は、演奏家がどこまでできるか、あるいは突き詰められるか見定めるため、レニーのような極端な方法を経る必要があった。でも私自身は、興奮状態にあってもバランスを見つけ、構築物を心に描き、偉大な場面を創ることが重要だと思っています。マーラーにはクライマックスがやたらにあるので、バランスを取るのが本当に難しい。「ここぞ」を見つけるのが大変です。

――だからストーリーを語るため、複数の情感を関係づけることが最大の課題になるのですか？

AP：それはありますね。その物語はマーラーが語るのか、それとも……。そもそも彼の交響曲は全て、闘いのようなもの――ソナタ形式も闘いですよね。マーラーはソナタを、さらに人間的な形式にしました。闘いとその解決、終結させる方法。それが交響曲の眼目であり、その点モーツァルト、ハイドン、ベートーヴェンと変わるところはありません。彼は闘いを表現するため、［同じ形式で］彼らよりも近代的な手段を取っただけ。そして究極かつ大胆不敵な方法で、物事の裏側にあるものを明らかにしました。

――マーラーが二〇世紀の壊滅的な大惨事《カタストロフ》を予見したという説には？

AP：マーラーには、どの曲にも破局があります。しかし先程申し上げたように、マーラーは実生活の大部分、自身の悲劇に苦しめられています。まるで悲劇と共に生きるべく、運命づけられているようです。六番では最大の悲劇が、その最終楽章に――言うならば、来るべき死と闘う英雄のよう。打たれてもへこたれない。何度倒れても、必ず蘇る。カタストロフが人間に何をもたらすのか、それが興味深い。破局がある、あるいは破局を描いた交響曲があるということではなく、人間がそれとどう向き合うかということが興味深い。それを乗り越え、打ち克ち、新たな道を進む、そして負けることだってある。これが肝心な部分です。

――マーラーは、極めて私的な発言をしていると？

AP：ニーチェの「超人」思想、それがあなたや私に対するマーラーの人間観なんです。お分かりでしょうか。

――マーラーは人間の有り様、特に二〇世紀に生きる近代人を語るので、人気が出たとお考えですか？

AP：そうですね。でも、それぞれの交響曲でオーケストラが大活躍するというのも、人気の理由でしょう。それ自体が大がかりなオーケストラに、さらなる壮大さを求めるのがユニークで斬新。そして音楽が見事に劇場的。マーラーの交響曲は小オペラです。彼は史上最高のオペラ指揮者、でもオペラを書いていない。

——なぜオペラを書かなかったのでしょう？

AP：マーラーの交響曲は、オペラですから。様々な主題、対照的な主題、色々なアイデアをぶつけ、戦わせる。これには言葉よりも音符の方が上手くいくかもしれないし、知的でもある。もちろん言葉でもうまくいくこともあるでしょうが……。

——ご自分のお仕事を振り返ると、年を追ってマーラーに対するアプローチは変わりましたか？　マーラーを演奏されるとき、技術的にいちばん難しい点は？

AP：私のマーラー経験は、まだまだです。これまでに指揮したのは《大地の歌》、交響曲は九番、一番、そして六番。二週間後に初めて二番を振るので、ワクワクしています。アプローチは大きく変わっておらず、まだまだ発展途上です。技術的に難しいのは強弱です。音をどんどん大きくするのはたやすい。曲も力強さを求めている。しかし大切なのはオーケストラのバランス、そしてピアニッシモの場面で、繊細かつ室内楽的な色合いを作り出すことだと思います。それは音量を上げるより難しい。［強弱の］両極端に短時間で移動することの難しさ。そして奏者の皆さんに、マーラーの親しげで尊大で、皮肉で冷笑的で、さらに言えば愛すべき優しい本質を、正しく認識してもらうのも課題です。それができれば素晴らしいですよ。

――マーラーは何を望んだのでしょう？

AP：マーラーは緻密にスコアを書きました。指揮者は口を揃えて「スコア通りにお願いします。そこに全て書かれていますから」と言います。でもマーラーは、指揮者が自分の苦闘を聴衆に見せてくれることを願っているのでは。指揮者はそれと素直に向き合い、曲の最後での復活、あるいは死、あるいは第一幕の終わり――ははは、もとい――一番の勝利の終結部では、さまざまな人間の最後の姿を描く必要があると思います。人は闘い、最後に勝利を納めたい、でも死すことも……。マーラーが探し求めたのは、それだと思います。

――つまりマーラーのメッセージは、肯定的なのですか？

AP：まさしくそうだと思います。曲は死について語るが、彼は死にたくはなかった！　マーラーは生きたかった。それこそ本質、彼の交響曲の本質です。人生を愛することで、死を愛することではない。だからこそ、死は生の一部となる。そう、これは壮大なテーマです。だからこそ人生は素晴らしい。でしょう！　それが全てです。

24. Josep Pons

ホセプ・ポンス

マーラーは現在、1910年当時よりずっと現代的です

26 September 2010, Barcelona

1957年、ベルグエダ（スペイン・カタルーニャ州）生まれ。1985年リュール室内管弦楽団設立。1992年バルセロナ・オリンピック音楽監督、1994-2004年グラナダ市管弦楽団首席指揮者、2003-12年スペイン国立管弦楽団首席指揮者。2012年9月よりバルセロナ・リセウ大劇場音楽監督。

――初めて聴いたマーラーを覚えていますか？

ポンス（以下JP）：モンセラットのスコラ・カントルム、そこでマーラーの音楽を初めて聴きました――コンサートではなく録音ですが。私は一〇～一四才まで男子修道院で勉強し、スコラ・カントルムで歌っていました。長い歴史のある学校で、素晴らしい図書館がありました。そしてモンセラットを離れた直後、友人達がくれたマーラー全集を聴いたのです。指揮はベルナルト・ハイティンク、四番のソロはエリー・アメリング。一四～一六才の頃、あれはいわば人生のサウンド・トラックです。その後、《大地の歌》と《さすらう若人の歌》の室内楽版で初めてマーラーを指揮しました。それが最初の接点です。

――マーラーへの扉は、最初からすぐに開かれましたか？

JP：人と作曲家との繋がりは、いつだって面白いものです。パワーで満たしてくれる作曲家もいれば、吸血鬼のごとく命を吸い取る作曲家もいる。すぐに理解できる作曲家もいれば、ずっとダメな作曲家も。私の場合、マーラーもモーツァルトもスッと理解しました。マーラーの場合、その和声の世界、明快な楽器法に加えて、はっきりとした旋律線がごく自然に入ってきました。いろいろ疑問が湧いてくるのは、その音楽が私個人の大事な部分にあるからでしょう。

――マーラーはスペインで、どんなふうに受け入れられましたか？

JP：スペインは、マーラー後進国です。スペインの歴史は独特で、豊かな一七、一八世紀、激動の一九世紀の後、帝国主義によって荒廃しました。この点、一九世紀のドイツ、フランス、イタリアとは違っています。スペインではイタリア・オペラなど、イタリアの影響を受けた作品だけが演奏されてきましたが、その後有能な作家が、オペラや一九世紀生れの新たなジャンル、サルスエラを書くようになります。サルスエラはスペイン語で書かれ、ウィーンやフランスのオペレッタのような、誰でも知っている物語がテーマの民族物です。その頃スペインのオーケストラ界は、本当に「はかなき人生」。なにしろ一九世紀中盤、スペインの交響曲には、まだ通奏低音が付いていたのですよ！　ハイドンなんて作曲人生の途上で使わなくなったのに！　とにかくスペインへの、交響曲の参入は遅々としていました。ベートーヴェンの交響曲のスペイン到着も遅く、《第九》のバルセロナ初演が一九〇〇年です。でもワーグナーの《パルジファル》が一九一三年にやって来たことを考えると、おもしろいです。《パルジファル》はバイロイト以降権利が切れて、バルセロナで最初に上演されたのです。そして一九二五年にはもうシェーンベルク音楽祭が行われました。ベートーヴェンからシェーンベルクまで二十五年！　短期間に積み重ねたものです。一九二五年に「正常化」に向けスタートし、一九三六年にはアルバン・ベルクのヴァイオリン協奏曲が、バルセロナで世界初演されます。しかしその後、スペイン内戦が勃発して、このような発展は全て白紙撤回。要するにスペインは二〇世紀中盤まで、「正常化」に向け再スタートが切れなかったのです。

スペインでは、ドイツ音楽がポピュラーになるのが大変難しかった。ラヴェルやドビュッシーはすんなり理解できたし、ブラームスと較べるとストラヴィンスキーでさえ、ずっと分かりやすかった。だからブラームスまで、さらに数年を要しています。一九五〇年代になってようやく、スペイン国立管弦楽団とアタウルフォ・アルヘンタがドイツ音楽をしかるべき音、しかるべき方法で演奏するようになったのですから。

〔当然〕マーラーも遅れました。マーラーをスペインに最初に紹介したのは、一九五〇年代にスペイン国立管弦楽団に客演した指揮者達です。マーラーの交響曲全曲演奏会を催したのもスペイン国立管弦楽団。全曲演奏が実現したのは、ようやく一九六〇年代、いや七〇年代に入ってから！　バルセロナも待たされたものです。

スペインが平穏で、内戦などなければ、音楽の歴史も他国と変わることはなかったでしょう。なにしろ一九二五年にシェーンベルク音楽祭がバルセロナで開催され、ウェーベルンが指揮をして、《月に憑かれたピエロ》と室内交響曲作品九のウェーベルン編も演奏されているのですから。スペインの音楽は真っ直ぐに進歩を遂げたかもしれないのに、結局引き裂かれてしまったのです。

——現在の状況はいかがですか？

JP：おかげさまで、国が正常に戻りました。一九八〇年代に入ると、音楽を取り巻く環境はどんどん良くなりました。スペインは、ヨーロッパの中で音楽的に最も成長したと言えます。この二十五年間に三十以上のコンサート会場、およそ三十のオーケストラが新設されました。奇跡のようです！　ヨーロッパ諸国ではオーケストラが店仕舞いしているのに、スペインでは誕生しているのです。

——指揮者から見て、マーラーの作品の本質は？

JP：微妙な問題ですね。マーラーへの鍵は、歌曲にあると思っています。まず《子供の不思議な角笛》そして《亡き子をしのぶ歌》、さらには《リュッケルト歌曲集》。これらはライン川、ライン川の魚を語ります。鍵はそこにあります。〔リュッケルトからの〕〈美しいトランペットが鳴り響くところ〉には、マーラーの全ての面——分かりやすい旋律線、色彩的なスコア、対比の効いたテンポと主題、そしてひらめきが三分間に含まれています。これも交響曲への鍵、マーラーの本質だと思います。ブラームスと似たところが。ブラームスの本質も歌曲にあります。マーラーも歌曲を味わい、理解するのが基本でしょう。でも大変難しい！　複雑ではないのに、すごく手間がかかるのです。

――マーラーを感情過多に演奏する危険性は？

JP：大いにあるでしょう。マーラーは本物の作曲家なので、似非《えせ》的なところはないし、扇情的な音楽も創らない。つまり「効果」を寄せ集めた音楽は書かないのです。マーラーの音楽には、本物にしかない価値がある。クライマックスと***pp***の間の大きな落差でマーラーを二分して、それを「演奏効果」として扱う指揮者がいますが、それは危険で間違っています。マーラーでは、よく「まとめ買い」させられます。「フルート八本！」「ホルンも八本！」「千人の交響曲！」。千人ですよ！　でも千人の交響曲の壮大さは、演奏者の人数でも「重量」でもなく、第一部 Venit creatum spiritum の堂々たる多声部、偉大なる対位法の世界にあります。ところが第二部〈ファウスト〉は一転、歌曲の世界に戻る。第二部の壮大さは――テキストです！　ここでのマーラーのこだわりは？　彼はファウスト楽章が扇情的にならないよう気を配り、永遠の女性像を説き、ファウストの真意を明らかにしようとしています。我々の関心もそこにあるべき。ただし、セシル・B・デミルの映画のようになりがちなので、注意が必要です。

――何年もの間で、マーラー指揮に変化はありましたか？

JP：何もかも。歳をとると変わりますよ。若い頃は、音符全部を指揮しようと思ったのに、年を経ると、音楽が流れるように演《や》っています。マーラーの音楽には、縦の線が大変複雑という面があります。マーラーは、古今の名曲と同じで最終的に振り過ぎてはいけない。その代わり、音楽をよく聴くよう奏者を誘導する。さきほど、歌曲の世界の話をしましたが、マーラーの曲は室内楽に憧れ、そこを目指していると思います。これは「壮大なマーラー」のイメージと相反します。マーラーは途方もない数の楽器を要求することもあるが、室内楽曲を作りたいだけ。彼の交響曲は、たくさんのソロや室内楽的なパッセージをちりばめた、大型の室内オーケストラ作品、室内楽に憧れる音楽のようです。室内楽作品を演奏するには、そんなに指揮せず、お互いが聴き合うよう助け、誘えばよい。室内楽のように……それがマーラー最上の演奏法だと思います。

――マーラーの指示は、どの程度助けになりますか？

JP：大いに役立ちます。マーラーは作曲家用の道具だけでなく、指揮者用の道具の扱いにも長《た》けていました。作曲家の考え方は、指揮者とは相当違います。しかし指揮者の目も持つマーラーは、「四つ振りで」「三つ振りで」など、的確なアドバイスを寄越します。三つで振るより一つで振る方が心地よいこともあるので、それほど厳密に従う必要はありません。でも彼のアドバイスは、作曲家の求めるキャラクターやテンポ、聞こえるべき音などへの鍵となる。彼はこのように、多くのヒントを与えてくれます。

――マーラーはなぜ二一世紀でも現代的で、これほど人気があるのでしょう？

JP：［音楽の中で］何が起こるのか予見し、それが現在の我々にぴったり嵌まる、これに尽きると思います。現在マーラーは、一九一〇年当時よりも現代的ではないでしょうか。なにしろ彼は、これから何が起こるのかを一九一〇年に語っているのです。マーラーが打ち出したのは永遠の真実。永遠性があるので、曲はいつまでも現代的です。いずれにせよマーラーの作品には、オーケストラを進化させるという優れた技術的側面があります。オーケストラが改善されるということは、マーラーの音楽がもっともっと上質に演奏されるということです。

一方でストラヴィンスキーのように、自身を未来人のように考えた作曲家もいます。彼の音楽は現在、一九一〇年当時よりも難しくなく、無理なく自然です。マーラーも〔現代の〕聴き手に〝自然に〟溶け込み、評価されています。マーラーは、オーケストラに彼らの大きさを表現させた作曲家でもあります。ソロ、各セクション、トゥッティそれぞれが独立して、オーケストラを輝かせる。この中で音楽は見事に言語的になります。マーラーの音楽が語るので、音楽家は喜んで演奏する。木管楽器、金管楽器、弦楽器……奏者達は、それぞれの楽器で自分自身を表現できるので、オーケストラはもっとマーラーを演奏したくなる。指揮者も振りたくなる。全員がマーラーを大好きになるのです!

――マーラーの音楽は、どう進化したのでしょう? シェーンベルクに? ベルクに?

JP:マーラーはまさしくウィーン・グループの中枢、ウィーンこそ彼の世界です。シェーンベルクのスコアを見たマーラーはアルマに「あいつは若いから、ひょっとするとこれで正しいのかもな」と。マーラーは、スコアが完全には理解できなかったのです。ベルクの方が間違いなくマーラーに近い。ベルクの音楽は、後年マーラーにぐっと近づきます。しかしマーラーは、次にどこへ行ったのか? ストラヴィンスキーの大作は、まだ書かれておらず、マーラーは聴いたはずもない。彼が《春の祭典》を聴いたらどうなった? どんな印象を持った? きっと、大変なショックでしょう。

シェーンベルク当人からの影響もあります。《浄夜》の楽譜を見たマーラーは、音楽がどこに向かうのか、よく理解できなかった。でもシェーンベルク・ワールドそのままの影響が一〇番、そして九番の終楽章に見られます。マーラーはどこに向かっていたのか？［九番の終楽章は］変ニ調です。マーラーは、古典的な調性の中で何をするつもりだったのか？　調性［自体］を壊そうとしたのか？　それはない。最終頁《ページ》も変ニ調なんです。しかし、それがどうつながるのか？　あの曲は人生と同じ。彼は真の作曲家——音楽こそが人生。人生も調性も終わりを迎えるように、最後の音は砕け、音符よりも静寂が支配します。変ニ調のこだまは聞こえる。しかしそれさえ漂ってゆき、ここが何調なのか一瞬見失ってしまいます。

一〇番の一楽章は明確な嬰へ調——トゥッティになると嬰へ長調。ヴィオラが演奏を始めるとロ短調のようで、和音や伴奏を加えることもできそうです。でもマーラーは伴奏を加えず、ヴィオラは裸でロ短調をなぞり、それから不思議な調に向かう。和声付けされてないが、和音を上に組み立てることはできるかもしれない。しかしパッセージは線に聞こえ、調の破壊、無調に極めて近いのです。

マーラーは何をするつもりだったのか？　次の段階に進み、調性を破棄したかったのか？　一〇番の一五番目の和音［22の三拍目］ソ・シ・レ・ファ#・ラ・ド・ミは、ほとんどクラスターです。さらに、リズムで何をしたかったのか、それも分かっていません。マーラーはワルツやポルカで、いつも3/4や2/4を使った。しかし一〇番の二楽章、最初のスケルツォは五拍グループ、合成拍で溢れています。マーラーは新たな世界を模索している。［自分が亡くなって］三年後、《春の祭典》を聴けたなら、どれほどショックを受けたか想像もつきません。マーラーがウェーベルンの世界を知ったらどうなったか——彼はシェーンベルクは知っていたのですから。繰り返しになりますが、彼らの音楽を聴いて、マーラーがどんな影響を受けたか、想像することは難しいですね。

――マーラーに聞いてみたいことは？

JP：ははは、たくさんありますよ。でもマーラーは自分のことを、曲の中ではっきりと説明しているでしょう。だから手始めに、彼の音楽のことではなく、マーラーが他の作曲家をどう考えていたのか、聞いてみたいです。大いに興味があります。ベートーヴェンのこと、ワーグナーとモーツァルトのこともぜひ。マーラーは音楽で嘘をつかない。どうして欲しいか、はっきりしているし、演奏者がどこで逸れるか、よく分かっている。そこで一言残す。「ここでラレンタンドするな」……。マーラーは自身のことを語っています――自作を語った書簡、希望を述べた手紙、活字の記録がいっぱい――加えてアルマ・マーラーの本――。どうやって曲を作ったか、それをどう思うかといった記録には事欠かない。でもこっちが知りたいのは、彼が特定の作曲家、プッチーニのような別世界にいる作曲家のことを、どう考えたか。マーラーはその世界に頻繁に出入りして、知り尽くしていましたから。マーラーと《フィデリオ》を語るのは、またとない経験でしょう。マーラーは《フィデリオ》と生涯連れ添い、亡くなる直前の一九〇九年にも指揮していたのですから。マーラーと話せるなら、作曲よりも指揮のことを質問したいですね。

――ワーグナーのマーラーへの影響は？

JP：もう計り知れないほど。マーラーはワーグナーを熟知していました。ワーグナーは巨大で、ベートーヴェン以降、新たなる音の宇宙を創造できた。音楽史の中で稀有なことです。そしてマーラーがシェーンベルクと同じく、ワーグナー・サウンドという宇宙を飲み干したのは明らか。しかしマーラーは同時に、ワーグナー、ブラームスという二つの異なる世界を融和させるのです。マーラーには、［スコアを］分かりやすくするという、二人の持ち合わせない技術があった。彼は、オーケストラを平明かつ明瞭にする、それまでの作曲家になかった技術を持っていました。

――マーラーの人となりをどう見ますか？

JP：マーラーをひと言で表すなら、正直かつひたむきな作曲家。悩める作曲家でもあるが、やはり正直な作曲家、芸術家だと思います。人におもねるような芸術家には見えない。その点では一切譲歩せず、真実を追い求め、芸術に身を捧げたベートーヴェンのようです。偉大な人物は他にもいる。ゲーテ、楽劇を創始したワーグナー然り。ワーグナーは真の大作曲家ですが、彼には別の腹づもりがあった。聴き手が曲を好むように仕向けるだけでなく、説き伏せようとした。いわば音楽のプロパガンダです。マーラーの場合、極めて正直で音楽にひたむきですから、語りたいことを語る。ベートーヴェンのごとく音楽で語るのです。

――マーラーは何を望んだでしょうか？

JP：今申し上げたことと重なりますが、マーラーは真正直な理想像、すなわち音楽と自身のあり方を通じて、真実を追いかけたでしょう。あくまで真実を。

25. Sir Simon Rattle

サイモン・ラトル

私が今指揮者なのは、マーラーがあったからです

27 January 2011, Vienna

1955年、リヴァプール生まれ。1977年グラインドボーン音楽祭の最年少指揮者。1980-98年バーミンガム市交響楽団首席指揮者・音楽監督。2002年よりベルリン・フィルハーモニー管弦楽団首席指揮者。バーデン=バーデン・イースター・フェスティヴァル音楽監督。ウィーン・フィルハーモニー、エイジ・オブ・エンライトゥメント管弦楽団その他に客演。2017年よりロンドン交響楽団音楽監督に就任予定。

——初めて聴いたマーラーを覚えていますか？

ラトル（以下SR）：はっきりとは覚えていません。子供の頃、地元リヴァプールで、ヨーロッパ最初のマーラー全曲演奏会が、同じオーケストラ、同じ指揮者で行われました。一九六〇年代中盤、考えてみるとそれは大変なことなのです。それまでヨーロッパで、同じ指揮者によるマーラーの全曲演奏は行われていないのですから。ユタ交響楽団がやっただけ［アブラヴァネル指揮、交響曲全集の世界初録音がある］。当時マーラーは中央から外れていたことを、皆忘れています。マーラー三番のイギリス初演がやっと一九六二年、ベルトルト・ゴルトシュミットの指揮で。その時の凄いテープをまだ持っています。そして［先程お話しした］サー・チャールズ・グローヴズとリヴァプール・フィルが年に二回ずつ、五年半かけて連続演奏を行います。《大地の歌》や一〇番の補筆［クック版］初稿も含めたので、五年半もかかったのです。その頃私は、リヴァプール・フィルの奏者にヴァイオリンと打楽器を教わっていました。彼らのグチを覚えていますよ。「年二回、俺たちはマーラーと格闘だよ」。

そんな断片的な記憶ですが、最初に聴いたのは確か一〇番です。そして一一～一二歳の時、横面を張られたように感じたのは二番の生演奏。それを聴いたから指揮者になったのです。仲間は一〇代前半か音楽学生か音楽好き。初めて演奏会でマーラーを聴き、全員足もとをすくわれてしまいました。自分達の音楽が見つかったようでした。マーラーの言う通りになったのです。それから、小遣いの範囲でレコード漁り。ワルター指揮の五番、あのすごい演奏は父のアメリカ土産です。おそらく最速テンポの演奏。我々の世代は、疑問など持たずにそれを受け入れました――要は恵まれていたのです。なにせ当時の代表的な交響曲解説書には、「マーラーの一番、四番は聴く価値があるが、残りはゲテモノ」と書かれていたのですから。マーラーが冗談と言われていたことを覚えている――私も歳を取ったものですね。

――マーラーが冗談扱いされていたのですか？

SR：そうなんです。

――イギリスで？

SR：本当ですよ。

――イギリスでも……

SR：ベルリン・フィルと初顔合わせした時、楽員が口を揃えて「シュトラウスは「マーラーより」うんと格上だよ」と、当たり前のように話していました。今ではシュトラウスは下に見られている。流行とは面白いものです。

――当時ラトルさんから見て、サー・ジョン・バルビローリはどんな立場でしたか？　その影響は？

SR：これは文化の問題ですよ。バルビローリの影響でしょ。よろしいですか、私はリヴァプール出身なんです。我々に言わせれば、「マンチェスターってどこにあるの？」。二つの街は敵対《バトル》しているのです「バルビローリはマンチェスターを根城にするハレ管弦楽団の指揮者」。こっちも皮肉っぽくなっていますよ。でも信心、つまりサッカーの話になるとシャレや冗談じゃなくなります。ご近所同士なのに、相手はいないも同然。スコットランドのグラスゴーVSエディンバラと同じです。面白いですよ、マンチェスターで何かあっても、こっちは知らんぷり。

汽車でマンチェスターに行って、名演を聴くこともできたでしょう。ハレ管が来ることもあったし……。でもバルビローリが元気で活躍していた頃、私はまだ子供でした。彼がリヴァプールで指揮したブルックナーの八番は覚えています。でもバルビローリが亡くなった時、こちらは一五才。それが残念でなりません。指揮者になって初めてベルリンやボストンに行ったとき、誰も彼もがバルビローリのことで話しかけてきました。ベルリン・フィルの年かさの楽員は、バルビローリを尊敬し、集まって思い出話をしており、胸を打たれました。皆に愛されていたのですね。そしてひょんなことから、バルビローリがベルリン・フィルにマーラーを持ち込んだのです。

バーンスタインがウィーン・フィルにマーラーを持ち込んだ経緯も、大変興味深いです。そしてカラヤン――彼は二人に続いたのだが、マーラーにスッと馴染めなかった。バルビローリのベルリン遺産が今でも輝いているのは、演奏にハートがあるからです。

ネヴィル・カーダスという批評家の功績もあります。彼はマンチェスター・ガーディアン誌［現在のガーディアン誌］のクリケットと音楽批評担当で、イギリスを代表する文化人でした。カーダスはバルビローリにマーラーを紹介し、何度も「ジョン、これは君の音楽だよ。やらなくては」と。そうしてバルビローリはマーラーを取り上げたというわけです。いい話ですが、今では誰も知りません。

――ラトルさんが最初に指揮されたマーラーは二番。一九七三年の一二月に学生オーケストラが演奏して。

SR：最初は四番です。オーケストラとコーラスのメンバーを見れば分かりますが、二番の演奏はずっと正式なものでした。［現在はDameの称号を持つソプラノの］フェリシティ・ロットが合唱で歌ったのですよ。彼女や［テナーの］ディヴィッド・レンドール等を、まとめて学生扱い。なんでフェリシティに、ソロを歌わせなかったのか。［現在］アルディッティ弦楽四重奏団やフィルハーモニア・オーケストラのコンサートマスターをしているクリストファー・ウォーレン＝グリーンも参加しています。当時クリスは一七才、セカンドの後ろで弾いていました。全員私が脅したりすかしたり、袖の下を使って連れてきたのです――一体全体どうやったのか。皆、熱に浮かされていたのでしょう。マーラーは、風変わりで学生には難しすぎると言われ、頭にきました。それから演奏したい一心で、全員で勉強して――決して忘れることはありません。

――その経験を踏まえて、初めてマーラー指揮に挑む学生に何かアドバイスはありますか？

SR：マーラーがほとんど演奏されなかった時代から、演奏され過ぎの感がある現代に一足飛び。楽しいですね。マーラー像は現在、巨大化しています。しかしそこには、彼の音楽がステレオタイプ化するという大きな危険性もあります。

まずはマーラーの言葉を信じることです。マーラーの作品を振ると、「いい感じだ」あるいは「音楽が流れているから、倍拍で振ろう」などと、本能的に感じる場所に行き当たります。ところがスコアを見ると、「四つ振りのままで」と書かれている。あるいは、「先にいかなくては」と感じる、まさにそこにnicht eilen（急ぐな）とある。マーラーが指揮した曲に書かれているのです。彼には、指揮者としての本能があった。他人の曲をあれほど素晴らしく指揮した大作曲家は、それまでいなかった――ワーグナーぐらいか。マーラーは好奇心旺盛な人物でした。晩年、ニューヨークで振ったプログラムを見ればそれが分かります。エルガー、ドビュッシー、ダンディー等々――ラフマニノフ自身の独奏でピアノ協奏曲第三番を演奏したり。マーラーは、「エルガーの」《ゲロンティアスの夢》も知っていたのですよ。スコアを持っていましたから。そしてエルガーの交響曲第一番も演奏予定に入れていたのです「エルガーの一番は、マーラーが没して六日後にロンドンで初演された」。マーラーは、アイヴズと同じ写譜屋を使ったというので、アイヴズの株も上がったそうです。マーラーは、こうした作品全てに魅力を感じていました。最高に度量の大きい音楽家でしょう。

［アドバイスするなら］まずマーラーを信じること。そして次に、楽譜に書かれていることの意味を考えること。ベルトルト・ゴルトシュミットは、三番のイギリス初演、［クック版］一〇番の補筆全曲版の初演をした、数少ない偉大なる先人です。彼はベルリンで《ヴォツェック》が初演されるとき、［エーリッヒ・］クライバーの助手も務めているのです。ベルトルトは、あれこれ面白い話をしてくれました。例えば「いいかいサイモン、Ohne Hast（急ぐな）という指示は、車のなかった時代の話だからね」。また「一〇代後半～二〇代になると、作曲家仲間とマーラーを聴きに、どこへでも出かけたものだよ。マーラーの交響曲はヨーロッパで年に一度だけ。だから追っかけ旅行さ」。彼は、三番の五楽章でオーボエがグリッサンドを止めたことも憶えていました。※ 当時オーボエの機構が変わって換指キーが付き、ものすごい進歩だと思われていました。ベルトルトによれば「マーラーはトロンボーン・パートにもオーボエと同じグリッサンドの指示を書いている。よく聴いたものだが、皆やらなくなったんだ」。［※四楽章ではないだろうか。IV/32～33、70～71、71-72のオーボエ・パートにhinaufziehan（音をズリ上げる）、Wie ein Naturlautという指示あり。IV/44～45のイングリッシュ・ホルンのパートは、同じ音だがhinaufziehanとだけ指示がある。代え指キーができる、あるいはキーの形状が変わることで、独特の奏法が失われることはあり得る。］

それにしてもNaturlautとは何なのでしょう？　ベルトルトの言うように演奏すると別物になりますが、その通りにやれと強く言われました。昔はどう演奏したのかという、年配の音楽家の証言です。

またベルトルトは、四番の冒頭の全ての版を見せ、テンポ関係をじっくりと解説してくれました。初稿には、どんなルバート記号も書かれていない。全て同じテンポ。他の全ての稿では、まずテンポが速くなり、次には遅く……と変わる。だからスコアを丹念に読まなくてはいけない。しかしモザイク状をした細部こそ、最も重要なのだ。まずこれを整理して、それから大きな画面を見る。チャイコフスキーがよく間違って演奏されるように、耳に馴染んだロマンティックな音楽としてでなく、全く独自の作品として演奏すること。

ベルトルトはさらに、一番のフィナーレに関してこう言いました。「これは皆が忘れた話だけれど、［その当時］マーラーがモルト・ルバートと言えば、オーケストラ全員が、全部の音符をモルト・ルバートした。だけどマーラーがルバートと言えば、全く違う意味だったんだ」。指揮者だったマーラーは、当時の演奏者達が頑なで、自分の曲を自在に演奏してくれないのでうんざりしていました。潮の満ち引きがほとんどないのです。ベルトルトによれば、偉大なワーグナー指揮者達の潮の満ち引きは自然で、常に一定だった。しかしマーラーの指示は極めて緻密なので、我々はそれらが全てを表していると思いがちです。そこで［指揮者ニコラウス・］アーノンクールの言葉に戻ります。「何が書かれているかだけでなく、どんな意味かを考えること」。

――マーラーは、即座にラトルさんの心に入り込んだ。彼が自分の作曲家だと分かり、それで指揮者になったと。他の作曲家と、どう違うのですか？　なぜそれほど強烈にマーラーに嵌《は》まったのですか？

SR：一目惚れを説明できますか？　マーラーとハイドン、二人は時を置かずに私の許にやって来ました。うまく指揮できるという意味ではないのです。とにかく彼らと暮らすようになった。何というか「通訳不要」の二人です。何に影響するわけでもないが、感覚が他と少し違う。でも［親しいからといって、何でも許されるという」殺しのライセンスを取得したような気になるのは、危険ですね（笑い）。マーラーに関しては、新たな土壌が切り開かれるという世代的な感覚もありました。

――九番の最終ページは、来るべき二〇世紀に向け扉を開いたと言われますが、そう思いますか？

SR：マーラーは常にそうですが、一〇番は、さらなる扉を開いたでしょう。一楽章には《ルル》が、二楽章にはヒンデミットがいる。最終楽章でマーラーは完全に方向転換して、不思議なことにシンプルな方向に進むのです。五一才の若さで！　ヤナーチェクは五一才で《イェヌーファ》を書いた。初めての円熟作品。マーラーの凄さが想像できます。駄作が一曲たりともないのが、ただ一人マーラー。彼の作品は重要性が高く、新しい世界に向けて扉を開きました。

マーラーの九番、《サロメ》、《エレクトラ》が《ヴォツェック》を作ったともいえます。正反対の人達が別の方法で、新たな世界を見出す。マーラーはその世界を受け入れ、シュトラウスはいち早く去って行った。でも彼らが新たな世界を見出したのです。《サロメ》の初演を聴きに行った連中が、帰りの列車で侃々諤々《かんかんがくがく》。マーラーが夢中でこう言ったのが傑作です。「曲も良くて、同時に興行的な成功を収める、どうすりゃそんなことができるのか」。その時彼自身、それと戦っていたのです。マーラーは交響曲一番が不評で、完全にめげていました。大成功して指揮を引退、翌日から作曲家として食べていけると確信していたのだから、全くもって無邪気です。不評など思ってもみなかった。一番は彼にはごく自然で、策を弄したわけでもない。名乗りを上げたら、受け入れられると考えたのですね。まあ、物事には時間がかかるものです。

——どうしてそれほど時間が？

SR：どうして音楽は理解に時間がかかるのか？　ベートーヴェンの七番の初演で、ウェーバーは途中で抜け出し「あのオヤジは精神病院行きだ。あれはもう音楽じゃない」。あのウェーバーがなぜ？　要するに時間がかかるのです。

——マーラーは、二〇世紀の破滅的な大惨事《カタストロフ》を予測したでしょうか？

SR：それに関しては……そういうことを言うのは感傷的で危険だという私と、《復活》を、意味はどうあれ、予兆と捉えて聴くしかないという私がいます。でも作曲家だって、今何を書いているのか、それがどんな意味を持つのか、常に分かっているわけではない。そもそもマーラーは、我々には地獄への行進にしか聞こえない七番のフィナーレを、それまでに書いた最高に喜ばしい音楽だと思っていたのです。あれ以上不思議で哀れで荒々しいハ長調を想像できますか。だから分からない。大作曲家というものは、我々の与り知らない深さを持っており、予言者でもある。真偽の程は誰も知らない。でも予知能力を感じるということは、彼らが大作曲家であることの証なのです。

——マーラーの人生と作品に関係はあるでしょうか？

SR：世界の全てを、作品の中に書き留めようとした人物です。関係ないわけがない。一方、マーラーの指揮者としてのスケジュールを見ると、あの短い間にやたら仕事をしています。ゲルギエフほどのひどい仕事中毒《ワーカー・ホリック》でも、あの量はこなせない。しかも休日には、曲まで書いて。

マーラーからはオペラが聞こえます。七番からは《後宮からの誘拐》や《ボリス・ゴドゥノフ》、マーラーの学んだ全てが聞こえてくる。八番を聞けば、マーラーがエルガー〔《ゲロンティアスの夢》〕のスコアを見たということが、瞬時に分かる。ゾクゾクしますね。マーラーの人生と作品にはもちろん関連があります。話は飛びますが、彼はカッカしながら作曲したという印象があります。本人は、小さな家でパンの神に見つめられていたと書いています。マーラー本人と、彼の作品を切り離すことはできません。その点で、最近話題のシューマン──彼の二番とつながります。二人は惜しげもなく己をさらけ出す。ただしヒーローの部分ではなく、人間的な欠点やユーモアの感覚、ひ弱で鷹揚なところ。二人は、精密さの点でも強く結びつく。マーラーは事大主義ですが、細密さ、草の葉から始めます。誤って毎回一緒にされるのがブルックナーとマーラー。そしてハイドンとモーツァルト、ドビュッシーとラヴェル。シューマンとブラームスを一緒くたにするのも間違っています

──マーラーはどこに行ってもはぐれ者、異邦人だったようです。しかしそれは、自ら選んだ生き様かもしれません。彼はさらなる内面の自由を求めたのでしょうか？

SR：当時のユダヤ人に、内面に生きるための選択肢があったとでも？ そう考えるのは、あまりにも無邪気では？ もちろん内面の自由については、心にあったでしょう。でもマーラーに常に選択肢があったとは思えない。彼がカトリックに改宗した理由《わけ》も、誰も知らない。真実への評決は下っていないのです。

――マーラーの音楽は、私たちの人生と我々が抱える問題に触れてきます。だから多くの聴き手が、マーラーを現代作曲家のように感じています。「マーラーを身近に感じることはありましたか?」

SR：コンセルトヘボウから表に出て、角を曲がったところに、マーラーが毎朝コーヒーを飲んだ小さなレストランがあり、店内には「マーラーの席」があります。

数年前、ウィーン・フィルとベートーヴェン連続演奏で各国を回りました。日本《ジャパン》ツアーで「アンコールは?」となり、私は《フィデリオ》序曲がぴったりと考えました。オーケストラは「それは楽しい。《フィデリオ》序曲をオペラ公演以外で演奏した覚えが、誰にもないので」。確かにウィーン・フィルは、普段コンサートで序曲をやらない。でも大げさだなと思ってパート譜を見たのです。ものすごく古い楽譜。ああなんてこと、練習番号や書き込まれた強弱がマーラーの字のよう。自分で「パート譜に」書き入れていたのです。そして楽譜はその時から使われていないようでした。彼の筆跡、間違いないです。

――マーラー自身の書き込みですか?

SR：そう、自分で。副指揮者になる前のことでしょう。つい最近、ここでウィーン・フィルと《トリスタン》を演奏した時のこと、ライブラリアンのペーター・ポルトゥン氏が「これ、よければ二週間ほどお貸ししましょうか?」と言うので「何ですか」と訊くと、「見てくださいよ」――マーラーが使った《トリスタン》の指揮者用スコアでした。他の指揮者をどう思っていたのかが分かる書き込み、皮肉なコメント付き。シュトラウスの指揮を馬鹿にして、4/4の場所に「シュトラウスなら、ここを五つ振り?」と。マーラーの強弱、マーラーの考え抜かれた指示、彼が部屋にいるようでした。ウィーンでは、今でもマーラーが街を行くのです。

——ウィーン・フィルの響きは、マーラーのオーケストレーション、サウンド・イメージに影響したと思いますか？

SR：当然です。特にムジーク・フェラインの性質。マーラーの交響曲のバランス、強弱の書き方は、ムジーク・フェラインが念頭にあります。ムジーク・フェラインでは、他のホールより、弦が強めに響きます。聴けばすぐに分かりますよ。松材の性格《くせ》が強く出るのです——当時は嫌われていたかもしれませんが。

——マーラーは何を望んだのでしょう？

SR：作曲家も、我々同様の人間であることを忘れがちです。マーラーに、遠大なる計画があったとは思えない。そんな計画を持つ人物は例外でしょう——ワーグナーがそう。でもワーグナーだって、人生を通じて考えや計画、哲学を変えています。

マーラーは、創造に満たされた人生を望んだでしょう。彼は計算高い音楽家、人物とは思えないのです。一方シュトラウスは上手く立ち回った。その意味で彼らは両極端です。マーラーの六番が初演された後、シュトラウスはこう言ったそうです。「皆なんで悲しそうなの？　大成功じゃないか！」。要は、音楽の深い意味を理解していない。シュトラウスをよく表した話です。

——洗練されたマーラーと、大げさなマーラーとを区別しますか？

SR：マーラーは一人だけ。彼は全てを受け入れます。彼は自分に対しても皮肉屋でした。三番について マーラーは「これまで私は下品な表現が専門だったが、この作品ではそれを徹底させた。皆さんは四六時中、家畜小屋か飲み屋にいるような気持ちになるだろう」。マーラーは自分に皮肉を。彼の中には何でもある。その全てが、一人の人間の本質なのです。

——マーラーに聞いてみたいことはありますか？

SR：思うにブルーノ・ワルターは、歴史上最もラッキーな指揮者。これが答えです。だって現場で吸収できたのですから。マーラーと一緒にいて、質問などせずに理解する。それは我々全員の夢です。「マーラーに聞きたいことは」と三十年前に問われたら、即座に十個の質問を用意したでしょう。でも今は歳を取って少しは利口になったので、聞いたから知識が得られるとは思わなくなりましたね。

26. Esa-Pekka Salonen

エサ＝ペッカ・サロネン

マーラーは、在るもの全てを受け入れます

8 August 2009, Salzburg

1958年、ヘルシンキ生まれ。1985-94年フィルハーモニア管弦楽団首席客演指揮者、1985-95年スウェーデン放送交響楽団首席指揮者、1992-2009年ロサンゼルス・フィルハーモニック音楽監督。2003年よりバルト海音楽祭音楽監督。2008年よりフィルハーモニア管弦楽団首席指揮者。

――初めて聴いたマーラーを覚えていますか？

サロネン（以下ES）：交響曲の五番かもしれません。一九七〇年代に我が師ヨルマ・パヌラが、フィンランド国内でマーラーの交響曲全曲を、フィンランド人として初めて指揮しました。その時、全部聴いているのですが、最初はどの曲だったか。でも当時、私はブルックナーが好きで、その形式の単純さ明快さに魅せられていたので、マーラーに戸惑ったのは覚えています。

――最初に指揮されたマーラーの曲は？　それはいつですか？

ES：最初に指揮したのは三番です。一九八三年、二五才の時で、マイケル・ティルソン・トーマスの急な代役でした。オケはロンドンのフィルハーモニア管弦楽団。一夜漬けで勉強し、とにかく振りました。それが指揮者としてキャリアの始まりで、それをきっかけに、これまでに五番を除いて全曲を演奏たまたまそうなったのです。

——マーラーの、いちばん長い曲から始めたのですね？

ES：ははは、それ以降、何をやっても楽に思えます。

——一楽章はため息が出るほど長く、やりくりしなくてはいけません。どんな戦略を立てましたか？

ES：当時、本能的に仕事を進めたので、何を考えたのか覚えがないのです。三番の第一楽章、その難しさ、問題点そして魅力は、広大な視野の中にあります。ソナタ形式の中の詰め物が縫い目から溢れ、ついには形をなさなくなる。ソナタの要素は再現部に残るだけで、全ては事実上忘れ去られる。二重の提示部も込み入っています。路傍の花の香りは魅力的だが、道草を食っていると目的地を見失うし、音楽の流れも失うことになります。一楽章が素晴らしい場面に溢れているのは承知しています。でも次回三番を振るなら、一楽章を自由に展開させるのではなく、なるだけまとまりのあるものにしたいです。

——サロネンさんは昨年、ここザルツブルク音楽祭でウィーン・フィルと三番を演奏されました。最初にマーラーを振って、かれこれ二十年。演奏法は、総じて変わりましたか？

ES：マーラーを振れば振るほど、歳をとればとるほど、シンプルになったと感じます。昔ほどあれこれやらなくなり、大きなルバートを作らず、有機的な音作りを目指すようになりました。毎回、うまくまとまるわけではないですが、シンプルに自然に有機的に響いて、人工的に歪められることがなければ、こっちのものです。マーラーの音楽の芳醇さ、素材の雄大さ、そして雰囲気と表現が突然ねじれたり曲ったりするのも魅力です。ただし音楽のノイローゼ的な部分を、あえて探そうとは思いません。それは確かにあるが、そこをポイントとは思わない。マーラーは、様々なレベルで進行する、起伏の激しい音楽です。最悪の場面は目も当てられないが、最高の部分は、筆舌に尽くしがたい。善人と悪人。利口と間抜け。聖職者と遊女、全てが共存している。まるでこの世界のようです。こうした素材の豊かさは、ロックやポップスを含め、全ての音楽の中でもユニーク極まりない。世界を包み込み、全てを抱擁するような存在に、誰もがなれるわけではないのです。

——目も当てられない場所を挙げるならば？

ES：例えば三番の一楽章、マーチの途中にあるハ調系のフレーズ。アメリカ海軍が基地に到着したときの音のよう。信じられないほど、悲しいほど陳腐です〔I/247～, 742～〕。七番の〔二楽章〕〈夜の音楽I〉も似たようなもの。一部のフレーズに陳腐さを差し挟むマーラーが理解できないこともあります。

——先程おっしゃった、ノイローゼ的な面はどこに？

ES：異なる雰囲気と表現の間で突然変化し、ジャンプするのは典型的な神経症の行動です。それから六番以降、主題が分かりにくくなる——とにかく難解。六番のフィナーレ、マーチ主題は本当に複雑で、神経質で苛ついています。何よりも経過部分なしに表現から表現へと、手のひらを返すように移動する様子は、典型的ノイローゼです。

——マーラーは六番の最終楽章で、二〇世紀の破滅的な大惨事《カタストロフ》を予知しているという指揮者がいます。第一次大戦前夜、マーラーはある意味予言者だった？

ES：予言ではなく、マーラー個人の葛藤でしょう。マーラーはいつでもどこでも疎外感を持ち、いわば根無し草でした。六番が一番幸せな時期に書かれているのは、何とも皮肉です。ウィーン国立歌劇場の仕事を始め、全てがうまくいき、成功者となり、ヨーロッパ全土、いや世界でいちばん著名な指揮者となった。さらに、若く美しく聡明な女性と結婚し、愛らしい二児をもうけたのですから。成功を喜び、愛の賛歌を書く時でしょう。ところが彼はそうせずに、人間の心に巣喰う、暗い世界を掘り下げる。ただしそのメッセージはあくまで個人的なもので、政治的なことに口を挟んでいない。彼のカタストロフは、世界ではなく、あくまでも自分自身のものです。

予知に関して——少し話題が逸れますが、ストリンドベリの最後の戯曲“The Great Highway”（一九〇九）には、広島に投下された最初の原爆が、文字通り正確に予言されています。戯曲に登場するさすらいの旅人は、目の見えない日本人に出会う。その人は太陽よりもまぶしい光を見て、視力を失ったとのこと。旅人は「どちらからおいでに？」、盲人は「ヒロシマから」。ストリンドベリ最後の戯曲、まさしく千里眼。でもマーラーの場合は個人的なものだと思います。

――作曲家サロネンは、マーラーから何を学びましたか？

ES：なによりオーケストレーションを。マーラーの技法が、九つの交響曲を通じてどのように成長しているか、大変興味深いのです。音は少なく効果は大に。例えば七番には、室内楽そのものといえる場面があります。彼のオーケストレーションは全て、究極の明快さ、単純さに向けた試みと言えます。マーラー自身が指揮をしていない晩年作を振るのに、指揮者たちは苦労をします。例えば九番は、マーラー自身もその演奏を聴いていないため、［後世の指揮者には］音のバランスという問題が残されます。《大地の歌》では、テナーとオケのバランスを取るため、あちこち書き直す必要があるでしょう――取りわけ一楽章。一〇番はもちろん、〈アダージョ〉だって完成品ではない。

それ以外にも、アイデア素材が常に流動的で変奏状態にあることを学びました。さらに和声的思考が、大変個性的。その和声こそがマーラー、逆に和音がないのがベルリオーズです。ベルリオーズの和音をピアノで弾くと「なんだこれは、不格好で出来も悪く素人っぽい。まるで子供の作品」となるが、オーケストラで曲の流れを聴けば、他にはない天才と分かります。マーラーは正反対。和音自体にとてつもない表現力があり、そのセンスは高度に進化を遂げています。晩年の作品は、最後の調性開拓者の許に浮遊し、反対側に力強く横切り、再び舞い戻ってくる。そこが極めて魅力的です。彼の仕事場は、まるで国境の緩衝地帯。その和声は、体系化された無調和声に難なく移動する――ベルクとの距離が近い。初期のベルクから円熟のベルクに移行すると、無調素材が十二音技法に体系化されますが、その点でも二人の距離はすごく近いです。

――マーラーがあと三十年長生きしたら、ウィーン楽派への影響はどうだったでしょう？

ES：面白い質問です。［晩年の］マーラーは、調性音楽を止める方向に向いていたからです。とはいえマーラーが、調性を全て捨て去るつもりだったとは思えない――調は一貫して感じられます。マーラーが調性から離れる瞬間、震えるほど感動するのは、調を示唆するものが残っているからです。彼は調性から完全に離れることはなかったでしょう。例えば長いキャリアの中で、あらゆる思考の変化を体験したストラヴィンスキー。彼は一九五〇年代後半、十二音技法に足を踏み入れています。しかしその頃の作品を注意深く聴けば、無調とは違う、純粋なストラヴィンスキー音楽。彼の和声技法が残っています。つまり、十二音技法は使うが、調性感は完全には消えない。この点、調性の示唆が全くない晩年のシェーンベルクとは大きく違います。一方、ベルクは調性と関わり続けます。《叙情組曲》のいくつかの楽章、《室内協奏曲》のある場面など最も無調的な曲でさえ、常に調性が示唆される。そして晩年のウェーベルンはシェーンベルクと同じく、調性技法の束縛から完全に自由になります。

――マーラーのスコアを見ると、強弱など全てが詳細に書かれていて明快です。この意味でマーラーは、近代音楽への扉を開いたと言えるでしょうか？

ES：マーラーは「誰でもできる音楽」のパイオニアです。間抜けでも失敗しないよう、全てを正確に分かりやすく記譜する。ブラームスやブルックナーと較べてみればよい。ブラームスのスコアに、大量の情報はなく、書き込みは控えめ。だから目立つ書き方がされている箇所は、重要だと分かります。ブラームスは当時の音楽家の本能を信じようとした、あるいは信じることができた。一方マーラーは、音楽家が作品を理解せず、自分の意図と違うやり方をするのを経験し、結局全てを信じがたいほど明快に記譜することにしたのです。

この記譜法は、時代を追うごとにインフレ化します。例えばベルク、彼の《オーケストラのための三つの小品》には、全ての音符に大量の情報が書かれており、かえって効果を減じています。なにしろ全ての音が語るのですから。この曲を演奏するなら、音楽家の立場で間引く必要があります。先に進めるように、そして物理的にも演奏が可能なように、しかるべきところまで指示を減らすのです。

ウィーン派に限りません。ドビュッシーだって。これは噂で、真偽の程は定かでないですが、ドビュッシーは亡くなる日の午前中、デュラン社のオフィスで《海》にスラーなどを加えていたそうです。このやり方は［イギリスの現代作曲家］ブライアン・ファーニホーとジェイムズ・ディロンの極度に複雑で厳密な記譜法や、信じられませんが一つの音符に少なくとも三つ、あるいは四つ五つという記号を付ける新複雑性の一派に受け継がれます。マーラーはそういった楽派の先達だと思います。

――以前、《嘆きの歌》初稿の演奏計画について話されましたが、曲の魅力はどこにありますか？

ES：《嘆きの歌》は素晴らしい作品で、オリジナル稿の楽譜がやっと発売され、喜んでいます。これまで二度演奏しましたが、全曲はまさしく奇跡。マーラーの全てがある。素材の基礎、雰囲気、主題、声楽の扱いなど、彼の原型が既にあるのです。もちろん劇作品としての問題点はあちこちにあります。［曲が進んでも素材の］新たな組み合わせがなく、フレーズも非常に短いため、劇場作品として体をなさない。

一つのことをやって次のことをやる、それから別のことをやって戻ってみる。しかし何に発展するわけでもない。子供の作品みたい。飽きっぽい一〇代のようでイライラさせられる、でも感動的な作品です。サウンドも最高――最初の小節から、これぞマーラー。

――九番をいちばん身近に感じるとおっしゃいました。

ES：九番には、総和感があります。全てがマーラーの原点に戻る。一楽章はマーラー流拡大ソナタ形式の原型。スケルツォはマーラー風スケルツォの原型――彼の仕事全てが反映されている。ブルレスケは躁的な対位法課題――容赦なし。バッハ等、対位法の大家へのオマージュに思えます。そして〈アダージョ〉には［マーラーの］〈アダージョ〉全てが含まれる。作品に人生の総決算を感じます。マーラーが現在の私の年齢で、最後の曲を書いたことが不思議です。私自身は別に歳をとったとは感じていませんから。マーラーの九番にはいつでも感動します。最近、六番にも新たな発見がありました。数回振りましたが、内容が豊かで、決して飽きることがありません。

――マーラーを感情過多に演奏する危険性は？

ES：マーラーの音楽には、すでに溢れんばかりの情感があります。そんなマーラーを演奏しながら己を語るのはいかがなものか……だって自分じゃなく、マーラーの話なんですから。仲間の演奏でもハイティンクやピエール・ブーレーズの巨匠的なものも含めて、シンプルなのが好きですね。マーラーの物語と自分に溺れる指揮者の話、二つが同時進行するような演奏を聴くと、嫌になります。好き嫌いは趣味の問題ですが。

——マーラーが望んだものは何でしょう?

ES：偉大なる人物が、何を望むのか？　マーラーの創造への究極の原動力は、人々と心を通わせたいという気持ち、言葉などでは伝わらないことを音楽で伝えたいという気持ちでしょう。音楽とは、他にないコミュニケーション・ツールです。他の理由など考えられない。音楽は現象として、それ自体で人を感動させます。そして音楽［を聴く行為］は物事を創造するプロセス。長い目で見ると創造の神秘、音楽の神秘を理解するプロセスでもあると思うのです。「音楽はどこからやって来る?」「音楽がなすものは?」「音楽が聴き手に強く訴えかけるのはなぜ?」。そしてマーラーが何を望んだか。彼は人々と何かを分かち合いたかった。それこそが答え。そこにこそ、マーラーの力強さがあります。

27. Michael Tilson Thomas

マイケル・ティルソン・トーマス

ジャンプ、カット、
ジャーン！

3 July 2010, Munich

1944年、ロサンゼルス生まれ。1969年タングルウッドにてクーセヴィツキー賞獲得。1971-79年バッファロー・フィルハーモニー管弦楽団首席指揮者。ボストン交響楽団、ロンドン交響楽団、ロサンゼルス・フィルハーモニックに客演。1995年よりサンフランシスコ交響楽団首席指揮者。

——初めて聴いたマーラーを覚えていますか？

ティルソン・トーマス（以下MT）：マーラーの音楽がやって来て、心を鷲掴みにされたときのことは、はっきりと覚えています。一三才の時、何かの理由があって知人の家で両親を待っていたのです。多忙な友人は「音楽でも聴いてみる？　マーラーの《大地の歌》なんか知ってる？」——こっちは、もちろん知りません。彼は「最後の楽章がいいね。だいたい二十分、終わるまでにはお父さん達が戻って来るから」と、［六楽章］〈別れ〉に針を落としました。その録音——フェリアーとワルターの演奏を聴く前と後で、私の人生が変わってしまいます。感動で気絶しそうでした。先祖が暮らしたウクライナの寒村——ユダヤ音楽が聞こえてくる。街の音楽も教会の音楽も。そしていろんな文化の混ざった風景——そんな私の思いを語るような音楽。それからこの部分（ラー・ラー・ラッラッラ・ラ～ラ・ラ～ラと歌う）※が心に飛び込んで来ました。あんなオーケストラ作品があったなんて——決して忘れることはありません。［※インタビューの後半で、同じ部分を歌っている。話の内容から、三拍子の歌を四拍子で伴奏するVI/58～等の可能性がある。］

——それから？

MT：交響曲の勉強を始めました。スコアと録音で曲に馴染み、《大地の歌》のピアノ・スコアを手に入れて演奏を始め、それがきっかけで他の歌曲に向かいました。若手指揮者がマーラーの交響曲を振る機会など、そうはありません。それで、歌曲の伴奏から始めたというわけです。

それとは別に、タングルウッドでマーラーを体験しました。当時私は、バークシャー音楽センター［現タングルウッド音楽センター］の奨学生のような立場でした。ある日曜日の午後一二時半、電話のベルが鳴って——その日バーンスタインが二番を演奏する予定だったのですが「ボストン響の副指揮者が急病なので、舞台裏のオケを指揮する人が必要になった。君が指名されたので、これから出かけてバーンスタインと話をしてくれ」と。二番は、ワルターの録音を何度も聴きましたが、勉強したことはない。しかもその夏は、タングルウッドで催される現代音楽祭にかまけており、二番に関してはリハーサルにも顔を出していませんでした。全くの白紙状態です。

とにかくバーンスタインに会いに行きました。彼は当然、間際になって現れました——こちらはさんざん待たされて。バーンスタインは「やあ、はじめまして。聞きたいことがあるんだ。アドバイスしてくれないかな」「私がですか？」「そう。とにかく二番に関して、みんなボクのことを〝ミスター・マーラー第二番〃と思っている。曲もボクが書いたとか。冗談じゃない。いつもスコアを見て演奏しているんだから。暗譜でやったことなど、人生で一度もないんだ。でも今日初めて暗譜で振ろうと思っている。どうかな？」「どうかなですって？　からかわないで下さい」。でもバーンスタインは大マジメでした。

マーラーの交響曲は問題なく進行しますが、二番には、どうしても覚えられない経過部分があります。3／2が二小節で全休止、それから別の音楽が始まるのか、それとも2／2が二小節で無音、それから新しい音楽が始まるのか、完全に混乱してしまいます。バーンスタインは「ここから振りをどんどん少なくして、最後に振るのを止める。すると音楽は止まる。そこでやおら指揮を始める――で行こうと思うのだが」と。こっちは「分かりました。覚えておきます」。舞台裏の小さな覗き窓から見ていましたが、バーンスタインはその通りにやりましたよ。

――その後バーンスタインと、マーラーの話をしましたか？

MT：ずっと後になってからです。その後急に九番を演奏することになりました。二四才になってやっとです。最初に振るのが九番、周りはとんでもないと考えましたが、一番語りかけてくる曲だったのです。語りかけるという意味で自然だったのが、九番と《大地の歌》。まず九番を指揮して、他の曲に取りかかりました。バーンスタインは最初の頃、私がマーラーを指揮するのを何度も聴きに来て、話をしてくれました。例えばテンポのこと――「まさに正しいテンポ関係だった。良かったよ」、あるいは「ここは読み解かなくては」など。私なりのマーラーを見つけるよう、言外に励ましてくれたのです。

当時私は、最初の感動に立ち返り、マーラーらしい響きを作るべく模索していました。バーンスタインも、それを分かってくれたと思います。すると、マーラーの巨大な構造の中心部分から、ある種の音楽、ある種のアンサンブルが聞こえてくる。街の音楽、キャバレーの音楽、教会音楽、サロン音楽、軍隊音楽などなど。そういった音楽のキャラクターをはっきりと打ち出して、マーラーが描写したものに近づけたかったのです。

「自分の世界を作る」がマーラーの言。映画監督の言葉のようです。マーラーの音楽は大作映画のようで、桁外れです。いろんなシーンがあちこちにある。タルコフスキーの作品なら、大軍が攻め込み、大嵐が吹き荒れ、事件が巻き起こる一方で、画面の端には、年老いた物売りが手押し車を引きながら「プレッツェル、手作りプレッツェルはいかが」と売り歩いている。スポークの折れた車輪、嫁にいかない三人の娘のためにプレッツェルで稼がなくてはならない。フェリーニやタルコフスキーといった監督ならば、このシーンのために俳優など使わず、街に出て、そのものずばりの物売りを探すでしょう。

マーラーの大作でも、場面によっては他のジャンルからの荒削りなキャラクターが絶対に必要になる。そこが一番難しいところです。マーラーは良い趣味などお構いなし、できるだけグロテスクに演奏するよう、オーケストラ奏者に求める。全てを完璧に、美しく上品に演奏するよう訓練された彼らには、厳しい注文です。マーラー時代の奏者は、それに苛立ちました──今でも同じ。奏者たちは「***sf***やアクセント、grell（毒々しく）といった指示ばかり。要求がやたらにある。しかも演奏したいのと正反対のことばかり」。しかしマーラーが交響曲に真に望んだのは彼の「世界」、彼自身が人生で知り得た世界の表現です。マーラー版「世界」は、音楽の中にこそある。力強く出現する巨大な構造そのままに、彼の世界を生き生きと表現するのは本当に難しいですよ。

――音楽を感情的に表現するバーンスタインのスタイルに、影響されましたか？

MT：ええ、数曲は。例えば六番、ニューヨーク・フィルとの演奏には、ショックを受けました。オーケストラの質と若きバーンスタインのエネルギーがピタリと合って力強く、手に汗握りました。その後彼は、作品の叙情的な面を見つける方向に進みます。バーンスタインは、音楽の絶対性をさほど信じておらず、皆で音楽と共に旅をすると、いろいろなことが起こる」などと考えていました。ある時、彼に一回の演奏の中で何を思うか質問すると、彼は「絶対にこうすると決めたら、他人が何を言おうが関係ないさ」と――もっと乱暴な言い方でしたが。

――マーラーの指揮は、特別な技術を要しますか？

MT：そう思います。マーラーはテンポをどんどん遅くしていくので、晩年作はとてつもなく難しくなります。《大地の歌》の最終楽章〈別れ〉の最後では、二連、三連、四連、［五連］のルバート、それにPizz.もten.cantandoも。これら全てが、とにかく合わなくてはならない（歌う）［先程と同じフレーズ。例えば58～］。tempo *Gefängnis*（拘束されたテンポ）のようになってはならず、整理されたルバートの中で自由に流れること――ベルクに大きな影響を与えたスコア――そこでは二分音符三十八均等割などが進行します。でも、細かく分割すれば良いというものではない。奏者がそれぞれ別のことを演奏している間に、この大きな、極めて遅い拍動《パルス》を捉える必要があります。そして拍はどんどん遅くなる。

マーラーの中で、一〇番の一楽章ほど習《さら》うのが難しい曲もありません――私の場合ですよ。浮遊感だけで拍節《パルス》がまるでない——中間部には時折ありますが。何というか……表現主義者になったパレストリーナのような声部の動きばかり。カデンツがどこでルバートがどこ、と感覚を研ぎ澄ませるしかない。この響きをとらえるのは容易ではないですが、分かり易い部分もあります。

——マーラーを指揮し始めた頃は力で押していたが、その後アプローチが変わって、進化したという指揮者もおられます。ティルソン・トーマスさんも、似たようなことはありましたか？

MT：これまで常に、スコアの求めに忠実にやって来ました——忠実といっても色んな意味がありますが、私の場合、取りわけセクション間のテンポ関係です。もっと刺激的に、もっと格好良く、「マエストロの地位」に安住するチャンスと思って演奏し、後でひどく後悔したものです。経験を積むにつれて、スコアには巧みで強い部分があちこちに隠されていることや、マーラーは自分の書き方や、演奏者への要求を心得ていることが分かってきました。

マーラーにはどの曲にも、どうやっても帳尻の合わない場所があります。（《リュッケルト歌曲集》の）〈真夜中に〉の最後［の拍］関係は、いくら答えを出そうとしても無理で、とにかくやるしかない。もう一つは大好きな七番の最終楽章。書かれた通りにやると決めればうまくゆく。でも苦労します！　仲間達もお気の毒に、この部分とあの部分を関係づけようともがき、音楽を牢屋に閉じ込めています。この楽章のテーマは、不連続性でしょう。映画や録音の技術を予見しているようです。「ジャンプ、カット、ジャ～ン！」（歌う）［247 あたり］。切れ切れにするほどうまくゆく。オケがそれぞれの場所の正確なテンポや音楽の形を学び、覚えれば、しかるべき方法で、危なっかしいがワクワク演奏できるはずです。

――そこが、聴衆にマーラーが理解されない所以ですね。

MT：曲があまりに長く、難しそうに見えるので聴き手は途方に暮れたのです。美しいフレーズがある一方で煩く挑発的な箇所もあり、理解不能に陥る。だから四番が、音楽家や昔ながらの聴衆に好かれたのでしょう。その後《大地の歌》も人気になったと言えるかもしれません。でも二番のように、時間のかかった作品もある。音楽に含まれる異質なもののために、聴き手が困惑したからです。さらに、マーラーの強拍観念的な音楽表現も不安を煽ったのかもしれない――マーラー本人も気づいていたことです。さらにこの強拍観念が、パロディとして最初の雰囲気に対立する形で再度示される。なぜそんなことをするのか、聴き手は全く理解できない。気持ちよくゆったりと聴きたいのに、その余裕がまるでなくなるのです。

ご存じだと思いますが、指揮者マーラーはウィーンの新聞で叩かれていました。「マーラーが見せようとしているのは（ベートーヴェンのごとき）作曲家の産みの苦しみ、つまり自分を見せたいのだ」と。この記事を書いた批評家は続けて「その姿勢は絶対に間違っている。例えば、わが家のきれいな壁《ニッチ》に飾るため、若い女性像を彫刻家に依頼するとしよう。彫刻家は仕事を始めるが、次第に像を作ることが悩みに変わってしまう。『ハンマーを強く叩きすぎて石が粉々になったらどうしよう』などと。心配の余り『本当に、ここまでやるべきなのか？』と思い悩む。でも、私は彫刻家のストレスなんかに興味はない。私の望みは、品も見栄えも良い彫刻が居間にあって、いい気持ちになる、それだけ。名曲だって同じこと。こちらは、曲が書かれたときの苦しみなど、考えたくもない」。近代的・分析的という傾向で、マーラーの行ったことは大胆不敵です。

――マーラーの望んだものは何だと思いますか？

MT：二〇世紀初頭、聴衆はマーラーのおかげで、様々な種類の音楽を楽しみ、作曲法を理解できるようになりました。どんなレベルの作曲家でも、その真意を正しく理解するようになったのです。マーラーは音楽を一つの世界、一つの視点の中でまとめる方法を見つけ、音楽を作る現場の人間には共通の精神があることを、我々に理解させようとしたのです。

このことは、他の作曲家との関連でも度々申し上げてきました。たとえばアイヴズ、ドビュッシーにもあてはまります。ウォルト・ホイットマンに素晴らしい詩があります。厳密には詩ではなく、音楽を語る言葉の妙録。その中で、世の中の様々な歌が語られる。鍛冶屋が歌う歌、お母さんが歌う歌、軍人の歌、中国人の歌など、それぞれが異なる方向性を持って、相反するようにも見える。でも視点を変えると、それらはまとまり、人類の偉大なひとつの歌となる。ここに、マーラーの視点と通じるものがあります。音楽が書かれ、その演奏が始まり、やがて終わる。でも終わったときに私たちの心に残っているもの――我々の人生や我々の心に与えてくれるもの――それこそが、最も重要なメッセージだとマーラーは考えたのではないか。マーラーは私たちに、彼流の音楽の感じ方、人生の味わい方を伝えたいのだと思います。

28. Franz Welser-Möst

フランツ・ヴェルザー＝メスト

マーラーは まるで地震でした

18 May 2009, Vienna

1960年、リンツ（オーストリア）生まれ。1990-96年ロンドン・フィルハーモニー管弦楽団音楽監督、1995-2002年チューリッヒ歌劇場音楽監督、2005-08年同音楽総監督。2002年よりクリーヴランド管弦楽団首席指揮者。2010-14年ウィーン国立歌劇場音楽総監督。

——初めて聴いたマーラーを覚えていますか？

ヴェルザー＝メスト（以下FW）：はい。交響曲第一番です。たしか一〇～一一才歳の時。ウィーン音楽院《ホッホシューレ》オーケストラの演奏、カール・エステライヒャーの指揮。古い話です。当時、何もかもが珍しく、マーラーだけに惹かれていたわけではありません。次に体験したのは一五才の頃、サー・ゲオル（グ）・ショルティが指揮した五番。まるで「地震」。はっきりと覚えています。その時からマーラーの音楽に、強い興味を持ちました。

——最初に指揮されたマーラーの曲は？

FW：二三才の時、リンツの素晴らしいジュネス・オーケストラと、一番を演奏しました。

――当時と今とで、マーラー理解は変わりましたか？

FW：完全に。でもそれは、全ての作曲家について言えるでしょう。当時はマーラーの、いわゆる「分かりやすい交響曲」に惹かれたものです。最初の五曲。中でも二番に。四番も好きでした。その後、最初に録音したのが四番です。一九八九年、ロンドン・フィル、フェリシティ・ロットの独唱で。ところが時が経つにつれ、複雑な、つまり「難解な交響曲」にどんどん惹かれていきました。特に七番。それと九番は大好きですね。

――マーラーを演奏するとき、指揮者として取り組むべきことは？

FW：マーラーの音楽では、情感の領域だけでなく、表現の領域にも取り組まなくては。例えば七番《夜の歌》では、ギターとマンドリンの室内楽的な質感に惹き付けられます。しかし一方、最初と最後の楽章には典型的なマーラーの爆発が。七番は構造的にも大変込み入っており、指揮がすごく難しいのです。

八番にも同じ問題があります。最初の楽章は壮大にできるが、そうすると次の楽章の最初二十分が大変になる。でも、難しさは別のところにあります。よくやってしまうのは、一楽章に重きを置いてバランスだけに気を配る――そして迷子に。特に金管と合唱は、*ff*のときに完全なレガートで演奏しないと必ず煩くなるからです。八番の一楽章ではこれが鍵に。ここが掌握できれば二楽章で報われます。

――総体的に見て、マーラーをおおげさに演奏する危険性はありますか？

FW：音楽には危険が付きものですが、マーラーは別格。指揮者が音楽におぼれてしまうのです――それもあっという間に。特に六番以降では、［おおげさにやると］マーラーの音楽が持つ近代性、オーケストレーションの巧妙さが損なわれてしまう。例えば七番の［四楽章］〈夜の歌Ⅱ〉、あるいは《大地の歌》の一楽章を力ずくで演奏すると、音楽の行く場がなくなり、指揮者は負け犬になります。情感を持った建造物は、注意深く設計されてもいる。指揮者は両方の面倒をみないと、情緒に溢れる場面を次から次へとさまようことになり、結果的に退屈するのは聴き手です。指揮者は［情感を持つ］アーチ構造と［形式的な］構造、両方に目を向けなくては。

――マーラーがレパートリーに定着するまで、なぜあれほど時間がかかったのでしょう？

FW：理由はいくつか考えられます。まず、マーラーには近代主義者としての一面がある。次に、芸術はそれが作られた時代、それを受け入れる時代と結びついています。一九三〇～四〇年代は、マーラーを含めユダヤ人作曲家には良い時代ではありませんでした。「去る者日々に疎し」と言いますが、私の育ったオーストリアでは、今でも大勢の年配者が「マーラーは悪趣味」と言います。下手な表現ですが、［その当時］舞台での自己表現は流行らなかったのです。

そして第二次大戦が終わると、社会が大いに進歩を遂げる。特に一九六〇年代以降、自己的表現が重視されるようになると、先程お話しした陶酔型のマーラー演奏とつながります。マーラーの音楽が再び人々の心を捉えるようになると、そこに個人主義が容易に入り込む。その点で、バーンスタインには大変興味があります。彼は天才かつ華やかな指揮者であり、大いなる個人表現者。敬服するしかありません。バーンスタインは、マーラーの音楽にある病的なほどの自己中心性を描いてみせる。それが他の指揮者を惹き付けたのでしょう。カラヤンなどバーンスタインとの兼ね合いで、最晩年になるまでマーラーに手を付けていません。それにしても、バーンスタインの九番のライブ演奏の録音は、ほんとうに感動的で美しい。ワルターのマーラー観とも繋がるでしょう。全ての天才的作品は芳醇で巨大なため、様々な見方ができます。だからマーラーの作品を、一方通行的に整理整頓はできない。それは土台無理なんです。

――マーラーの苦しみや、罪の意識への強迫観念に、どう対処しますか?

FW：マーラーの強迫観念には、不意を突かれる思いです。表現過剰になり得るし、そこに陥る危険も常にある。しかし強迫観念を、彼の個人的な感覚ではなく普遍的なものと捉えるなら、大層魅力的なものになります。とはいえ、自己陶酔的な演奏はいけない。そこが難しいのですが。

――九番がなぜ、それほど大切なのですか?

FW：作曲家が死に際して発する人生最後の言葉に、私は深く感動します。シューベルト、モーツァルト、ワーグナーの《パルジファル》、ブルックナーの九番、ベートーヴェン最後のピアノ・ソナタや弦楽四重奏曲等々……ある意味非物質的、非現実的になります。だからマーラーの九番、その最終楽章、しかも最終ページに惹かれるのです。《大地の歌》の最後数ページにも、同じことを感じます。音符の数がすごく少ない――つまりわずかな言葉で、それまでの大々的な作品よりも多くのことを語る。作曲家が人生の終わりになって、やっとできることです。

――マーラーは、二〇世紀の破滅的な大惨事《カタストロフ》や近代人のあり方を予測した予言者とも言われますが。

FW：その考え方には賛同しかねます。作品が特定の時代と強く関係づけられ、その中に閉じ込められるからです。マーラーの予言が本当なら、マーラーは百年後には演奏されていません。マーラーが我々の時代だけを語るなら、将来演奏する必要がなくなるからです。それは哲学的にも危険な考えです。偉大な芸術作品は、内側に時間を超越した要素を持っており、イデオロギー・哲学的に永遠の火花を伝えます。私は政治に影響されない、大きな絵を見ようと思います。

――ならば精神的な観点で、マーラーのメッセージとは？

FW：全ての大芸術と同じメッセージでしょう。芸術には日々の生活から感じる以上のもの、精神と呼ばれるものがある。そしてマーラーはいかにも彼らしく、その精神に触れてくる。マーラーの特異さはそこにあるのです。

――ヴェルザー＝メストさんは現在、ウィーン国立歌劇場でマーラーと同じ地位におられます。マーラーの手紙など、読みましたか？

FW：読みました。劇場への不満ではない手紙が面白いですね。あの時代から、劇場はさほど変わってないのです。歌劇場が策謀、衝突、政治問題で話題にのぼる街は、世界中にウィーンをおいて他にない。それは積極的な意味に捉えることができます。また、人々がいまだに歌劇場のことで口角泡を飛ばすのも、他には見られない素晴らしいことだと思います。

私の興味の中心は、マーラーの芸術活動です。たしか彼は就任一年目、基本的に全部の演奏曲目、全ての上演を振っています。聴衆として客席に座るでもなく、リハーサルを眺めるでもなく、指揮台の上から判断しようと。私などには到底できない超人的仕事です。またマーラーは、作曲家としてだけでなく世界最高のオペラ劇場の監督として、アルフレート・ロラーと共に、コンサート劇場やオペラに多大な影響を及ぼし、誰よりも成果を残しました。

――マーラーに聞いてみたいことは？

FW：ウィーンの歌劇場について質問したいです。監督としての責任をどう捉えていたのか。すなわちどんな改革が必要と思ったか、どんな目標を設定したか、それを達成したか。また芸術家としての自分と日々の管理事務との折り合いをどう付けたか、聞けるものなら聞いてみたいですね。

――マーラーの人間性をどう見ますか？

FW：マーラーは、公私にわたり難しい人物だったと思います。

――作曲する時間がもっとあったら、違うやり方で曲を書いたでしょうか？

FW：これはもちろん憶測ですが、そうだと思います。大芸術家はすべからく環境に影響されます。マーラーはいわゆる日曜作家で、三番を作った時はアッター湖にいました。私もそこに家を持っており、時折自然を満喫しますが、格別です。マーラーが三番を、灰色に沈んだ一一月のウィーンで書けるとは思えない。環境は作曲家に影響を与え、作曲家は環境に影響を及ぼします。マーラーも［違う環境にあって、時間があれば］違う作品を書いたでしょう。

——ウィーン・フィルの響きはマーラーに影響したでしょうか？

FW：それはもう。歴史的にも名高いウィンナ・ホルンと弦楽器、そしてウィンナ・オーボエの特質は、マーラーの音楽で重要な働きをします。ブルックナーと同じく、マーラーには非常に音の低いオーボエのソロがありますが、フランス式よりウィーン式の方が、ずっとやりやすいのです。そういった音の特性が、マーラーに大きく影響しています。

——マーラーは何を望んだのでしょう？

FW：世紀末のウィーンにいた多くの芸術家同様、自分を表現したいという強い欲求が、マーラーを駆り立てたのです。

29. David Zinman

デイヴィッド・ジンマン

マーラー それ自体が宇宙です

25 September 2009, Zurich

1936年、ニューヨーク生まれ。1958-63年アメリカ・メイン州にてピエール・モントゥーの助手。1974-85年ロチェスター・フィルハーモニー交響楽団首席指揮者、1979-82年ロッテルダム・フィルハーモニー管弦楽団首席指揮者、1985-98年ボルティモア交響楽団首席指揮者。1995-2014年チューリッヒ・トーンハレ管弦楽団音楽監督。

――初めて聴いたマーラーを覚えていますか？

ジンマン（以下DZ）：覚えています。ただし、それがマーラーとは知らずに。ニューヨークに住んでいた一三才の時、ミトロプーロスが指揮するニューヨーク・フィルのリハーサルに連れて行かれたのです。その後ラジオで、ブルーノ・ワルター指揮のマーラーをいくつか聴いて、大変な音楽だと思いました。それからアメリカを離れ、イギリスに行きました。人生で一番大切なその時期に聴いたのが、ホーレンシュタイン指揮の三番、ショルティ指揮の四番です。一九六〇～六一年のこと。その頃、指揮者たちがどんどんマーラーを演奏するようになりました。それからオランダへ。偉大なるマーラー伝統の地、そこで若きハイティンク指揮する交響曲全曲を聴きました。私自身もオランダでマーラーを振っています。

初めてコンセルトヘボウを振ったときには、《リュッケルト歌曲集》から数曲をプログラムに入れました。ハイティンクの代役を務めたときには、ジェシー・ノーマンのソロで《子供の不思議な角笛》全曲を。それからどんどんマーラーに嵌《は》まり、ロチェスター・フィルの常任になると、交響曲全曲演奏をスタートさせ、その後ボルティモアに行き、そこでも全曲をやりました。時には二度。現在はここチューリッヒですが、またしても全曲演奏続行中です。

――マーラーの音楽の、どこに嵌《は》まったのですか？

DZ：最初は、ベルリオーズのような突拍子もないところに魅力を感じたのですが、その後、感情や思考を表現し、理想郷を目指す、マーラーの人間的な部分にどんどん惹かれてゆきました。マーラーで最も感動的なのは、あちこちにある狂乱状態ではなく、静かに瞑想する場面ではないでしょうか。繰り返し聴き、その度に新たなものを見つける音楽。人間性に対する重大かつ深遠なる疑問を語り葛藤する、ベートーヴェンのごとき音楽。マーラーは神や人間の存在理由を探し求めるだけでなく、平凡で、あるがままの人々の生活、その薄汚れたところ、欠点も表現し尽くします。

――マーラーを感情過多に演奏する危険性はありますか？

DZ：それはあるでしょう。マーラーを単なるノイローゼ患者と見ると、本質の多くを見失います。彼は純な心の持ち主でもあります。そしてマーラーの指揮に関する本を読めば、彼がどんな音楽家だったのかが分かります。厳格を絵に描いたような人物ですが、他人を押さえつけることのないよう、いつも気を配っていました。［マーラーの音楽には］どうしても力ずくで演奏すべき部分がある。しかしそこには、必ずコントラストが様々な方法で積み重っており、それは力の要素よりもずっと多いのです。今夜演奏する九番。この曲には、多数のコントラスト、幾重にも重なる層、いくつもの段階、絶望のあまり泣き叫ぶ気持ちが含まれますが、静謐で美しい場面もあります。音楽の「谷底と頂上」、それを慎重に判断する必要がある。クライマックスの後にクライマックス——というわけにはゆきません。

ベートーヴェンの交響曲の演奏は、十あっても似たようなものですが、マーラーの場合、演奏が十あれば、それぞれが全く違う。そこがマーラー解釈の面白いところです。ベートーヴェンは譜面に何も書かなかったが、演奏は結局同じようになる。マーラーは、自分の希望と指示を正確に書き込んでいるのに、演奏するとテンポ感、バランス感覚、表現法など、まるで違ってくる。マーラーの世界にのめり込む所以です。ブーレーズ、ホーレンシュタイン、ワルター、ミトロプーロス、アバド、カラヤン……誰がマーラーを指揮しても、それぞれの音楽観が強く押し出される。でもマーラーのスコアの細かい指示は、極めて重要とも思います。全てが完璧に具現できるなら、明確な音楽のイメージを描くことになるからです。

——ワルターの録音を聴かれたそうですが、クレンペラーからも影響を受けましたか？

DZ：クレンペラーは、ロンドンにいた時に聴きました。曲は《復活》。歴史的な演奏でした。当時マーラーに詳しくなく、その演奏をきちんと理解したとは言えません。でもそれから［彼の］レコードを聴きました。「マーラー的なマーラー」だったかは別として、「クレンペラー的マーラー」だったのは確かです。

面白い話をしましょう。私はフランス人指揮者、ピエール・モントゥーの弟子だったのですが、彼に質問したことがあります。「マーラーに会ったことはあるんですか？」と。モントゥーは「あるよ。だけどあの音楽は嫌いだ」。マーラーがどんな感じだったか尋ねると「マーラーがパリに来たとき、ボクはオケでヴィオラのトップだった。マーラーは自作の交響曲二番を振りに来た。ボクはオケの副指揮者もしていたので、マーラーのためにコーラスとオケ練習も頼まれた。彼はやってきて指揮を。好みじゃなかったね。でも凄い指揮者だった」。「で、どんな感じの人でしたか？」「……ジョージ・セルのような……かな。やたら厳しくて、力強くて、身振りが少ない」。これはもちろんマーラー最晩年の話。モントゥーによれば、大変厳格だったようです。折角コーラス合わせをしたのに、お礼の一言もない。それでモントゥーはマーラー嫌いに、そしてみじめな一日だったと。フランス人は団結する傾向があるが、マーラーはフランス人じゃない。モントゥーはマーラー人間にはならず、私がそうなったというわけです。

――以前、マーラーの交響曲十曲は、分厚い小説の章組のようだとおっしゃいましたが。

DZ：マーラーの交響曲は、ジャン・パウル作『巨人』の、若々しい主題から始まるドラマです。前の交響曲からそれぞれ題材をもらって、変貌させていく。二番では「人生の意味は？」「人生から何を得る？」「死後の世界はあるのか？」という主題と共に、突然葛藤から始まり、全曲で死後の復活を語る。三番は、自然と人生が与えてくれるものに関する音楽。花、愛、神、子供達、これらは我々に何を語るのか。四番は、神に近づく試みを別の視線で、おそらく子供の目線で描いている。五番で宗教色は薄れるが、死とその克服という概念を含む。六番はもう死一色。しかも死後は何もない、死への恐怖というおぞましいテーマ。七番は戦争に言及し、暗黒国の王子と接見。暗闇を語り、光に向かう。八番はもちろん「永遠の女性像」というゲーテ思想への賛歌、かくして神に近づく。《大地の歌》は、再び永遠なるものに向かう物語。ついに九番。別れと出発、そして人生の意味、その素晴らしさと悲しさを語る。最後に一〇番、同じ主題にさらに踏み込む。ひとつの物語の中の、新たなエピソードだと感じます。

——マーラーの近代性はどこにありますか？

DZ：マーラーの近代性は、アルバン・ベルクにそのまま見られます。ベルクは九番に強く影響を受けています。ベルクの曲は当然マーラーの死後に書かれていますが、影響は顕著です。《ヴォツェック》も《ルル》も、マーラーの九番なしにはあり得ません。マーラーの近代性は様々なレベルで考えられます。声部が現れては消え、主題は意識下に置かれ、引き出され層をなす。まさしくフロイト的・近代音楽的です。アイヴズのやり方にも似ています。アイヴズは、生の素材を音楽に持ち込み、マーラーに感じるような陳腐さが曲に現れます。ある意味反動的だが、極めて前向きかつ近代的。シェーンベルク、ベルク、ウェーベルンの三人は、マーラーの仕事を深く理解しました。

——マーラーがアイヴズの交響曲第三番を、ヨーロッパに持ち帰ったという話があります。

DZ：本当のところは分かりません。でもマーラーが、アイヴズの三番のスコアを出版社で閲覧した話は読みました。二番だったかも。持ち帰ったのではないでしょうか。マーラーはその曲を、次のシーズンにニューヨーク・フィルと演奏したいと思っていたかもしれない。でも今となっては、真相は闇の中ですね。

——この間《あいだ》、クリスティアン・ティーレマン氏が、マーラーの一番ではオーケストラの能力を高められないと語っていました。

DZ：どうして？　ブラームス、ベートーヴェン、シューベルト、メンデルスゾーン、ブルックナー、全てオーケストラの能力を引き出します。マーラーだって同じです。一番から一〇番まで順にやると、大変勉強になるし、オーケストラは毎回進歩する。自分たちがどう演奏しているか、どう演奏すべきかを理解し、曲を我がものにするのです。ティーレマンの言葉は、全くもって理解しがたいですね。

——柔軟性やバランスなど、マーラーはオーケストラに、進歩するチャンスを与える……

DZ：その通り。マーラーの交響曲は室内楽ですから、お互いに聴き合い、音楽の流れを感じなくてはならない。極めてデリケートなんです。マーラーは、音楽を分かりやすくすることに心血を注いでいる。五番の様々な改訂は全て、バランスを崩さない範囲で明快さを保とうとしている。マーラー自身が演奏しなかった曲、例えば九番のスコアにも、バランスを取るための執拗なアイデアが見られます。マーラーの見方は一風変わっていますが、それは指揮者の見方でもあるでしょう。指揮者とオーケストラに全てを任せる作曲家もいるが、マーラーにはそれが出来なかった。それで正しいのでしょう。この書法を受け継いだのがベルク。楽譜への指示や、音を重ねるアイデアなど、マーラー以上に執拗です。

——ニューヨークで、マーラーの指揮を聴いた人と話しましたか？

DZ：個人的には話していませんが、ニューヨーク・フィルの楽員達が、指揮者マーラーとその音楽について語っている記録があります。もう全員亡くなっているでしょうね。でもマーラーの伝統は、今でも無論ニューヨーク・フィルに息づいています。

初めてオランダに行ったとき、コンセルトヘボウの中にマーラーと演奏した奏者が数人いたし、ライブラリーには、メンゲルベルクのスコアがたくさん所蔵されていました。メンゲルベルクは、マーラーがこう言った、あそこについてはどう言った、ここの意味はこうなどとスコアに注釈を付けている。またマーラーと演奏した時のパート譜も残されており、彼の変更や書き加えがありました。

――様々な版について、どう考えますか？

DZ：版の違いについて語るのは、本当に難しい。例えば九番は完璧なのか、マーラーがどこを直したかったたか、誰も知らないのです。旧版で「レ・ラ・ファ#・ラ」、新版で「レ・ラ・レ・ラ」と変更されたハープの四音。多分自筆に基づいた変更でしょう。でもフレーズがオクターヴ上行するので、〔音楽的には〕ファ#の方が良いと思う。ただしそのフレーズが初めてでなく、さらに反復《シークエンス》がない場合は、少しばかり判断が必要になり、論議の対象にもなります。なにしろ〔今どきは〕些細な音符まで論議されますからね。〔I/47, 48か。この音型は初登場だが、それまでにハープに「……レ・ラ音型」がある場合、判断は難しくなる。そして二拍目の「……ファ#・ラ」が、次の二小節でも音型を変えて繰り返されることも判断材料と述べている。ちなみにジンマンの録音では、彼の判断通りの演奏。〕

これは細かいところに目をやるという点で、結構なことです。例えば、六番の〔中間楽章の〕配列はどうなのか。ああやるとダメ、こうやってもダメ。ハンマー二回はダメ、三回もダメ。実際にはマーラーは四回打つことを考えていた。ただし誰もそれを主張しない。こういったことに関して音楽学者たちは寄り合い、互いに議論して、それに人生の意義を見出すのかもしれない。でも私は、なぜそうするのか問われ、「どちらかに決めなくてはいけないので」と答える。すると、必ずダメ出しをする人が現れるというわけです。

このように大変なのです。知らないことはありますよ。マーラー自身が六番を演奏したとき、毎回アンダンテを二番目に持ってきたのは［スケルツォが第一楽章の後では］ガンガン強力すぎると考えたからか、誰も知りません。※アルマは、反対にやるべきだと手紙に書いている。でも彼女は信頼できますか？ いつでも自分で判断するしかありません。［※六番、中間楽章の演奏順序に関するジンマンの話は、新全集の判断・解説が前提。中間楽章の配列は、旧全集（ラッツ編）ではスケルツォ→アンダンテ、新全集（カーント版クービック編）では初演時の記録を元に逆にしている。ハンマーが初演時の数回の演奏で、その都度何回打たれたかも、新全集の解説に詳しい。］

——若いとき、絵を一枚お持ちだったとか？

DZ：寝室に版画がありました。母がどこかで手に入れ、額に入れて飾ったのです。それが不思議なことに一番に関係があるといわれるジャック・カロ作の《狩人の葬式》でした。マーラーの勉強を始めるまで、そんなこと知りませんでした。可愛いウサギが楽器を演奏しているので、母は気に入っていましたよ。マーラーのことなど知らずに。

——マーラーのいちばん尊敬できるところは？

DZ：決して妥協せず、他から影響を受けなかった。常に自分に忠実。純粋、完璧であるために努力を惜しまなかった。そこを尊敬しています。

——マーラーは何を望んだでしょう？

DZ：彼は大詩人になりたかった、そしてベートーヴェンのように、いやベートーヴェンを超えるベートーヴェンに。人生の全てを描きたかった。つまり自分の音楽が、宇宙になることを望んだのです。

グスタフ・マーラーとUE
この会社は大々的に仕事をします。

大変お世話になっています。
地元ウィーンの出版社が、私の交響曲三曲を出版してくれることになりました。パート譜も全て！交響曲ハ短調の版下は、どうなっておりましょう。三曲を私の作だと宣言するのは勇気がいりましたが、版下をレーダー社に送るよう、連絡が来たところです。そのことで、支援して下さるお二人にお願いがあります。ベルカンさんと一緒に、次の段階で必要なことをレーダー社にお願いできませんか。この件、いかがでしょう？

グスタフ・マーラー

これは、ウィーンのマーラーが、友人のH・ベーン宛に送った一八九八年一月一三日付の手紙である。マーラーとウィーンの出版社による共同作業に関する、もっとも古い記録だ。ここでマーラーは、ハンブルクに住むベーンとW・ベルカンに、交響曲第二番の版下をライプツィヒのレーダー※に預けることと、代金の支払いを頼んでいる。［※C.G.Röder: 一八四六年創業。およそ百年にわたりドイツの音楽出版の印刷を一手に引き受けていた。」ここでいう「出版社」とは、もちろん一九〇一年創業のユニヴァーサル・エディション〔以下UE〕ではなく、楽譜版下のJ・Hベーレ（ウィーン七区、ザイデン通り三番地）である。マーラーは一月二一日付の手紙でも、この件について述べている。

……この会社は、大々的に仕事をしてくれます。ブルックナーの全曲を印刷しており、私の作品も全部印刷して、ピアノ・スコアも作り、オケ・パート譜も制作してくれるそうです。レーダー系列のエベーレは、オーストリアの出版事業発展のための団体で、潤沢な資金を持ち、出版社を選んでくれます。交響曲を買ってくれるのはドブリンガーでしょう。宣伝は大々的に行われるそうです。

交響曲第二番はドブリンガーでなく、ヴァインベルガーから出ることになる。ヨーゼフ・ヴァインベルガー〔以下JW〕は一八九〇年創業。マーラーはJWと一八九七年九月二七日に《さすらう若人の歌》を契約。JWは引き続き、一八九八年八月二二日の契約に基づいて交響曲一、二、三番と一八九九年に《嘆きの歌》を出す。ドブリンガーが最初手にしたのは、交響曲第四番（一九〇二年）。

一九七六年、A.シュレーは、UE創設についてまとめている。

――UEは、一八七〇年代に開花したドイツ産業の申し子として、二〇世紀に誕生した。音楽出版のプロ達は、帝国・王朝時代に生まれ育ったクラシック音楽を、海外の出版社から奪還することを

オーストリアの責務と考えた。まだ業績が軌道に乗らない時期、創業者が熱心な若き門外漢に経営を任せると、ＵＥは数年で世界的に知られるようになる――

音楽出版のプロとは、マーラーの初期作品を請け負った出版社、ヴァルトハイム［前出のエベーレは、ここを買収してヴァルトハイム＝エベーレに］、ＪＷ、ドブリンガーその他のことだ。彼ら創設メンバーは全員、新設ＵＥに複数の版権を譲渡し、版下と印刷された在庫を提供した。マーラーでは最初の交響曲四曲と《嘆きの歌》が含まれていた。かくしてＵＥは宮廷オペラ劇場の指揮者との共同作業が始まる前に、作曲家マーラーをカタログに加えることができたのである。

［マーラーと出版社］究極の共同作業は、情熱的な「若き門外漢」に寄るところ大である。彼、Ｅ．ヘルツカ（一八六九－一九三二）は一九〇七年、ＵＥの監査役に抜擢され、一九〇九年には取締役に任命された。その年の六月、彼はマーラーと最初の契約を交わし、八番の権利を手にする。続いて翌年、九番と《大地の歌》を。ＵＥは、マーラーの初期作品については他の出版社との版権交渉で、晩年作は一九〇九年以降、ヘルツカ主導で［直に］獲得したことになる。

一九〇九年以前、マーラーは他の出版社を探す必要に迫られ、その結果五番はＣ．Ｆ．ペータース（ライプツィヒ）、第六番と数曲の重要な歌曲はカーント（ライプツィヒ）、七番はボーテ＆ボック（ベルリン）と契約。マーラーの一九〇六～〇九年の間の新作に興味のなかったようなＵＥだが、その姿勢はヘルツカの着任後変わることになる。「作品改訂」という出版契約付加条項がそれを表している。ＵＥは出版社の商業的興味とは別に、作曲家の芸術的希望に全面的に沿うことに合意したのだ。

……前述した、私、グスタフ・マーラー作曲・交響曲四曲の出版において、UEは以下を承諾：出版以降、費用はUE持ちで、フルスコア、オーケストラ・パート譜の全ての版下に変更を加え、販売譜もレンタル譜も、決定版で在庫を揃える。これらの変更は、新版制作費としてマーラーに請求されないこととする。

この契約が実際に始動するのは、およそ五十年後。マーラーの意図をさらに反映した楽譜が作られるのは、それからさらに五十年後である——一九五五年に『第一期マーラー全集』（編集主幹E．ラッツ）、一九九二年に『マーラー新全集』（編集主幹R．クービック）の編纂が開始される。

UE社社内でもっとも重要な働きをしたマーラー担当は、作曲家兼UE社参与のJ．V．ヴェス（一八六三—一九四三）だろう。彼はJWで《嘆きの歌》のピアノ・スコア制作を行うなど、マーラー関連の堅実な仕事をしている。また彼は、エベーレで校正をしながら、UEがマーラーの交響曲一～四番を買い付ける指揮を取り、四番が一九〇八年にUEへ移行する前にピアノ・スコアを準備し、UEでは八番のピアノ・スコアを制作した。

ヘルツカは、マーラーをアメリカからウィーンに呼び戻そうとしたが、叶わなかった。マーラーは早世し、前途を嘱望された共同事業は終わりを告げる。マーラーは死ぬまで作品の改訂に腐心していた——宮廷オペラ劇場指揮者の地位を退いた後も、一番、二番、四番を改訂し、実演と大いに結びついたのだ。一九一〇年頃、マーラーは何年もかけて改訂した新版用のフルスコアを、UEに渡している。記載は例によって「第一番・改訂済み・新版用」、「第二番・唯一の改訂済み公認版」。

一九一一年二月二一日、ニューヨークのマーラーからUEに最後の手紙が届く。彼の生涯最後のコンサート当日だ。改訂版についてマーラーは、

代表取締役ヘルツカ様

お世話になります。小生の交響曲、修正した形で入念にお進め頂きたく。四番に施した「修正」は、こちらでは最高に上手くゆきました……〔初版の〕誤植は信じがたいほど。新版は絶対に必要です……

UEはマーラーの死後、《大地の歌》と九番を出版する（近年は九番の自筆ファクシミリも出版し、一〇番のスケッチの評価にも参画している）。その後、一九三八年までは比較的良い時代で、UEはマーラーの市場開拓を行う。例えばコロナ・コレクション・シリーズの一環として『マーラー交響曲、名作楽章』ピアノ独奏用三巻セットを刊行（E. ルドルフ編）。六千部限定で通し番号付き。未亡人アルマも、当然ここから割り前を得る。彼女はヴェネツィアに小さな「マーラー・ハウス」を、さらにオーストリアのゼメリンク峠ブライテンシュタインにも家を持つ――新しいパトロン、F. ヴェルフェルからの支援もあっただろう。彼女は長年にわたり、クレームと金銭を要求する手紙でUEを攻撃。そんな摩擦はあったものの、二者の関係はアルマの死まできちんと続いた。

UEは、国際マーラー協会の設立にも中心的な役割を担っている。両者は今日まで共同で、学術的な新版・原典版を出版し、マーラー芸術を世に広める活動をしている。マーラーの音楽は現在評価が高まり、商業的・芸術的に成功している。これは何をさておき、作曲家の代理人たる出版社の努力の賜《たまもの》なのである。

ラインホルト・クービック

（国際マーラー協会副理事長、一九九二～二〇一二年：マーラー新全集版・編集主幹）

訳者あとがき

UEは我が国で、ウニヴェルザルとドイツ語風に呼ばれることもあるが、それを知ると現地スタッフは驚く。そもそも「現代音楽の擁護」という設立の理念が、ドイツ語圏にとどまらずユニヴァーサルなのだ。UEの長年の努力により、シェーンベルク、ベルク、ウェーベルン、ルチアーノ・ベリオ、ピエール・ブーレーズ、さらにアルヴォ・ペルトなど、大勢の現代作曲家が、世界的に知られるようになった。

UEは古典音楽の学術出版にも早くから着手し、「ウィーン原典版」という大きなシリーズを立ち上げた。現在UEは、未来の音楽家のための教育音楽にも力を入れ、James Rae, Mike Cornick など有能な作曲家に委嘱して、素晴らしい初歩教材を世に送り出しつつある。そういったプロジェクトを実現する財政基盤を支えるのが、設立当時から看板となったマーラー作品なのである。本書の版元・音楽之友社は一九七二年にUEと「ウィーン原典版」のライセンス契約を結んだ。続いてマーラー全集のスコアも同様に出版、それ以来UEと良好な関係を継続し、同時に日本の音楽家にも大きく貢献している。本書は、そんな音楽出版社の活動に対するオマージュでもあるのだ。

二〇一三年夏、UEから本書の出版案内が届き、とてつもない書物と直感した。指揮者のインタビュー本はないわけではないが、一人の作曲家について二十九人もの指揮者が語り尽くすのは前代未聞。しかも全員が、現代を代表する大物なのである。生まれも育ちも違う指揮者、それぞれのお国事情や個人的な成長物語、音楽観も大層興味深い。二〇一〇年、一一年のマーラー・イヤーを記念するUEの大企画だ。私はマーラー人間ではないが、このとてつもない本と出会い、作曲家—演奏家—愛好家の間に橋を架けたいと思った。抽象的で判じ物のようになりがちな翻訳音楽論も、鋭意かみ砕いている。本格的な音楽談義を、是非気楽にお楽しみ頂きたい。

余談だが、本書に登場するベルナルト・ハイティンク氏は、"Conductors on Conducting" (Bernard Jacobson,1979)『タクトと鵞《ハネ》ペン』(藤田由之訳、共同通信社)で五十ページに渡り、マーラーを語っている。それから三十五年。今回のインタビューでは落ち着きとユーモアのセンスがまるで違うと感じるのだが、ベテラン読者の判断は?

本書の編者W・シャウフラーはもちろん、マエストロ小澤征爾にもインタビューを申し込み、快諾されたのだが、その後様々な事情で実現しなかった。日本の読者への「申し訳ない」というメッセージが、ウィーンから届いている。

また本書制作中に、クラウディオ・アバド、ロリン・マゼールという二〇世紀、二一世紀を代表する指揮者の訃報が届いた。そして校了間際の二〇一六年一月五日には、巨匠ピエール・ブーレーズも。ここに掲載された彼らの熱いコメントは、世界の音楽愛好家に対する、かけがえのないメッセージとなってしまった。

翻訳出版を企画する際、語学に暗い私は毎回エキスパートを交えたグループで仕事を進める。しかし今回は、グループを立ち上げる前に、編集担当の渡辺暁子さんが、拙い下訳をチェックし、的確なアドバイスをくれ、最後まで共訳者のように付き添ってくれた。ただし本書は話し言葉で構成されるため、ネイティヴ・スピーカーのチェックは不可欠。それについては、アメリカ在住のマイケル・ブルームバーグ／戸頃照恵さんご夫妻のお世話になった。また友人の仁平先《にへいはじめ》さん、妻の郁子もチェックに参加してくれ、マーラーの音楽に関しては等松春夫さん、当時の楽器については小川恒行さんからも情報を得ている。

二〇一三年のクリスマス前、本書の著作権取得に際し、UEのスタッフ、二十年来の友人であるフェルディナント・ヴァルヒャーに助けを求めた。フェルディナントはすぐさま社内で行動を取り、日本版のプロジェクトは大きく前進、そして年末「明後日で退職、これからスキー！」というメールが届いた……ありがとう。これからも互いに元気で。最後にシャウフラーさん、本当にありがとう。

二〇一六年二月 吉日

天崎　浩二

マーラーの楽譜情報（2016年1月現在）

マーラー自身が出版準備をしたオリジナル・エディションは、現在複数の出版社から販売されている（Luck's Music Library, Edwin F. Kalmus, Werner Matzi 等）。Kalmus 社の表記によれば、交響曲第1番（1905年改訂）、第4番（1906年改訂）、5番（1910年改訂）、第6番（1906年改訂）。

第1期マーラー全集からの主要作品は、ミニチュア・スコアの形で音楽之友社から刊行されている。

○ マーラー新全集（演奏用パート譜は全てレンタル）：

- 交響曲第1、2、3、4、8、9番、第10番の〈アダージョ〉、大地の歌、嘆きの歌、子供の不思議な角笛、他：UE
- 交響曲第5番：C.F.Peters
- 交響曲第6番、リュッケルト歌曲集、亡き子をしのぶ歌：Kahnt
- 交響曲第7番：Bote & Bock
- ＵＥのマーラー情報は www.universaledition.com/

○ 編曲・オーケストレーション（演奏用パート譜はバッハを除き全てレンタル）：

- J.S. バッハ　《管弦楽組曲》：Luck's/Kalmus
- ベートーヴェン　交響曲第3、5、7、9番、レオノーレ序曲第2、3番、弦楽四重奏曲《セリオーソ》：JW（交響曲のスコアは全集版として順次刊行予定）
- シューベルト　交響曲《グレート》、弦楽四重奏曲《死と乙女》：JW
- シューマン　交響曲第1、2、3、4番：UE（スコアはオンデマンドで発売中）／マンフレッド序曲：JW
- スメタナ　《売られた花嫁》序曲：JW

UE: Universal Edition
JW: Josef Weinberger

作曲家の没後100年を経て、以上のような形で版権が主張される状況は、他の作曲家では考えられない。上記出版社でのマーラー新版からのレンタル収入は、他の現代音楽のそれを大きく上回っているはずだ。M．ギーレンの「理解できる近代音楽を書いてくれたマーラーに感謝」という言葉は、音楽出版社の心でもある。（以上、天崎記）

編 者：**ヴォルフガング・シャウフラー** Wolfgang Schaufler

1963年生まれ。ウィーンで音楽学を学ぶ。“Der Standard” 紙、オーストリア放送の記者を経てザルツブルク音楽祭の劇場関係広報担当。2006年よりユニヴァーサル・エディションの国際宣伝部長。

イラスト：**ペーター・M・ホフマン** Peter M. Hoffmann

1968年生まれ。“*Die Zeit*”、“*Falter*”、“*Cicero*” 各紙のイラストを担当。
http://www.pmhoffmann.de

訳 者：**天崎 浩二**（あまさき こうじ）

1952年生まれ。ミュージック・サプライ代表取締役。『ブラームス回想録集』全3巻（編・訳）、W.フリッシュ『ブラームス 4つの交響曲』（訳）の他、楽譜解説に『ブラームス 交響曲第1番［連弾版］』『エルガー ピアノ曲集』等がある（いずれも音楽之友社）。

マーラーを語《かた》る　名指揮者《めいしきしゃ》29人《にん》へのインタビュー
2016年4月10日　第1刷発行
2022年7月31日　第4刷発行

編　者　ヴォルフガング・シャウフラー
訳　者　天崎浩二《あまさきこうじ》
発行者　堀内久美雄
発行所　株式会社 音楽之友社
〒162-8716　東京都新宿区神楽坂6-30
電話　(03)3235-2111（代）
振替　00170-4-196250
https://www.ongakunotomo.co.jp/

組版・装丁　Art & Design Studio
本文印刷　シナノ パブリッシング プレス
カバー印刷　星野精版印刷
製　本　ブロケード

Printed in Japan
ISBN978-4-276-20136-1 C1073